JN086367

学問へのファーストステップ ❹

人権論の教科書

古橋エツ子［監修］ 和田幸司［編著］

ミネルヴァ書房

はしがき

　本書は，「ゆりかごから墓場まで」の生涯を通して，人権を学ぶことの意義を考えることから始めている。人権へのイメージは，人々の住む地域，性別，年齢，立場，職業，興味などにより異なってくる。また，具体的な「言動による差別」の場合は，かなり明確に認識できるが，問題となるのは「心理的な差別」であり，それを証明することはかなり困難といえる。言葉に出して言わなくても，態度や素振りでも感じられる差別が存在するからである。

　ところで，2020年以降は，コロナ禍という未曽有の状況下に置かれている。私たちは，余儀なく外出を控え，人との接触を避けて，通常の生活とかけ離れた日々の生活を過ごしている。まさに，コロナの罹患者，職を失った人々，生まれ育った地や住みなれた地からの移動や往来ができなくなった人々などに対して，「人権」を視点に私たちは何をすべきか問われている。

　そこで本書では，まず「イオリさん」という若者を通して人権に関する様々な問題をイメージしながら，現状の生活の中で何が問題となり課題となっているのかを現行の法制度や政策，教育の場での人権教育などの内容と照し合わせ，確認している。そして，日々多様化し複雑化している人権問題の現状と課題を提起しながら，人権問題への研究に携わってきた研究者たちが，将来を見据えて人権保障の展望を試みている。

　まず，第Ⅰ部「現代社会が抱える人権問題」の各章では，女性，子ども，高齢者，障害者，外国人をめぐる問題，同和問題の現状を取り上げている。第Ⅱ部「人権をめぐる新たな問題」では，性的マイノリティ，医療・健康，ハラスメント，経済的格差・貧困を取り上げ，第Ⅲ部「人権教育の取り組み」においては，人権教育の成立と展開，国際社会における人権教育，大学における多文化共生への具体的な構成・実践上の工夫および学生たちの変化・成果を紹介している。

　すなわち，実際に現代社会が抱えている人権問題から，さらに新たな問題を探求し，それらを踏まえて将来の人権課題として取り組むことにつなげている。同時に，世界的な潮流への視点を認識しながら「論点の整理」がされている。

しかし，わが国は，「女子に対するあらゆる形態の差別の撤廃に関する条約」「児童の権利に関する条約」「障害者の権利に関する条約」「あらゆる形態の人種差別の撤廃に関する国際条約」などを批准しているにもかかわらず，「個人通報制度」を定めた条約に附帯する選択議定書の批准をしていない。そのため，国内外から実効性がないと指摘されている。

　私たちは，こうした社会の深刻な問題となっている多くの課題を抱えながら，実際に「人権」を学んでいる範囲は狭く，実際に経験したことによる学びから得ることも少ない。したがって，本書が多くの方々の学習，教育，研修，研究などへの一助となることを願っている。

　最後に，本書の編集および校正などにご尽力いただいた編集部の田引勝二氏に，記してお礼申し上げる。

　　2021年1月21日

古橋エツ子

人権論の教科書

目　　次

はしがき

第Ⅲ部　人権教育の取り組み

写真提供：PIXTA（1頁，21頁，55頁，93頁，187頁），髙橋美能（207頁，264頁）

序　章
人権について学びませんか
——意味・内容・歴史——

― Short Story ―

　北海道出身のイオリさんは，大学に入学したばかりの１年生。希望に胸を膨らま
せ関西のＫ市にある大学に入学しました。大学では，小学生の頃から憧れていた福
祉の勉強をしたいと考えています。イオリさんの生まれ育った街は，自然が豊かで，
近所の人はとても親切でした。ただ最近は，若い人が都会に行ったまま街には帰ら
ず，街には一人暮らしの高齢者が増えています。そのような街の高齢者を少しでも
幸せにしたいとの思いで勉強に励んでいます。

　さて受講登録した「人権論」の授業が始まり，先生の話を聴いていると，授業の
随所に「人権」という言葉が出てきます。高齢者の人権，障害者の人権，子どもの
人権，外国人の人権，女性の人権などなど。ある日の授業中，先生から「人権」の
意味を尋ねられました。聞き慣れた言葉なので簡単に答えようとしましたが，いざ
正確に答えようとすると，なんだか曖昧です。また，先生から「なぜ人権は大切な
のですか」と問われても，即座に返答できませんでした。

　授業の終わった後，ふと時代劇を思い起こしました。何度も時代劇は見ています
が，人権という言葉は聞いたことがありません。いつの時代から私たちの社会のな
かで尊重されるようになったのでしょうか。また新たな疑問が出てきました。これ
らの思いから，イオリさんは人権の歴史や内容を理論的に学習しようと思い立ちま
した。

1　人権の意味と内容

個人の尊厳の意義と役割

　私たちは，誰もが社会のなかで生活している。様々な異なる環境のなかで，誕生から死を迎えるまで一生懸命に生きている。この社会のなかの人々の目指す普遍的な共通の目標は何であろうか。それは，幸せの実現である。

　ところで，みなさんの幸せとは何だろうか。好きなものを食べること，自由に遊ぶこと，好きな人と一緒にいること，健康であることなど，いろいろあるだろう。このなかで，すべての人の幸せに共通点がある。それは，誰にも邪魔をされたり，介入されたりすることなく，自分の思い通りの生活を送ることである。すなわち，「自分らしさの実現」である。「自己実現」ともいう。社会のなかで，誰もがどのような環境にあっても自己実現ができるように尊重することを「個人の尊厳」という。個人の尊厳は，幸せそのものであり，社会のなかで最も重要な理念である。

　しかし，個人の尊厳は，抽象的で曖昧である。素晴らしい理念であっても，実現できなければ私たちは幸せになれない。そこで，誰もが自分の「個人の尊厳」の保障を社会に訴える具体的な手段が必要になる。その手段こそが人権なのである。国家の最高法規である日本国憲法では，「個人の尊厳」が最も重要な概念として規定されている（第13条）。そして，個人の尊厳を具体的に実現する手段としての人権が，日本国憲法の第3章に詳細かつ具体的に規定されている。

個人の尊厳が人権の中核である理由

　では，なぜ，個人の尊厳は人権の根源なのであろうか。それは，個人の尊厳は，人類の多年にわたる苦難の中で人々の努力の結晶として形成されたからである。西欧では，自分たちの自由な社会・経済活動を国王に認めさせようと，市民は近代市民革命を起こした。日本においては，様々な差別や偏見のなかかから闘争を通して個人の尊厳が確立された。また，悲惨な戦争を体験し，命の大切さや平和の尊さを学んだ。私たちは，人類の歴史のなかで何度となく飢えや病気に苦しめられ，健康で文化的な生活の尊さを学んだのである。多くの

人々が血を流し，命を落とし，自由を束縛や飢餓から解放された成果こそが個人の尊厳なのである。いわば，個人の尊厳という思想は，人類の苦難の歴史と努力から生まれた世界共通の財産なのである。

　また，個人の尊厳には宗教の影響もある。旧約聖書の創世記1章27節には「神はご自分にかたどって人を創造された。神にかたどって創造された。男と女に創造された」とある。つまり，人間は神に最も近い創造物ということになる。ここから，ヨーロッパでは個人の尊厳が大切にされるようになったのである。私たちの個人の尊厳は，このような歴史や宗教などの影響を受けながら，欧米の法制度を承継した日本国憲法の具体的な条文規定により保障されているのである。

自由権の内容

　私たちは，日常的に「人権」と「基本的人権」を別段意識することなく使用している。憲法学では，人権と基本的人権の用語は，ほぼ同じ意味で用いられている。ただ，明治憲法の下で人権は「天皇の恩恵」でしかなかったのであるが，日本国憲法においては「生まれながら自由で平等」という意義を強調するために，あえて基本的人権をいう言葉を使うことがある。また，日本国憲法の基本理念に影響を与えたポツダム宣言に「基本的人権」という表現があったことから，日本国憲法下における人権の表現として「基本的人権」が用いられている。

　ところで，私たちらしさを最大限尊重するには，私たちの行動が誰にも介入されたり，干渉されたりしないことが必要である。ここから，個人の尊厳を保障する最も重要な人権として自由権が出てくる。自由権とは，他人の介入を排除して，個人の自由を保障する権利をいう。国王や国家機関が，私たちらしい生活に介入し，侵害した歴史から，自由を守る対象として，とくに国家が意識されている。

　日本国憲法においては，私たちの自己実現のための自由は3つの視点から規定している。第1は，精神活動の自由である。私たち人間は理性的な存在である。それゆえに，自分たちの幸せのためには，精神活動の自由が必要なのである。精神活動には，思想・良心の自由，信教の自由，表現の自由，学問の自由がある。なかでも言論などの表現の自由は，私たちの自己実現と民主社会の運

営（自己統治）に不可欠の人権である。私たちは，自分の思いを言葉や身体活動で表現し，実現する。それゆえに，この人権の制約は厳格な基準に基づき必要最小限にしなければならない。

第2に，私たちの自己実現には，金銭的な裏づけが必要であることから経済的自由が必要になる。日本国憲法では，居住移転・職業選択の自由と財産権の保障が規定されている。

第3に，戦前の特別高等警察や憲兵隊等による国民の自由な生活への過度な介入・干渉があったとの反省から，日本国憲法においては身体的自由（人身の自由）が厚く保障されている。

社会権の内容

自由は素晴らしいものであるが，実現することは難しい場合が少なくない。自由だけで幸せが実現できるのは社会的に強い人の場合だけである。財産，社会的地位，権力，健康などに恵まれ，自立して生きることができる人にとって自由は，自分の思いを実現できる素晴しい手段なのである。

一方，社会的に弱い立場にある人，たとえば重い病気の人，重度の障害をもつ人や体力が弱い高齢者，あるいは極度の生活困窮者，乳幼児などは，形式的な自由だけでは生きていくことができない。これらの人々の個人の尊厳を守るには，国家が介入して人間に値する生活を保障する必要がある。これが，社会権である。社会権の中心にあるのはすべての国民が健康で文化的な最低限度の生活を享受できるように保障する生存権（憲法第25条）である。生存権は，私たちの社会保障制度（社会保険，公的扶助，社会福祉，公衆衛生・医療）の根拠となる人権である。自由権は，国家の介入を排除する「国家からの自由」であるのに対して，社会権は国家の介入により社会的弱者の本来の自由（実質的自由）を実現する人権であることから「国家による自由」とも言われている。

日本国憲法においては，生存権をより具体化する社会権として，教育を受ける権利，勤労権，労働三権（団結権・団体交渉権・争議権）が保障されている。

法の下の平等（平等権）

私たちは，社会のなかで生活している。そこで，誰もが同じ価値をもつ人権が保障されなければ個人の尊厳を実現することはできない。ここから，すべて

の人権の基礎となる包括的な人権として，同じ立場にある人の間では不平等な扱いをしないことを保障する平等権が登場する。日本国憲法では，法の下の平等（第14条）として規定されている。

　平等とは，同じ条件の場合に同じ扱いをすることをいう。18世紀の近代市民革命により平等権が確立された時は，いかなる差別も認めない絶対的・形式的平等であった。しかし，資本主義の進展の中で富める者と貧しい者の貧富格差が発生し，現代社会においてはより格差が拡大している。この格差のなかで，誰もが個人の尊厳を保障されるためには，一人ひとりの違いに着目した平等が求められる。それゆえに，現代社会における平等は，形式的平等を原則としつつ実質的・相対的平等を意味する。男女共同参画における施策や障害者雇用の促進施策などは実質的・相対的平等を具体化したものである。ただし，過度な実質的平等の実施は，いわゆる「逆差別」を発生させる危険性がある。

　法の下の平等においては，人種・信条・性別・社会的身分・門地が差別禁止事項として規定されている。これらの事項は，人類の歴史上とくに差別が著しかったものを例として示しているにすぎない。これ以外の差別，たとえば障害だとか病気などの差別も禁止されている。

　この他に，私たちが社会の一員として政治に参加し，自己実現を図る手段を保障するための参政権や私たちの人権が侵害されたときに人権を回復する手段として受益権（国務請求権）という人権がある。自由権は自由主義，社会権は福祉主義，参政権は民主主義を支える人権である。

　これらの人権は，日本国憲法に規定されている人権であるが，日本国憲法制定後社会の変化の中で，新たに人権保障が必要になってきた人権がある。プライバシー権，肖像権，環境権，日照権などである。これらを新しい人権と言う。新しい人権をみだりに認めると，社会的に混乱が生じる危険性がある。このことにより私たちの個人の尊厳になくてはならない自由権が軽視されることが危惧される。それゆえに，新しい人権については，裁判例で厳格に審査され，乱造に制約をかけている。裁判例では，プライバシー権やプライバシー権の一種である肖像権しか明確に認められていない。

　プライバシー権は，みだりに私生活を公開されない権利・自由である。この人権は，アメリカの裁判例を通して形成されたものである。日本では，1964年に三島由紀夫の小説「宴のあと」の表現内容で問題となり，裁判例のなかで認

知された。新しい人権は，憲法第13条の「幸福追求権」を根拠にしている。

2　人権の歴史

自由権の歴史

　人権という考え方は，古く古代ギリシャやローマ帝国でも存在していた。しかし，この時代の人権には，侵すことのできない永久の権利という考え方はなかった。近代的人権とは，自由と平等を内容とする人権を言う。

　近代的人権概念はイギリスのジョン・ロックの思想の影響を大きく受けている。すなわち，人間は自然状態では，生命・身体・財産に対する権利が侵害されるので，国家との契約によりこれらの権利を国家に信託して保障してもらうと考える（社会契約説）。後に，この考え方はフランスでルソーに支持され，欧米の近代市民革命を支える思想となった。アメリカの独立宣言（1776年）やフランス人権宣言（1789年）は，この思想を具体化したものである。

　アメリカ独立宣言では，「すべての人は天賦の権利を賦与される」と規定され，フランス人権宣言では，「人は自由かつ権利において平等なものとして出生しかつ生存する」と規定された。このようにして近代の人権は生まれてきたのである。日本国憲法第97条には「この憲法が日本国民に保障する基本的人権は，人類の多年にわたる自由獲得の努力の成果であつて，これらの権利は，過去幾多の試練に堪へ，現在及び将来の国民に対し，侵すことのできない永久の権利として信託されたものである」と規定されている。これは，日本国憲法の理念が欧米の近代的人権思想を継承していることの証である。

　私たちの個人の尊厳を保障する役割を担う近代的意味の人権は，最初に近代市民革命を契機とされ，国家の介入から国民の自由を守る自由権であった。このような歴史のなかで形成されたので自由権は，18世紀的基本権と呼ばれている。私たちが人権を学ぶとき，人権尊重の最も重要な視点は，自由（自立・自律）の尊重・実現であることを忘れてはならない。

社会権の歴史

　18世紀に近代市民革命以降，自由権の保障は，資本主義の進展に大きく貢献した。しかし，国家の介入のない自由な経済活動は貧富格差や失業を生み，資

本主義の恩恵を受けない社会的に弱い立場の人々は生存の危機に直面するという弊害を生み出した。このような状況から，国家の介入により人間に値する生活を保障する社会権が20世紀に登場した。社会権の中心にあるのは，国家に健康で文化的な最低限度の生活の保障を求める生存権である。

　生存権は，世界で最初にドイツ・ワイマール憲法（1919年）において登場した。この憲法のなかで生存権は，「経済生活の秩序は，すべての人に，人に値する生存を保障することを目指す，正義の諸原則に適合するものでなければならない」と規定されている。このよう形成過程から社会権は，20世紀的基本権と呼ばれている。

　社会権は，形式的な自由だけでは自立できない社会的弱者を視点に入れた人権として，大きな意義がある。しかし，第1次世界大戦の敗戦国であるドイツ政府には生存権を実現できる財政の裏づけはなかった。そこで，生存権の理想と国家財政の現状との調和を考慮する理論として，生存権は，具体的な権利ではなく，国の努力目標・指針を示したにすぎないとする考え方が登場してきた。これをプログラム規定説という。日本国憲法において，生存権の法的解釈としてプログラム規定説が朝日訴訟などの裁判に影響を与えている（第10章参照）。

伝統的な日本人の人権意識

　従来から日本社会は人権意識が希薄であると言われている。これには歴史的な理由が考えられる。日本は，アジア・モンスーン地帯に位置し，古来より米作を中心とした社会を形成してきた。米作は，水の管理・田植え・稲刈り・脱穀などがあり，それはすべて村の共同体で行った。このような社会では，村人の団体行動が不可欠であり，個人の勝手気ままな行動は村社会全体を滅亡させる危険性をもつ。

　日本には，「村八分(むらはちぶ)」という言葉があるが，これは，村の掟破りに対して火事と葬式以外は，村人全員から無視されることをいう。近代資本主義が発達する以前のいわゆる「ムラ社会」では，村八分にされると生活の糧である農業を営むことができず，社会生活を営む基盤を失う。そのような生活環境では，個人の尊厳に対する人権意識は形成されにくい。

明治維新以降の人権意識

　近代的人権概念が日本に登場するのは，明治維新以降である。明治政府の目標は，欧米型の近代国家の建設であった。しかし，欧米諸国は，日本には人権を保障する憲法がないこと等を理由として日本を対等な国家とはみなさなかった。その結果が，不平等条約の締結である。すなわち治外法権（外国人が犯罪行為をしても日本の法律で裁けないこと）を規定し，関税自主権のない条約であった。近代国家としては屈辱である。そこで，不平等条約を改正するためにも日本は人権保障を規定した憲法を制定することが国家的プロジェクトとなったのである。

　明治憲法（大日本帝国憲法）は，このような歴史の要請に基づきドイツのプロイセン憲法を参考にして誕生したのである。当時のドイツは，日本と同じように後発資本主義国であったため，国家主導で早急な近代化を目指していた。そのためにプロイセン憲法においては皇帝（カイザー）の権力が強大で，臣民（君主制のもとでの国民）の人権保障が弱く，多くの制約を伴うところに特色があった。明治憲法は，この影響を強く受けていたため，天皇の権力が強大で，臣民の人権は，天皇の恩恵の範囲で保障されたにすぎなかった。くわえて，法律により様々な人権制限が行われていた。その結果，戦時下や緊急事態では戒厳令や思想統制など数多の人権侵害行為を生ずることになった。また，明治憲法の下では法律による制限付きの自由権の保障規定はあったが，社会権の保障規定はなかった。

日本国憲法の下における人権

　日本における「基本的人権」の用語使用の発端は，ポツダム宣言（1945年7月26日ポツダムで署名）にある。ポツダム宣言10項では，「日本政府ハ，日本国民ノ間ニ於ケル民主主義的傾向ノ復活強化ニ対スル一切ノ障碍ヲ除去スベシ。言論，宗教及思想ノ自由並ニ基本的人権ノ尊重ハ確立セラルベシ」としている（下線は筆者）。この基本的人権の尊重という文言が後に，GHQ（連合国軍総司令部）が起草する日本国憲法草案に受け継がれ，現在の「基本的人権」という用語使用につながっている。

　日本国憲法は最初から日本人の手により起草されたのではない。終戦直後幣原喜重郎内閣は，松本烝治国務大臣を中心に憲法問題調査委員会を発足させ，

新憲法制定の調査・研究にあたらせた。しかし，この委員会が作成した憲法草
案の内容は明治憲法と同じ思想を拠り所とし，GHQ を納得させるものではな
かった。その結果，GHQ 最高司令官 D. マッカーサーは，自らホイットニー
准将を中心とする民政局のスタッフに現在の日本国憲法の草案を起草させ，
1946年 2 月13日に日本側に提示した。この後，帝国議会の審議を経て11月 3 日
に日本国憲法として公布された。

　私たちの日本国憲法は，このように近代市民革命を経験した欧米の歴史を経
承しているので，厚い人権保障となっている。ところで，生存権は GHQ 草案
のなかにはなかった。この規定は，帝国議会の審議の過程で日本人の手により
加えられたのである。これを主張したのは，当時の社会党の代議士であった森
戸辰男と鈴木義男である。森戸は，戦前，自らの書いた論文が当時の軍国主義
思想と相容れない無政府主義者クロポトキンを擁護する内容であったことを理
由に東大を辞職させられ，ドイツに留学した。そこで，ワイマール憲法の生存
権に触れた。戦後森戸は政治家として，自分の生まれた広島の地が原爆で破壊
され，人々が極限の生活苦にあえぐ姿を見て，生存権規定を日本国憲法に導入
することを強く主張した。こうして，私たちの社会保障の根拠となる生存権が
日本国憲法に規定されたのである。

　戦前の明治憲法下の生存権規定がない時代には，生活困窮者のために恤救規
則（1874年）や救貧法（1929年）により救済が行われた。しかし，これらの法律
は，いわゆる「経済的に落ちこぼれた人を救う」という選別主義的な色彩が強
く，支援を受ける人々には屈辱感（スティグマ）を発生させた。その影響で，
今でも明治憲法下で教育を受けた高齢者のなかは生活保護を受給することに抵
抗感を感じる人々が少なくない。

憲法の人権規定の市民社会への反映

　日本国憲法が保障する基本的人権は，国家による国民の人権侵害を防止する
ことを予定して，原則として国家と国民の間に適用されるものである。しかし，
人権の問題は，国家と国民の間で問題となるだけでなく，市民社会の至る所で
問題となる。市民社会の中での様々な差別，表現行為の制約，自己決定の侵害，
プライバシーの侵害など枚挙に暇がない。このような場合に，憲法の人権規定
を市民の間の紛争（私人間という）に直接に適用すると，市民社会の独自の

ルール（私的自治という）を侵害し，社会・経済活動を低下させる危険性がある。それゆえに，私人間に憲法の人権規定を直接に適用することは危険である。

　このことを配慮して，憲法の人権規定を市民社会の一般ルール，たとえば公序良俗違反（民法第90条）や権利濫用の禁止（民法第1条3項），あるいは信義誠実の原則（民法第1条2項）などの民法規定に反映させて適用する（間接適用）する方法が裁判で採られている。

3　人権教育とは

　2000年に成立した「人権教育及び人権啓発の推進に関する法律」によると，人権教育とは「人権尊重の精神の涵養を目的とする教育活動」と定義している。2008年に人権教育の指導方法等に関する調査研究会議によって策定された「人権教育の指導方法等の在り方について〔第三次とりまとめ〕」では，人権教育は「人権に関する知的理解と人権感覚の涵養を基盤として，意識，態度，実践的な行動力など様々な資質や能力を育成し，発展させることを目指す総合的な教育である」と定義している。世界に目を向けると，1995～2004年の「人権教育のための国連10年」の行動計画では，人権教育を「知識と技術の伝達及び態度の形成を通じ，人権という普遍的文化を構築するために行う研修，普及及び広報努力」と規定している。本節では，人権教育とは何かという問いに対して，国内と国際社会の動向をふまえて，総合的に解説していく。

国際社会と人権教育の側面と内容
　国際社会における人権教育の流れを歴史的にみると，1978年にウィーンで開かれたユネスコ「人権の教授に関する国際会議」の重要性が指摘できる。この会議でユネスコは様々な学問分野を統合した1つの教科として，人権が教授されるべきであることを提言した。そして，人権の教育には，「人権教育（人権確立を目指すこと）」と「人権の教授（人権について教えること）」の両面があることを広くアピールした。つまり，人権教育とは「人権を大切にし，人権について教える教育」と言えよう。

　一般的には前者を「人権としての教育」と呼び，後者を「人権についての教育」と呼んでいる。私たちは人権教育を想像すると，どうしても後者ばかりに

目が行きがちですが，人権教育とは人権確立を目指すことにも大きな役割があるのである。

　みなさんはマララ・ユスフザイさんを知っているだろうか。2014年に最年少の17歳でノーベル平和賞を受賞した女性である。彼女のすべての子どもたちへの教育の必要性や平和を訴える活動が評価されたのである。マララさんは受賞において「この賞は，ただ部屋にしまっておくためのメダルではない。終わりではなく，始まりにすぎない」と表明した。また，当時の日本の首相は「女性が教育を受ける権利を訴え続けたことは，世界中の人々に勇気を与えた」と受賞を称えている。つまり，彼女が行ってきた活動は子どもたちの学習権確立を目指した「人権としての教育」であったわけである。

　では，人権教育の内容とはどのようなものだろうか。

　国連では，「人権教育のための国連10年」（1995〜2004年）の後，さらに人権教育を強化していくために，「人権教育のための世界プログラム」が採択された（第12章第2節参照）。その第1フェーズ（2005〜09年）行動計画では，人権教育について「知識の共有，技術の伝達，及び態度の形成を通じ，人権という普遍的文化を構築するために行う，教育，研修及び情報である」と規定したうえで，その要素を(a)知識及び技術—人権及び人権保護の仕組みを学び，日常生活で用いる技術を身に付けること，(b)価値，姿勢及び行動—価値を発展させ，人権擁護の姿勢及び行動を強化すること，(c)行動—人権を保護し促進する行動をとることが，含まれるものとしている。

　また，国内においても，こうした国際社会の動向をふまえ，2008年に人権教育の指導方法等に関する調査研究会議は「人権教育の指導方法等の在り方について［第三次とりまとめ］」を提出し，人権教育を通じて培われるべき資質・能力について，3つの側面（知識的側面，価値的・態度的側面，技能的側面）から捉えることができるとした。人権教育の目的を達成するために，人権や人権擁護に関する基本的な知識，人権が持つ価値や重要性を直感的に感受し，それを共感的に受けとめるような感性や感覚，こうした知的理解と人権感覚を基盤として，自分と他者との人権擁護を実践しようとする意識，意欲や態度の向上が重要としたのである。

国際社会における人権教育の展開

　国際社会における人権教育の展開を考えるとき，やはり重要となるのは，1948年12月10日に第3回国連総会において採択された世界人権宣言である（第12章参照）。世界人権宣言は，基本的人権尊重の原則を定めたものであり，宣言自体は法的拘束力を有するものではないが，初めて人権の保障を国際的に明らかにしたものである。宣言の前文には「人類社会のすべての構成員の固有の尊厳と平等で譲ることのできない権利とを承認することは，世界における自由，正義及び平和の基礎である」と謳われており，人権の保障が自由・正義・平和の基礎であるという考え方に立脚している。

　次に，世界人権宣言が採択されて以降，人権教育がグローバルスタンダードとして認知されていく過程をみてみよう。

　すでに多くのところで論じられているように，世界人権宣言が法的拘束力をもたないことから，大きく3つの国連の動向によって，人権教育と人権擁護が進んでいると理解される。第1の動向は，世界人権宣言を具現化していくために，法的拘束力をもつ条約という形で各国に批准を促し，世界の人権擁護を促進していく側面である。その中心となったのが1966年の第21回国連総会において採択された国際人権規約であることはいうまでもない。

　第2の動向は，様々な人権年の取組みが積み重ねられていく側面である。たとえば，1979年は国際児童年，1981年は国際障害者年，2009年は国際人権学習年とし，人権尊重の概念と教育がグローバルスタンダードとなるように取組みが進められている。

　第3の動向は，人権課題を解決するための10年単位の具体的な行動計画が策定されている側面である。たとえば，1973〜82年は「人種主義および人種差別と闘う10年」，1976〜85年は「国連女性のための10年」，1995〜2004年は「人権教育のための国連10年」とされ，具体的な行動計画が各国に求められた。このように，世界人権宣言を中核として，人権尊重の精神とその教育が伸長しているのである。

　なかでも，人権教育に直接アプローチを行った「人権教育のための国連10年」の取組みは，国内の人権教育にも大きな影響を与えた。ここでは，平沢安政がまとめた「人権教育のための国連10年」の国内の成果を解説しておこう（平沢 2005）。

　第1に，人権文化の創造・構築という点である。豊かな人権文化を築くための人権教育という考え方が広がり，同和教育を中心とした取組みから，様々な人権へのこだわりをもった教育が幅広く人権教育として語られるようになった。第2に，学習者中心の学びという点である。「講義式」や「教え込み」といった従来型の教育手法と異なり，シミュレーションやゲームなどを活用した参加体験型学習が人権教育の各種の研修会で導入され，数多くの実践を生み出した。第3に，「我がこと」としての人権という点である。自尊感情やエンパワメント，多文化共生の考え方，また市民としての社会参加や社会変革への関わりなど，人権が具体的な姿・形をもつものとして多様な切り口で語られるようになった。第4に，育てるべき力や資質の明確化という点である。どのような教材を通して，どのような知識・スキル・態度を育てるのかという形で，目標が明示的に語られるようになった。第5に，組織的・体系的な取組みという点である。教師や生徒個人の変革に加えて，学校づくりの戦略や実践のあり方が問われるようになり，組織的・体系的な取組みが重要であるという認識が拡がった。第6に，ネットワーク化という点である。従来の行政が主導する人権教育という形に加えて，NPO や地域コミュニティと協働して人権教育に取り組むという考え方が推奨されるようになった。第7に，世界の人権教育との対話という点である。国際社会における様々な人権教育の理論や実践に学びながら，日本の人権教育の課題を探ったり，その特質を再認識したりするような展開が拡がった。

　このように，国際的な人権教育の方策や成果が日本の教育に取り入れられていった。人権教育は長期的で生涯にわたる教育である。人権に関する知的理解と人権感覚を基盤として，自分と他者の人権擁護を実践しようとする意欲や態度の育成が求められる。

日本における人権教育

　日本国内における人権教育は，同和教育によって牽引されてきた（第5章，第11章参照）。とくに1950〜60年代にかけては，被差別部落の長欠・不就学の子どもたちの教育権保障の取組みが進められ，「人権としての教育」が大きな役割を果たす。

　森実によると，被差別部落の子どもたちが家庭において大切な働き手であっ

たこと，当時の学校や社会には漫然と差別が残っていたことから，長欠や不就学の比率は被差別部落では他地区の生徒に比べて数十倍以上に達していたという（森 2001）。

このような状況下，高知県では1948年に福祉教員を配置し，「今日も机にあの子がいない」と題した実践記録をまとめた（第11章第1節参照）。現在も，同和教育における学習権保障の取組みを「今日も机にあの子がいない」という言葉で大切に表現されるのは，この取組みに起因するのである。こうした教育の機会均等の熱心な取組みは教科書無償化への取組みへと発展し，1963年の「義務教育諸学校の教科用図書の無償措置に関する法律」へと結実していく。さらに，低学力にある子どもたちの学力を保障するために，各地域で学習会が開催されていった。

このような同和教育としての「人権としての教育」は，自治体独自の同和対策事業に収斂されていき，全国各地で子どもたちの教育権保障に取り組んでいた教育現場からの要望を背景に，1953年，全国同和教育研究協議会（全同教）の結成総会の開催へとつながる。全同教結成趣意書には「民主教育とは個人の自由，平等，人格価値の尊厳を基調とする教育である。若し個人の自由が奪われ，人格が無視され，甚しく傷つけられる様な事態が存在するならば，民主教育は敢然としてこの事態と取組み，これと闘う教育でなければならない。即ち，民主教育は当然同和教育に高い位置を与えられるべき教育である」と記されている。

以後，同和教育は日本における人権教育の基幹として追求されていった。さらに同和教育は，徐々に在日外国人教育の問題や障害児教育の問題にも取組みを広げていき，1990年代以降には，参加型学習や総合学習の導入・自尊感情の育成・近世身分制研究の進展による授業改革・地域と結ぶ教育活動の推進・基礎基本の定着を目指す授業・PTA との連携など，多くの現代的課題に応えるべく実践を積み上げている。

国策としては，1969年に制定された「同和対策事業特別措置法」（同対法）の施行，1982年の「地域改善対策特別措置法」（地対法），1987年の「地域改善対策特定事業に係る国の財政上の特別措置に関する法律」（地対財特法）へと展開した。1996年には，地域改善対策協議会から「同和問題の早期解決に向けた今後の方策の基本的な在り方について（意見具申）」が提出され，「同和問題は過

去の課題ではない。この問題の解決に向けた今後の取組みを人権にかかわるあらゆる問題の解決につなげていくという，広がりをもった現実の課題である。そのような観点から，これまでの成果を土台とし，従来の取組みの反省を踏まえ，未来に向けた新たな方向性を見極めるべき時に差しかかっている」との指摘がなされている。

　2002年，特別措置法の期限切れに伴い，国の同和対策事業は終了するが，情報化の進展に伴って部落差別に関する状況の変化が生じていることを踏まえ，2016年12月9日「部落差別の解消の推進に関する法律」（部落差別解消推進法）が成立し，同月16日に公布・施行される。第5条には，「国は，部落差別を解消するため，必要な教育及び啓発を行うものとする」と規定され，部落差別解消のために，教育と啓発の必要性がさらに指摘されることとなる。

　以上からも理解できるように，私たちは，同和問題を正しく理解し，一人ひとりの人権が尊重される社会の実現に向けた人権教育の充実を目指していくことが重要である。

人権教育の推進と展開

　2000年，人権尊重の重要性に関する認識の高まりとともに，「人権教育及び人権啓発の推進に関する法律」（人権教育・啓発推進法）が制定された。日本の国内法のなかで人権教育・啓発の推進を正面にとらえた法律であり，その意義は大きい。

　第1条では「社会的身分，門地，人種，信条又は性別による不当な差別の発生等の人権侵害の現状その他人権の擁護に関する内外の情勢にかんがみ，人権教育及び人権啓発に関する施策の推進について，国，地方公共団体及び国民の責務を明らかにするとともに，必要な措置を定め，もって人権の擁護に資する」とその目的が示されている。地方自治体，学校や企業をはじめ，あらゆる場所で人権教育を推進していく根拠となっている。また第8条では，「政府は，毎年，国会に，政府が講じた人権教育及び人権啓発に関する施策についての報告を提出しなければならない」と明記され，毎年，人権教育・啓発白書が刊行されることとなった。

　本法律を受けて，2002年に策定された「人権教育・啓発に関する基本計画」では，人権教育・啓発の推進方策として，「学校における指導方法の改善を図

るため，効果的な教育実践や学習教材などについて情報収集や調査研究を行い，その成果を学校等に提供していく」こと，また「人権教育の充実に向けた指導方法の研究を推進する」ことが求められ，文部科学省に「人権教育の指導方法等に関する調査研究会議」が編成される。人権についての知的理解を深めるとともに人権感覚を十分に身に付けることを目指して人権教育の指導方法等の在り方を中心に検討を行い，2004年に「人権教育の指導方法等の在り方について〔第一次とりまとめ〕」，2006年に〔第二次とりまとめ〕，2008年には〔第三次とりまとめ〕が公表された。

　〔第三次とりまとめ〕は「指導等の在り方編」「実践編」「個別的な人権課題に対する取組」（「実践編」の別冊）で構成されている。「指導等の在り方編」では，人権教育を通じて育てたい資質や能力や人権教育の取組みの視点などの基本的な考え方などの理論的側面が記されている。「実践編」では，人権教育の改善・充実のための具体的なポイント等に関する参考情報と43の具体的実践事例が記され，分かりやすい内容となっている。「個別的な人権課題に対する取組」では，12の人権課題に関する関係法令が収載され，教材研究に有効である。

　なお，「実践編」では道徳科との関連に関わる記述が散見される。人権教育と道徳教育はそれぞれ固有のねらいと方法論を有しているが，内容面においても方法論においても重なっている部分が多い。人間尊重の精神を基盤とし，対話を重要視しているのは，両者の教育に共通している点である。「属性」による特定の人を排除する現代的な差別は決して許されるものではない。今，人権と道徳の両者共通の取組みの発信を行っていくことが求められていると言えよう。

参考文献

芦部信喜・高橋和之補訂『憲法第6版』岩波書店，2016年。
大須賀明・栗城壽夫・樋口陽一・吉田善明編『憲法辞典』三省堂，2001年。
加藤晋介『憲法歴史ノート』辰巳法律研究所，1992年。
児島襄『史録日本国憲法』文藝春秋，1986年。
平沢安政『人権教育のための世界プログラム』解放出版社，2005年。
平沢安政『人権教育と市民力——「生きる力」をデザインする』解放出版社，2011年。
向井久了『やさしい憲法』法学書院，2005年。

森実『知っていますか？人権教育一問一答』解放出版社，2001年。

森実『知っていますか？同和教育一問一答』解放出版社，2004年。

山本克司『福祉に携わる人のための人権読本』法律文化社，2009年。

和田幸司「同和と人権」古橋エツ子編『新・はじめての人権』法律文化社，2012年。

和田幸司「人権教育とは何か」姫路大学人文学・人権教育研究所『翰苑』7，2017年。

和田幸司「アクチュアリティとしての人権教育」兵庫県人権教育研究協議会『ひょうごの人権教育』191，2018年。

和田幸司「同和問題と人権」髙井由起子編『わたしたちの生活と人権』保育出版社，2020年。

$\boxed{\text{さらに読み進めたい人のために}}$

芦部信喜・高橋和之補訂『憲法第7版』岩波書店，2019年。
　＊人権を中心に憲法を体系的に学習するために書かれたオーソドックスな著書である。

浦部法穂『憲法学教室』日本評論社，2016年。
　＊私たちの個人の尊厳を保障する憲法というものの考え方を丁寧に説明するとともに，基本的人権の種類・内容・性質・裁判例等について詳細に解説している。

塩田純『日本国憲法誕生』NHK出版，2008年。
　＊私たち基本的人権を保障する日本国憲法が制定されるまでの歴史的背景について書かれた著書である。

ホセ・ヨンパルト『人間の尊厳と国家の権力』成文堂，1990年。
　＊人権で最も重要な概念である「人間の尊厳」「個人の尊厳」「個人の尊重」の関係について法学的な視点から研究している。

山本克司「人権の中核概念の言語的理解と正当性の根拠」『法政論叢』49巻2号，2013年。
　＊人権の根源となる概念について，言語的，歴史的，比較法的，法学的視点から研究している。

（山本克司・和田幸司）

第 I 部

現代社会が抱える人権問題

第 1 章
女性をめぐる人権を知ろう
——性別による差別のない社会へ——

── Short Story ──

　イオリさんの高校時代からの友人カオルさんは，自分のことを「ぼく」と呼びます。小学校の高学年くらいから使い始めたそうです。カオルさんは「自分は黒や青が好きで，ピンクの服やリボンが苦手だし，女の子扱いされるのがなんだか嫌だ」と言います。

　大学近くのカフェでは「レディースデイ」や「レディースセット」というサービスがあり，大学の「人権論」の授業には「女性をめぐる人権」というテーマがあります。しかし，カフェには「ジェントルマンデイ」「ジェントルマンセット」はなく，「人権論」には「男性をめぐる人権」というテーマはないことに気づきました。

　授業では，女らしさや男らしさが時代や社会によって異なること，女らしいとされる特質や役割の中には，弱い立場や不利益が含まれていることを知りました。また様々なデータから，日本は女性に不利な社会であると知って驚きました。

　イオリさんは，カオルさんが女の子扱いを嫌がる理由はそこにあるのではないかと思い始めました。今度帰省した際に，カオルさんとじっくり話したいと思いました。

　「女性をめぐる人権」と聞くと，男性は自分には関係ないと思うだろうか。なかには，女性を擁護して男性が批判されると身構える人もいるかもしれないが，「女性をめぐる人権」とはすべての人に関わる学びである。この章の副題には「性別による差別」という言葉がある。性差別は女性だけでなく男性も受けており，自分らしく生きる自由の侵害である。ただし，より多くの不利益を女性が被っている実態があるため，本章では女性に焦点を当てている。また「性別による差別」は，男女というカテゴリーに収まらない人に対しても存在するが，それは他の章で扱うため，ここでは男女という2つの性別をめぐる人権について考える。

　さて，みなさんはジェンダーという言葉を知っているだろうか。ジェンダーとは社会的文化的な性別のことで，生物学的な性別（セックス）と区別して使う。長い間，男女は身体構造だけでなく性質や能力にも違い（性差）があると考えられ，性差別が正当化されてきた。それに対して，男女の性差（女らしさ・男らしさや性別役割）は社会によって作られたものである，というのがジェンダー概念である。

　このジェンダーの視点で，自分の身近な社会を見直してみよう。

1　ジェンダーって何？——「女らしい・男らしい」に潜む罠

「可愛い」は褒め言葉か

　小さいものや幼いものに対して心惹かれる際の形容詞「可愛い」は，今や「Kawaii」という世界の共通語となったようだ。ところで，あなたは「可愛い」と言われたことがあるだろうか。その時どう感じただろう。あなたの性別や年齢，発言者との関係や使われる状況によって，感じ方は違ってくるだろう。「可愛い」を年上の男性に使うのは失礼だが，女性には褒め言葉になると思っていないだろうか。

　「可愛い」以外に「しとやか」「たくましい」という誉め言葉も，性別で使い分けられる。「行儀が悪い」「気が強い・弱い」という否定的に使われる言葉には「女（男）のくせに」と，性別で異なる社会の期待が隠れている。ある性質や行動が，一方の性では「女（男）らしい」とプラスに評価され，他方の性では「女（男）のくせに」「女（男）らしくない」とマイナスに評価される。

　ここで「女らしさ・男らしさ」や性別役割といったジェンダーが，なぜ差別に関係するのか考えよう。「男女」は「上下」「南北」「善悪」と同じ二項対立の概念であり，ジェンダーも対照的である。男性ジェンダーには「強さ」や，それに関連した「勝つ（負けない）」「泣かない」「乱暴」「激しい」「能動的」「リーダーシップ」などが求められる。それに対して女性ジェンダーには「か弱い・芯が強い（表面的には強くない）」「勝ち負けにこだわらない（勝ちを譲る）」「涙もろい」「丁寧」「穏やか」「受動的」「（内助の功や女子マネージャーといった）フォロワーシップ」などが求められる。思考のタイプも男女を「論理的」「理系」と「感情的」「文系」に分ける。

　このように並べてみると，男性ジェンダーは権力や成功といった社会の中心的な役割に結び付き，女性ジェンダーはそれに対して周縁的である。男性は支配し，女性は従うという上下関係が読み取れる。「可愛い」は上から目線による評価であるため，女性は受け入れやすく，男性は抵抗を感じる言葉と考えられる。庇護される存在として可愛がられる，愛されるということは，男女を問わず子どもにはふさわしい価値である。しかし，幼児期以降も女性だけが「可愛さ」を評価されるとすれば，その行動はどう変わるだろうか。

ランドセルの色は誰が決めるか

　みなさんは小学生の時，何色のランドセルで，なぜそれを選んだのか覚えているだろうか。

　最近のランドセルはカラフルで，「女子は赤，男子は黒」の 2 色とは限らないようだ。2019年の「ランドセル購入に関する調査」（ランドセル工業会）によると，男子は黒（68％）と紺（13％）で 8 割以上，女子は色の種類が男子より多いものの，赤（25％）と桃（21％）で半数近い。ランドセルを選んだのは本人（76％）が最も多く，選んだ理由の約半数が「子どもの好きな色だった」という点から，すでに 5 〜 6 歳児でジェンダーが内面化されていることが分かる。

　日本の幼稚園や保育所で保育者が使う「お父さん（お母さん）座り」といった表現や，色やシンボルマークの振り分け（赤・ピンク・花・蝶は女児，青・緑・飛行機・蜻蛉は男児）などは，幼児期から固定的なジェンダーの刷り込み，つまり性差別につながる教育であると指摘されている。最近では，男性保育士を意識的に雇用し，ジェンダーに関する研修を実施する園も増えてきた。ヒトは 2

歳頃に自分や他者がどちらの性に属するかを理解するようになり，3歳頃までには性同一性が確立すると言われている。しかし，幼児期から自分の性別に違和感を持つ人もおり，保育者の無意識な言動は性差別の助長だけでなく，性的マイノリティの子どもを傷つけている。

　小・中・高等学校ではどうだろうか。男女平等が保証されているはずの学校だが，意外なことに様々な場面で児童生徒にジェンダー規範を強要している。「家庭科」が高校で女子のみ必修から，男女必修になったのは1989年である。健康診断などの場合を除き，基本的には五十音順など性別に関わらない名簿を使用するべきであるが，実際には必要以上に男女別の整列や班分けを行っている。また，制服や体操服，水着，髪型，体育祭の演目なども性別で異なる。2015年の文部科学省通知「性同一性障害に係る児童生徒に対するきめ細かな対応の実施等について」もあって，性的マイノリティだけでなく，寒さ対策や性被害対策で女子がズボンを選ぶことは可能になったが，男子のスカートはまだ実現していない。生徒会長や体育祭の応援団長に女子が選ばれることは珍しくなくなったが，高校生の進路からは，性別による違いがいまだに大きいことが分かる。諸外国に比べて，日本は大学進学率や進路選択の男女差が大きい。国は女性研究者や女子の理系進学を進める方策を打ち出しているが，効果を上げるには幼児期からのジェンダー平等教育が必要であろう。

私たちのまわりに溢れる隠れたメッセージ

　私たちは生まれた瞬間から，性別によって異なる扱いを受けている。同じ赤ちゃんに女児の服を着せた時と男児の服を着せた時では，大人のあやし方が異なっており，女児（と思った赤ちゃん）には優しく語りかけ，男児（と思った赤ちゃん）は大胆に扱う人が多いという研究もある。絵本や漫画，アニメなどには，働く父親と家事をする母親といった，ジェンダーによるパターン化した人物像が登場する。動物のイラストは，兎や猫など小動物は女子，ライオンや象など力強い動物は男子に擬人化して描かれる。教科書に登場する人物の人数や役割にも，ジェンダーの偏りが見られる。子どもたちの周囲の大人は，花や人形，ピンクを好む男児，虫や自動車，青色が好きな女児に対してどのように反応しているだろう。それによって，子どもの自分らしさを否定し，自己肯定感を損なっていないだろうか。

あなたのまわりに潜む，ジェンダーの隠れたメッセージを捜してみよう。それはあなたにどのような影響を与えてきただろう。

2　あなたの家庭は男女平等？

結婚後はどちらの姓を選ぶか

テレビなどで「苗字が変わりました」「○月○日に入籍しました」と，有名人が結婚を報告する場面を見たことがあるだろうか。これは男女どちらの発言だろう。「姓（氏）が変わる」「入籍」から，女性の発言と判断する人が多いのではないだろうか。たしかに，日本では結婚する夫婦の97％が男性の氏を選んでいる。結婚（婚姻）を表現するこれらの言葉はメディアで広められ，一般にも使用される。これらの言葉や，ドラマで男性が女性の父親に「お嬢さんをください」と許可を願う場面に，違和感はないだろうか。

現代日本で，結婚を家名や家業を継承するためのものと考える人は，伝統芸能など一部の社会に限られるだろう。多くの人は，結婚とは本人同士の恋愛感情を土台とした結び付きと考えているのではないだろうか。本人同士の自由な意思で結婚できるようになったのは，戦後のことである。明治時代の民法では，戸主（戸籍の筆頭者である男性）の承認がなければ，自由に結婚することも，住む場所を決めることもできなかった。結婚とは，家の存続や繁栄を目的とする家同士の結び付きであった。女性は家督を継げず，結婚によって男性の父親の戸籍に入り，嫁として舅姑に仕え，男児を産むことを強く期待された。戦後，このような「家制度」は廃止され，新憲法には男女平等が明記された。結婚は当事者である二人の合意にのみ基づいて成立し，すでにある戸主の戸籍に入籍するのではなく，夫婦が新戸籍を編成するものとなったのである。無自覚に使われる「苗字が変わる」「嫁をもらう」「入籍する」といった言葉，「○○家・○○家披露宴」という表示，双方の父親名で送られる招待状などには，戦前の家制度や男尊女卑の意識が温存されている。

姓の変更には，様々な名義を書き直す手間や費用，旧姓の業績が認められにくいなどの不利益が生じる。自分自身のルーツや実家とのつながりを失うように感じる人もいる。そのため，婚姻時に同姓を強制されるのではなく，別姓を選ぶことも可能にするべきだという主張（選択的夫婦別姓論）がある。あなたは

どのように考えるだろうか。

　＊**夫婦別姓訴訟**　民法の夫婦同姓の規定によって，一方は氏を変えなければならず，
　　不利益を被る。夫婦別姓を選べない今の法制度は，法の下の平等を求める憲法に反
　　するという訴訟。2015年12月，最高裁は民法750条を「合憲」と判断し，原告の訴
　　えを棄却した。2019年３月には，戸籍法上の不備という論法で選択的夫婦別姓の実
　　現を求めた訴えが，東京地裁により棄却されている。

子育て・介護は誰が担うのか

　子どもを産むこと，母乳を湧出することは女性に限られるから「子育ては女
性の仕事」，女性は優しいから幼児や高齢者の世話に向いている。本当にそう
だろうか。

　産前産後の母体保護は必要だが，赤ちゃんの世話は産みの親，女性でなくて
も行える。ところが，女性には生まれながらに母性があるという「母性愛神
話」や，３歳までは母の手で育てるべきだという「三歳児神話」が，いまだに
人々の意識や行動に影響を与えている。しかし，専業主婦に育てられた子ども
と，母親以外に育てられた子どもの約1300人を，18年間にわたって追跡・比較
した結果，発達差が見られないというアメリカでの研究もあるように，三歳児
神話は否定されている。もし，母性愛が女性にのみ付与された本能なら「育児
不安」や，母親による「児童虐待」は起こり得ない。「子育ては女性の仕事」
というのは，社会によって作り出されたジェンダーなのである。

　高齢者介護についてはどうだろう。長年，老親の介護は息子の配偶者や娘と
いった女性が多くを担ってきた。戦前までの家制度では，舅姑の介護をするの
は嫁の役目であった。戦後，三世代同居が減少し，平均寿命が延びるなかで，
高齢者介護は家族だけでは負いきれなくなった。1970年に日本は高齢社会に突
入し，寝たきり老人や社会的入院などの問題が顕在化した。「高齢者問題は女
性問題」つまり女性が多くの問題を抱えていることから，80年代にはその解決
を求める女性グループが生まれた。2000年に始まった介護保険制度は，このよ
うな高齢者介護を社会化するための制度である。制度が定着し，介護を専門家
や施設が担う割合は増えた。けれども，老後についての意識調査では，夫は家
族による介護を望むが，妻は夫の介護はするが，自分の介護は家族外の専門家
を希望するという意識のずれが見られる。男性が介護者になった場合，家事や

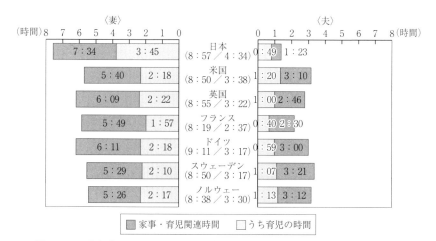

図 1 - 1　6 歳未満の子供を持つ夫婦の家事・育児関連時間（1 日当たり，国際比較）

備考：1. 総務省「社会生活基本調査」（平成28年），Bureau of Labor Statistics of the U. S. "American Time Use Survry"（2016）及び Eurostat "How Europeans Spend Their Time Everyday Life of Women and Men"（2004）より作成。

　　　2. 日本の値は，「夫婦と子供の世帯」に限定した夫と妻の 1 日当たりの「家事」，「介護・看護」，「育児」及び「買い物」の合計時間（週全体平均）。

　　　3. 国名の下に記載している時間は，左側が「家事・育児関連時間」の夫と妻の時間を合わせた時間。右側が「うち育児の時間」の夫と妻の時間を合わせた時間。

出所：『令和元年度版男女共同参画白書』内閣府，2019年。

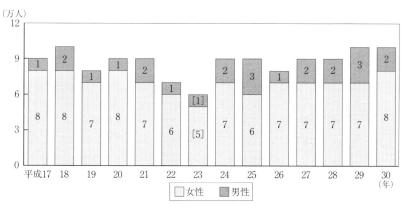

図 1 - 2　介護・看護を理由とした離職者数の推移（男女別）

備考：1. 総務省「労働力調査（詳細集計）」より作成。

　　　2. 前職が非農林業雇用者で過去 1 年間の離職者。

　　　3. 平成23年の数値（［　］表示）は，岩手県，宮城県及び福島県を除く全国の結果。

出所：『令和元年度版男女共同参画白書』内閣府，2019年。

ケアに不慣れで，周囲に弱音を吐けないため，虐待やうつなどの問題が起こり
やすい。ここにもジェンダー問題が存在する。

家庭の中のジェンダー

　農耕社会では，農産物の生産に多くの労働力を必要とし，出産後の女性も働
くのは当然であった。家庭生活と労働の場が一致しており，家族以外に親族や
近隣相互の支えあいもあり，それは可能であった。しかし，1950年代に日本は
第一次産業から第二次産業へと産業構造が大きく変化し，人々は勤め先のある
都市部に住むようになって，家庭生活と労働の場が切り離された。「男は仕事，
女は家事・育児・介護」という性別役割分業は，1960年代の高度経済成長期に
一般化し，専業主婦世帯が急増した。1970年代後半には，第三次産業の増加と
女性の高学歴化から女性の就労機会は増えたが，社会の性別役割分業意識は強
く，制度も整っていなかったため，出産後，女性が仕事を続けることはたいへ
ん困難だった。男女雇用機会均等法（1985年），育児介護休業法（1991年），男女
共同参画社会基本法（1999年）など，制度が整うにつれて出産後も女性が働く
共働き世帯は増加し，1997年には専業主婦世帯を上回った。けれども，育児休
業を取る男性は2019年においても6.16％に止まっている。「イクメン」という
言葉が一般化し，男性の家事・育児の分担率は増加傾向にあるが，「ワンオペ
育児」を嘆く女性の声もいまだに多い。家事・育児を求める妻に対して「誰に
食べさせてもらっているのだ」といった暴言を投げつける夫もおり，経済力の
差は，平等であるべき夫婦に上下関係をもたらしている。

＊育児介護休業法（育児休業，介護休業等育児又は家族介護を行う労働者の福祉に関
　する法律）　労働基準法では，出産前6週間，出産後8週間の産前産後休業を定め
　ている。育児介護休業法（1991年）は，それに加えて産休後の休業取得を認めてい
　る。育休は男女を問わず取得でき，子どもが1歳になるまでの間，さらに保育園に
　入所できない場合などは最長2歳まで延長して取得できる。育休中は無給だが，育
　児休業給付金（給料の67％，ただし6カ月以降は50％）を受け取ることが可能である。

　戦後，日本の様々な制度は「男性稼ぎ主，専業主婦，子ども2人」という性
別役割分業による4人家族を標準世帯として設計された。高度経済成長期には
多数派であった標準世帯だが，その後，共働き，一人親，一人暮らし，夫婦の
みの世帯などが増え，今では標準世帯は少数派である。このような変化に対応

して，世帯単位から個人単位への制度の変更が求められている。

3　日本は遅れている？——ジェンダーギャップ指数から見える日本の課題

レディース料金はなぜ安い

　レストランや居酒屋で見かけるレディース料金（同じメニューが女性は低価であること）を，あなたはどう考えるだろうか。「女性の方が食べる量や飲む量が少ないから，妥当だ」「少食の男性にとっては，不公平だ」「女性客が増えると男性客も増えて，売り上げ増になる」など，様々な意見があるだろう。それでは「女性の収入は男性より低いので，安くして当然」と考える人はいるだろうか。

　現在では，性別によって労働に関する待遇を変えることは法律で禁止されている。けれども，男女雇用機会均等法が制定された1985年より以前は，男女で募集職種，給与体系，昇進ルートが異なり，女性のみ若年定年制や結婚退職勧奨などの性差別が存在した。

　男女雇用機会均等法は，1979年の国連総会で採択された女子差別撤廃条約（女子に対するあらゆる形態の差別の撤廃に関する条約）の批准に向けて制定された。諸外国に比べて，日本では女性の年齢階級別労働力率は30代に落ち込む，いわゆるM字カーブを描く特徴がある。結婚・出産・育児によって仕事を辞め，その後再び働き出すという女性の就労行動によるM字カーブは，先進諸国でも70年代には見られたが，現在は男女の差はほとんど見られない。日本でも就労を継続する女性は年々増えているが，非正規雇用労働者の割合が高く（女性56.1％，男性22.1％。図1-3参照），低賃金で不安定な状態に置かれている。また，常用雇用労働者であっても，女性は男性の75.7％の収入しかない。

　男女の賃金差は，シングルマザー家庭の貧困を生み出している。日本はシングルマザーの就労率が世界一高いにもかかわらず，その半数以上が貧困状態（相対的貧困）にある。世帯構造別の貧困率を見ると，女性単独世帯の6割近くが貧困状態である。女性単独世帯の多くは高齢者であるが，最近は若年女性の貧困も指摘されている。男女の経済格差を反映したレディース料金だとすれば，女性は得と言えるだろうか。

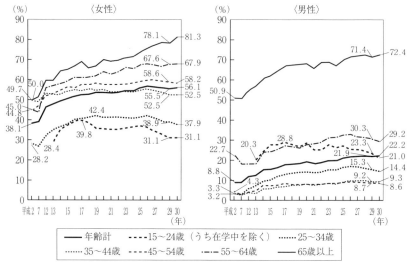

図1-3 年齢階級別非正規雇用労働者の割合の推移（男女別）

備考：1. 昭和60年から平成13年までは総務庁「労働力調査特別調査」（各年2月）より，平成
14年以降は総務省「労働力調査（詳細集計）」（年平均）より作成。「労働力調査特別調
査」と「労働力調査（詳細集計）」とでは，調査方法，調査月等が相違することから，
時系列比較には注意を要する。
2. 「非正規の職員・従業員」は，平成20年までは「パート・アルバイト」，「労働者派
遣事務所の派遣社員」，「契約社員・嘱託」及び「その他」の合計，平成21年以降は，
新たにこの項目を設けて集計した値。
3. 非正規雇用労働者の割合は，「非正規の職員・従業員」／（正規の職員・従業員」＋
「非正規の職員・従業員」）×100。
4. 平成23年値は，岩手県，宮城県及び福島県について総務省が補完的に推計した値。
出所：『令和元年度版男女共同参画白書』内閣府，2019年。

管理職にはどちらを選ぶか

　女性が男性に比べて平均収入が低いのは，管理職の割合が少ないことも関係
している。2018年の管理的職業従事者に占める女性の割合は14.9％で，先進諸
国の30〜40％に比べてたいへん低い。さらに，企業規模が大きいほど女性管理
職の割合が低く，上場企業では5％にすぎない。なぜ，日本では女性管理職が
少ないのだろう。

　日本企業の多くは年功的な昇進制度を採用しており，育休等で勤務年数が短
い女性は不利である。また昇進を望まない女性も多い。第2節で触れたように，
家事や育児，介護などの負担は女性に偏っており，管理職になって仕事量が増

えては家庭生活を維持できない。男性ならば「頑張れ」と励まされる場面で，女性には親切心から「無理することはない」とブレーキの言葉を掛けられることも，女性に昇進をためらわせる。選ぶ側のジェンダーバイアスもある。2018年に，複数の医学部で女子学生に不利な入試が行われていたことが発覚したが，女性は出産や育児で休む可能性があるため，やむを得ないという擁護論が一部にあった。管理職に男性を選ぶ理由にも，同様の声を聞く。このような「性差別もやむを得ない」という意見に対して，あなたはどう応えるだろう。

女性議員を増やす方法

　日本は男女の格差を表す GGI（ジェンダー・ギャップ指数）が，2019年では153ヵ国中121位と非常に低位である。それには女性の経済活動，政治活動への参加度の低さが影響している。所得の男女差についてはすでに触れたので，ここでは政治活動について考えてみよう。

　戦後，女性はようやく男性と同じ参政権を得た。その結果，1946年4月10日の総選挙では39人（衆議院の8.9％）の女性議員が誕生した。しかしその後，女性議員はなかなか増えず，2019年でも衆議院47人（10.2％），参議院50人（20.7％）に止まっている。

　諸外国ではクオーター制やパリテ法により，女性議員の割合を増やしてきた。クオーター制とは，差別是正のために少数派に対して一定の割合を確保する制度で，複数の国が採用している。パリテ法は2000年に制定されたフランスの法律で，選挙の候補者を男女同数にするというものである。このような具体策によって女性議員を増やした国がある一方，日本では効果的な解決策が実施されなかった。

　政策や方針を決定する場に女性が圧倒的に少ないと，どのような問題があるだろうか。

4　被害者にも落ち度？──性暴力の根っこにある女性差別

「女性専用車両」をどう思う

　女性専用車両は，地下鉄内で別の女性への痴漢行為を注意した女性が痴漢に逆恨みされ，強姦されるという事件（1988年）がきっかけとなり，導入が進め

られた。しかし，女性専用車両は男性に対する差別だという人や女性の行儀が
悪くなるという人，痴漢冤罪を強調する人もいる。

　このような，話のすり替えや矮小化は，セクシャル・ハラスメントやレイプ
の被害に対しても起こる。「何でもセクハラと言われるので，職場でコミュニ
ケーションが取りにくい」「下ネタを上手にかわすのも仕事のうち」「女性にも
落ち度がある」「そんなにたいした被害じゃない」といった言葉は，加害者を
庇い，被害者を傷つける言葉である。

　2017年7月の刑法改正で性犯罪は親告罪ではなくなり，証拠さえ揃っていれ
ば検察官は起訴できるようになった。しかし，被害者が起訴を望まない場合に
は不起訴になる率が高い。被害者の多くが起訴を断念する背景には，被害者を
責める社会の反応がある。また強制性交罪の場合は「暴行・脅迫により反抗を
著しく困難にした」と言える証拠が必要なため，不起訴になるケースも多く，
性犯罪のうち犯罪統計に表れるのは，氷山の一角にすぎない。性犯罪の加害者
は圧倒的に男性が多く，性差別意識が強い人だと言われる。卑劣な性犯罪をな
くすためには，どのようなことが必要なのだろう。

表現の自由か性暴力か

　「萌え絵」と呼ばれるイラストが自治体や自衛隊等のポスターに使われ，物
議をかもしたことを知っているだろうか。また著名な現代美術家の美術展で，
鎖につながれた少女などの作品は性暴力を助長するとして展示中止が求められ
る一方，それは憲法第21条で保障される表現の自由の侵害だと論議になった。

　ヌード写真を個人が所持していても何の問題もないが，それをオフィスなど
公共の場に掲示すればセクシャル・ハラスメントである。被写体が児童の場合
は，児童ポルノ禁止法（児童買春，児童ポルノに係る行為等の規制及び処罰並びに児
童の保護等に関する法律）の対象となる。批判されたポスターや作品は写真では
なく，法には触れない。描かれている架空の少女たちは，非常に短いスカート
や胸を強調した服装で微笑んでいる。そこにはどんなメッセージが隠されてい
るのだろう。

　日本は児童ポルノの輸出国として，世界から批判を受けている。国内でも
JKビジネス，児童買春，強制わいせつなど，子どもに対する性犯罪が増加し
ている（図1-4参照）。子どもに対して性的なまなざしを向ける「萌え絵」を

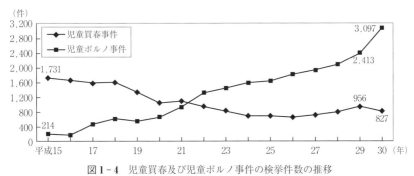

図 1-4　児童買春及び児童ポルノ事件の検挙件数の推移

備考：警察庁「少年非行，自動虐待及び子供の性被害の状況」より作成。
出所：『令和元年度版男女共同参画白書』内閣府，2019年。

使ったポスター，あなたはどう感じるだろうか。

デート DV を知っていますか

　夫婦間の暴力を DV（ドメスティック・バイオレンス），恋人間の暴力をデート DV と呼ぶ。DV には叩く，刃物で脅すといった「身体的暴力」，暴言を吐く，無視するといった「精神的暴力」，友人関係や行動を制限する「社会的暴力」，借金を背負わせる，仕事を辞めさせるといった「経済的暴力」，性行為を強要する，避妊をしないといった「性的暴力」がある。内閣府「男女間における暴力に関する調査」（2017年）によると，配偶者（内縁を含む）からの DV を1度でも受けたことのある者の割合は，女性31.3％，男性19.9％である。DV による検挙数は，殺人・傷害・暴行事件は7667件であり，そのうち6960件（90.8％）は女性が被害者である。被害が女性に偏ることから，DV にはジェンダーが深く関わっていると考えられる。

　恋人間の暴力であるデート DV にも，ジェンダーは関係しているのだろうか。2017年に中・高・大学生を対象に行われた全国デート DV 実態調査によると，交際経験がある者のうち38.9％（女性44.5％，男性27.4％）が，なんらかのデート DV の被害を経験している。「行動の制限」に関する被害経験の割合が最も高く，とくに「返信が遅いと怒る」については，交際経験のある女性の24.2％，男性13.3％が経験していた。「他の異性と話をしないと約束する」は女性15.4％，男性11.5％が経験している。「精神的暴力」では「バカ，死ねな

表1-1　ジェンダー平等に関わる年表

年	国連等	日　本
1945		改正選挙法（婦人参政権）
1946	国連婦人の地位委員会	日本国憲法（男女平等明文化）
1947		改正民法（家父長制廃止） 男女共学の新学制開始
1948	世界人権宣言	新制高校開始（高校「家庭科」男女とも選択） 優生保護法
1956		売春防止法
1958		中学校「技術・家庭科」新設（男女別学）
1960		高校「家庭科」女子必修
1961		所得税法改正（配偶者控除制度新設）
1975	国際婦人年 第1回世界女性会議（メキシコシティ）	総理府に婦人問題企画推進本部設置
1976	国連婦人の十年（1976〜85年）	民法改正（離婚復氏制度），戸籍法
1979	女子差別撤廃条約	
1985	第3回世界女性会議（ナイロビ）	男女雇用機会均等法
1989	児童の権利に関する条約	学習指導要領改訂（高校「家庭科」男女必修）
1991		育児休業法
1995	第4回世界女性会議（北京）	育児休業法改正（介護休業制度） 高齢社会対策基本法
1997		介護保険法
1999	国際高齢者年	男女共同参画基本法
2001		配偶者暴力（DV）防止法
2003	女性差別撤廃委員会で日本を審査	少子化社会対策基本法
2015		女性活躍推進法
2018		政治分野男女共同参画推進法

出所：筆者作成。

ど傷つく言葉を言う」は女性14.3％，男性7.8％が，「別れたら死ぬと言う」は女性11.4％，男性5.5％が恋人から言われている。「貸したお金を返さない」「バイトを辞めさせる，あるいはさせない」といった「経済的暴力」，段ったり蹴ったりという「身体的暴力」の経験者は10％以下であった。「性的暴力」で

は「嫌がっているのに体を触る」「裸や性行為の写真や動画を撮りたい，あるいは送ってほしいと要求する」「嫌がっているのにキスをする」が，それぞれ10％前後であった。年齢別では，交際経験のある12〜15歳女性の被害経験が52.1％と最も高く，低年齢から若者たちはデート DV の被害を経験していることが分かる。

　DV やデート DV といった親密な関係のなかでの暴力は，愛情表現の一種と捉えられやすく，なかなか当事者自身は気づくことができない。DV の特徴として，暴力の後にはハネムーン期と呼ばれる親密な期間が訪れるため，「やはり自分は愛されている」「今度こそ暴力は収まる」と思ってしまう。緊張期・暴力の爆発・ハネムーン期という DV のサイクルは，次第にハネムーン期が短くなり，常に暴力の不安に晒されるようになる。被害者は加害者の支配下に置かれて自分の意思を失い，逃げ出せなくなる。また同意のもとで，裸や性行為の写真・動画を撮ることは暴力ではない。けれども，親密だった頃の秘密の写真を公開するといった嫌がらせや脅迫が，リベンジポルノとして大きな問題になっている。デート DV やリベンジポルノは，女性だけでなく男性も被害を受けている。

　本章では，日常生活からジェンダーとは何か，ジェンダーによる差別とはどのようなものかを考えてきた。戦前の日本では，女性に生まれたというだけで，選挙権も親権も持てなかった。男女平等が保障されているはずの現代においても，女性は様々な不利益を被っている。

　若者のジェンダー意識を調べた調査では「男子校男子／共学男子／女子校女子／共学女子」の4パターンの中で，「男子校男子」が突出してジェンダー意識が強く，性別役割分担を肯定していた。ホモソーシャルとは男同士の社会的絆の意味だが，そこにはホモフォビア（同性愛嫌悪）とミソジニー（女性嫌悪）が存在する。男子校だけでなく，会社・政党・労働組合・スポーツチーム・同窓会……ありとあらゆる集団に，男性優位を良しとするホモソーシャルが存在している。男性優位社会・女性劣位社会は，男性に都合が良いとは限らない。「勝つこと」「弱音を吐かないこと」を求められる男性ジェンダーの息苦しさは，自殺者の7割，殺人加害者の8割が男性であることにつながっていないだろうか。

　現在の性差別社会を変えるためには，まず身近なジェンダーに気づくことが

コラム 1　女性に対するインターネット上の暴力

　耳慣れない言葉かもしれないが，「ネットハラスメント」とは最近問題になっている，インターネットを利用した嫌がらせのことである。インターネットは私たちの生活を大きく変え，今では幼児から高齢者までが動画サイトや SNS（ソーシャルネットワーク）を利用している。インターネットの最大の特徴は，圧倒的な情報量，非常に速く広範囲に伝播するという点である。また匿名での利用が可能なため，実社会では躊躇するような言動への抵抗感が弱くなるようだ。

　リベンジポルノもネットハラスメントの 1 つだが，ここでは見知らぬ人からのネットハラスメントを紹介する。ある女性議員は，著名人の講演会で司会をしたことをきっかけに，SNS でデマを流され，誹謗中傷や脅迫を受け，注文した覚えのない下着を着払いで大量に送られるという被害に遭った。性差別や性暴力，ジェンダーにまつわる発言を女性や女性と思われるアカウントが発信した場合，誹謗中傷や性的嫌がらせが大量に書き込まれたりする。ここには「物言う女性」へのミソジニー（女性嫌悪）がある。

必要である。性別を逆にした場合を考えて，違和感がある事柄にはジェンダーが隠れている。

　人権とは，誰もが人として尊重され，自分らしく生きる権利である。性別による差別のない社会の実現のために，あなたはどんなことができるだろうか。

参考文献

天野正子・木村涼子編著『ジェンダーで学ぶ教育』世界思想社，2003年。

伊田広行『デート DV・ストーカー対策のネクストステージ——被害者支援／加害者対応のコツとポイント』解放出版社，2015年。

江原由美子『フェミニズムのパラドックス』勁草書房，2000年。

乙部由子『ライフコースからみた女性学・男性学——働くことから考える』ミネルヴァ書房，2013年。

加藤周一『はじめてのジェンダー論』有斐閣，2017年。

木村涼子・伊田久美子・熊安貴美江『よくわかるジェンダー・スタディーズ——人文社会科学から自然科学まで』ミネルヴァ書房，2014年。

清田隆之『よかれと思ってやったのに——男たちの「失敗学」入門』晶文社，2019年。

小杉礼子・宮本みち子『下層化する女性たち——労働と家庭からの排除と貧困』勁草書

　房，2015年。

佐藤文香監修，一橋大学社会学部佐藤文香ゼミ生一同『ジェンダーについて大学生が真
　　剣に考えてみた——あなたがあなたらしくいられるための29問』明石書店，2019年。

名須川知子・大方美香監修，伊藤篤編著『MINERVA　はじめて学ぶ保育12　子育て支
　　援』ミネルヴァ書房，2018年。

大和礼子『生涯ケアラーの誕生——再構築されないジェンダー関係』学文社，2008年。

渡辺真由子『リベンジポルノ——性を拡散される若者たち』弘文堂，2015年。

『令和元年度版男女共同参画白書』内閣府，2019年。

『デート DV 白書　vol. 5 全国デート DV 実態調査報告書』認定 NPO 法人エンパワメ
　　ントかながわ，2016年。

さらに読み進めたい人のために

サッサ・ブーレグレーン（枇谷玲子訳）『北欧に学ぶ小さなフェミニストの本』岩崎書
　　店，2018年。
　＊10歳の少女の目を通して社会の問題を考えるスウェーデンの絵本。それぞれが自分
　　らしくありのままに生きるために「支配の手口」を知り，自分たちの意見を主張す
　　る方法を学ぶことができる。

中川素子『女と絵本と男』翰林書房，2009年。
　＊絵本には，優しく料理上手なお母さんや腕白な男の子など，ジェンダー規範をなぞ
　　るものも多い。この本には子育てする父親やたくましい女の子，同性カップルなど
　　の絵本が紹介されている。ジェンダー視点による物語の解読もあり，ジェンダーに
　　ついて深く考えるきっかけになるだろう。

野村育世・関民子・早川紀代『絵本日本女性史（全 4 巻）』大月書店，2010年。
　＊原始・古代から近・現代までの三巻と学習の手引き。日本史の教科書は圧倒的に女
　　性の記述が少ない。この本では男女の関係，女性の地位，職業が時代によって変化
　　してきたこと，伝統的な日本文化と思われている事柄の多くが明治以降に作られた
　　ことなどを知ることができる。

マルタ・ブレーン文，イェニー・ヨルダル絵（枇谷玲子訳）『ウーマン・イン・バトル
　　自由・平等・シスターフッド！』合同出版，2019年。
　＊ノルウェーの作家とイラストレーターの手による漫画形式の本。世界の女性運動が
　　目指してきた 3 つの権利「教育を受け，職を持ち，自分でお金を稼ぐ機会を得る権
　　利」「参政権」「身体の自己決定権」獲得の歴史が描かれている。

（濱田格子）

第2章
子どもをめぐる人権を知ろう
──「子どもの権利」をめぐる困難──

─ Short Story ─

　イオリさんは，「人権論」の授業で，「子どもにも，かけがえのない“人権”がある」ことを学びました。しかし，その話を聞いた時，心の中がモヤモヤしてしまいました。なぜそのような気持ちになったのか考えていると，高校時代の嫌な思い出がよみがえってきました。

　イオリさんは，高校時代のある日，病気がちの祖母が作ってくれた小さな人形をカバンに付けて登校しました。すると，すぐに職員室に呼び出され，人形を外すよう注意されました。祖母がくれた大切なものであることを伝え，外さないといけない理由を尋ねても，「校則で決まっていることだ」「不良になるぞ」などと言われるのみで，納得のいく回答は得られませんでした。イオリさんは，勉強や部活に熱心に取り組んでおり，成績も優秀でした。そのことをいつも褒めてくれ，励ましてくれた先生が，カバンに人形を付けただけで，態度をガラッと変えてしまったことに大きなショックを受けました。

　また，高校時代の親友は，母親からひどい言葉の暴力を受けており，「家に帰りたくない」と，よく泣いていました。家に帰らず，夜の街で遊んでいる親友を心配したイオリさんは，自分の家に泊めてあげたこともありました。ニュースで，子どもの虐待の事件にふれるたび，親友の涙を思い出し，心を痛めていました。

　「子どもにも“人権”がある」と言いながら，実際には，教師や親などの「大人」が，子どもを追い詰め，苦しめていることが多いのではないか。イオリさんは，そうした疑問が，モヤモヤした気持ちにつながっていると気づきました。そこで，子どもの“人権”とは何か，本当に大切にされているのか，調べてみることにしました。

　日本国憲法第13条では，「すべて国民は，個人として尊重される。生命，自由及び幸福追求に対する国民の権利については，公共の福祉に反しない限り，立法その他国政の上で，最大の尊重を必要とする」と定められている。ここでは，大人も子どもも区別なく，すべての国民（人）が「個人」として尊重され，その尊厳が守られることが明確に示されている。子どもも，大人と変わらない，かけがえのない「人」であり，「人権」を有する存在であることが確認できる。

　しかし，実際には，いじめ，暴力（体罰，虐待），貧困など，子どもの人権が保障されているとは言えない困難な状況が広がっている。子どもには，親や保育者，教員など，日常的に子どもの養育や教育，保育に携わり，その発達を支える人が多く存在している。それにもかかわらず，子どもの人権が脅かされ，困難が広がっているのはなぜであろうか。

　本章では，なぜ子どもにとって人権が大切であるのか，大人とは異なる子どもの人権とはどのようなものであるか検討することを通して，こうした疑問について考えていくこととしたい。

1　子どもの人権の特徴

保護されつつ成長する存在としての子ども

　「子どもの権利条約」（政府訳：「児童の権利に関する条約」，以下「条約」）における「児童」の定義をはじめ，国際的には18歳という年齢を1つの区切りとして，子どもと大人（成人）が分けられることが多い。日本では，明治以降長い期間にわたり，成年年齢は20歳以上と定められてきた。しかし，2018年の民法改正により，2022年4月から，成年年齢は18歳以上へと引き下げられることとなった。視点を変えれば，子どもという時代が，20歳未満から18歳未満へと2年間短くなったということもできよう。

　しかし，子どもという存在は，年齢のみで定義できるものではない。比較生物学者のポルトマン（Adolf Portmann, 1897〜1982）は，人間は他の動物に比べて大きな脳をもつがゆえに，生存に必要な能力を身に付ける前の弱い状態で生まれてくるため，生存後，様々な保護がなければ生きていくことができない存在であることを明らかにしている（ポルトマン 1961）。子どもは，大人以上に手厚い，特別な保護を必要としており，身体的なケアはもちろんのこと，精神

的・情緒的にも，無条件にたくさん愛され，大切にされることが不可欠な存在であると言える。

　同時に，子どもは，大人から一方的に保護されるのみでなく，経験や環境との関わりを通して多くのことを吸収し，自ら人間として成長していく存在であることに，もう１つの特徴がある。身体的な発達はもちろんのこと，保育・教育を通した情緒的な成長や知的発達，遊びや生活を通したルールやマナーの習得など，人や自然との関わりを通して発達していく存在である。大人が都合の良いように子どもを誘導するのではなく，子どもが有する発達の可能性を信じ，力を引き出すことが求められる。

　このように，「保護されつつ成長する存在」であることが子どもの特徴であり，こうした特徴が，大人とは異なる子ども固有の人権が求められる理由であると言える。

「子ども期」の大切さ

　子どもは，成長の過程にある存在である。大人と比べた際，身体的な能力で劣る部分があるのはもちろんであるが，「我慢ができない」「先を見通した行動ができない」「自分の気持ちを優先してわがままを言う」など，精神的にも未熟な存在として見られがちである。そのため，早く大人に成長させ，大人と同等の能力を身に付けさせることが良いことであると考えられがちである。

　こうした大人本位の考え方を否定し，子ども独自の価値，子ども期の重要性を説いた人物の１人が，フランスの哲学者ルソー（Jean-Jacques Rousseau, 1712～78）である。ルソーは，その著『エミール』の中で，次のように，子ども期の重要性について述べている。

　「人は子どもというものを知らない。子どもについてまちがった観念をもっているので，議論を進めれば進めるほど迷路にはいりこむ。このうえなく賢明な人々でさえ，大人が知らなければならないことに熱中して，子どもにはなにが学べるかを考えない。かれらは子どものうちに大人をもとめ，大人になるまえに子どもがどういうものであるかを考えない」「人は子どもの状態をあわれむ。人間がはじめ子どもでなかったなら，人類はとうの昔に滅びてしまったにちがいない，ということがわからないのだ」。

（ルソー　1962：18, 24）

　また，「条約」の理念に大きな影響を与えたと言われるポーランドの医師コルチャック（Janusz Korczak, 1878〜1942）は，次のような言葉を残して，「今」を生きる子どもの人権を大切にすることの重要性を説いている。

　「子どもは未来に生きる存在ではなく，今，今日，現在に生きる存在です。子どもには，自分の希望を真剣に受けとめ，愛情と敬意をもって扱われる権利があります。子どもには，自分が将来なるべき人物になることがゆるされるべきです」「『将来のために』と称して大人は子どもに過重な義務を課しています。いま，この時に，生きる人間としての様々な権利を子どもに保障せぬままに」。

（コルチャック　2001：25, 29）

　現在でも，子どもに対し，将来を担う「人材」というような表現が用いられることがある。しかし，将来の前に，まずは「今」を生きる子どもを大切にすること，子どもに豊かな「子ども期」を保障することが求められていると言える。

大人の意識と子どもの人権

　子どもは，「保護されつつ成長する存在」であることにその特徴があるが，子どもの保護や，成長を促す教育などの活動に携わるのは，基本的に大人である。そのため，大人が子どもとどのように関わるのか，子どもを一人の人格者として大切にできるかが，子どもの人権保障を左右することになる。「子どものため」と言いながら，実際には大人の都合で，大人社会に都合の良い，聞き分けの良い存在へと子どもを変質させようとしていることがある。必要以上に自主性を侵害する校則や規則，自発性に基づかない遊びの強要，過度の競争など，様々な取り組みが本当に「子どものため」のものとなり得ているか，大人が常に意識することが求められる。

　とりわけ，躾という「子どものため」の行為であるとして，長年，改善されてこなかった問題の１つが，体罰である。体罰は，どのような大義名分を掲げようとも，暴力によって子どもを支配し，その人格を傷つける行為であり，

決して許されるものではない。しかし，公益財団法人セーブ・ザ・チルドレン・ジャパンが2017年に行った意識調査では，「しつけのために，子どもに体罰をすることに対してどのように考えますか」という問いに対し，56.7％がなんらかの場面では必要であると肯定的な回答をするなど，体罰を容認する傾向は根強い（公益財団法人セーブ・ザ・チルドレン・ジャパン「子どもに対するしつけのための体罰等の意識・実態調査結果報告書　子どもの体やこころを傷つける罰のない社会を目指して」，2018年2月15日発表）。最初は軽い体罰のつもりが，結果的に命を奪うほどの深刻な虐待につながることもあり，体罰を容認する意識をいかに変えていくかは，大きな課題となっている。

　そうしたなか，2019年，「児童福祉法」と「児童虐待防止法」（児童虐待の防止等に関する法律）が改正された。改正された児童虐待防止法第14条では，「児童の親権を行う者は，児童のしつけに際して，<u>体罰を加えることその他民法第820条の規定による監護及び教育に必要な範囲を超える行為により児童を懲戒</u>してはならず，当該児童の親権の適切な行使に配慮しなければならない」（下線は改正部分）として，しつけにおいて「体罰を加えること」が，法律上明確に禁止された。このこと自体は，子どもの人権を守る上で画期的な一歩であると言えよう。しかし，学校教育法で禁止されている教員による体罰がなくならないことや，児童福祉法で禁止されている施設職員等による子どもへの虐待がなくならないことからも明らかなように，法律のみで子どもの人権が守られるわけではない。法律を1つの力として，なぜ，子どもへ体罰や虐待をしてはならないのか，その意味を，大人一人ひとりが考えていくことが求められる。

2　子どもの人権の歴史

世界における子どもの人権の歴史

　子どもの人権に関する著名な書の1つとして，スウェーデンの思想家エレン・ケイ（Ellen Key, 1849~1926）による『児童の世紀』（1900年）が挙げられる。ケイは，女性解放思想に基づき，女性と共に子どもを中心とした社会変革，とくに教育改革を行うことの重要性を説いた。彼女の児童中心主義は，世界的に大きな影響を与え，社会的な運動につながっていった。

　その後，1909年には，アメリカで第1回白亜館会議（ホワイトハウス会議）が

開催されている。そこでは，家庭生活の重要性が打ち出され，子どもは緊急でやむを得ない事情がある場合を除いては，家庭から引き離されてはならないという声明が発表された。この家庭生活尊重の原則は，その後の子ども家庭福祉における基本原理となっている。

　こうして，子どもの人権思想は徐々に芽生えつつあったものの，1914年には，第１次世界大戦が開戦してしまう。この戦争では，戦闘機や化学兵器の使用などにより多くの子どもが犠牲となった。そうした反省から，1924年，国際連盟により，子どもの人権について定めた世界初の宣言である「児童の権利に関するジュネーブ宣言」が採択された。この宣言では，人類は児童に対して最善の努力を尽くさなければならないとして，正当な発達の保障，食や治療・援護等の提供，危機における最優先の救済，搾取からの保護，育成の目標の５点について定められている。

　第２次世界大戦後の1948年には，国際連合により「世界人権宣言」が採択された。そこでは，「すべての人間は，生まれながらにして自由であり，かつ，尊厳と権利とについて平等である」こと，すべての人は差別なく「この宣言に掲げるすべての権利と自由とを享有することができる」ことなどが定められている。

　そして1959年には，子どもに焦点を当てた宣言として「児童権利宣言」が採択されている。その前文では，「児童は，身体的及び精神的に未熟であるため，その出生の前後において，適当な法律上の保護を含めて，特別にこれを守り，かつ，世話することが必要である」と，子どもが「特別な保護」を必要とする存在であることが述べられ，保障されるべき権利が定められている。

　以上のように，戦争など，子どもが犠牲となる悲惨な出来事への反省から，子どもの人権を改めて確認し，それを世界的に保障しようとする動きが進められていった。

日本における子どもの人権の歴史

　日本でも，戦前から，欧米の権利思想を日本に紹介・導入しようとする動きが見られた。一例として，内務省嘱託などを務めた生江孝之が，『児童と社会』(1923年)において，社会全体の責任としてすべての子どもの保護を進めることの重要性を説くとともに，ドイツ児童保護法における子どもの権利思想を紹介

していることなどが挙げられる。しかし，社会において，子どもの人権が十分に認識されるまでには至らなかった。

　終戦後の1946年に日本国憲法が公布，翌年施行され，「国民主権」「平和主義」とともに，「基本的人権の尊重」が明確に位置づけられた。こうした憲法の理念を受けて，1947年に児童福祉法が成立，翌年公布された。その第1条では，「すべて国民は，児童が心身ともに健やかに生まれ，且つ，育成されるよう努めなければならない」「すべて児童は，ひとしくその生活を保障され，愛護されなければならない」と定められ，すべての子どもを対象とした総合福祉法としての性格が示されている。1948年，厚生省児童局より刊行された『児童福祉法とは』では，「今度できた児童福祉法は，すべての日本の子供を幸福に育て上げようとすると同時に，右のような不遇な子供たちに対しては，国家が親代わりになつて養育の手をさしのべる事を定めたものであつて，日本ではじめての子供のための総合的な法律であります。こういう法律ができることは，文化国家として最もふさわしいことで，日本再建の第一歩であるということができます」と，子どもの幸福を社会全体で実現させるという法の理念が記されている。

　ただし，戦争の傷跡は根深く，児童福祉法成立後も，多くの子どもたちが苦しんでいた。そうした状況を鑑み，「児童の基本的人権を尊重し，その幸福をはかるために大人の守るべき事項を，国民多数の意見を反映して児童問題有識者が自主的に制定した道徳的規範」（1951年6月2日，厚生省児童局長通知）として，1951年5月5日（こどもの日）に制定されたのが「児童憲章」である。法律ではないものの，「児童は，人として尊ばれる」「児童は，社会の一員として重んぜられる」「児童は，よい環境の中で育てられる」という3つの前文から始まる文章は，社会で広く受け入れられ，子どもの人権保障を進める上で長年大切にされてきた。

「子どもの権利条約」の成立とその影響

　1978年，ポーランド政府は，宣言よりもより強い条約という形で国際的に子どもの人権保障を進めていくため，国連人権委員会に「条約」の草案を提出した。そこには，コルチャックの子ども観が強く反映されていると言われている。
　翌1979年は，児童権利宣言の採択20周年を記念して，「国際児童年」と位置

づけられた。この年より，国連人権委員会に「条約」の成立に向けた作業部会が設けられ，10年に及ぶ審議の末，児童権利宣言の採択30周年に当たる1989年，国連総会において，「条約」が全会一致で採択された。

　「条約」は，国際的な合意であり，批准（国内法の手続きで最終決定すること）することにより，法的拘束力を有することとなる。この点が，これまでの「宣言」と異なる点である。第4条において，「締約国は，この条約において認められる権利の実現のため，すべての適当な立法措置，行政措置その他の措置を講ずる」と定められているように，「条約」の内容を国内で実現させるため，法整備も含めた対応をすることが締約国には義務づけられている（以下，「条約」の訳は政府訳による）。

　日本は，「条約」の国連採択から5年後の1994年，世界で158番目に批准した。しかし，喜多明人の指摘するように，日本社会には，教師や親などの大人が子どもの健全育成を導くという考えが根強く，子どもに権利を与えるとわがままになる，家庭などが混乱する，「条約」は途上国向けのものであるなど，「子どもの権利に対するバックラッシュ（逆行）」と呼べる現象も起きており，子どもの人権が，社会に順調に受け入れられたとは言い難い側面があることも事実である（喜多 2015）。けれども，「条約」の批准を契機として，子どもの人権を護るための社会的な動きは，徐々に，しかし確実に広がりを見せている。

　たとえば1998年には，兵庫県川西市で，子どもの人権擁護や代弁を担う「川西市子どもの人権オンブズパーソン条例」が策定された。これを嚆矢として，各地で「子どもの権利条例」の策定や，アドボカシー（人権擁護活動）導入の動きが進んでいる。

　子どもと関わりの深い保育分野においても，2000年の「保育所保育指針」改定において，「保育所における保育は，ここに入所する乳幼児の最善の利益を考慮し，その福祉を積極的に増進することに最もふさわしいものでなければならない」と，条約の理念である「子どもの最善の利益の保障」が新たに前文に加えられた。

　そして，2016年の児童福祉法改正では，初めて第1条から第3条という法の原理にあたる部分が改正され，「全て児童は，児童の権利に関する条約の精神にのつとり，適切に養育されること，その生活を保障されること，愛され，保護されること，その心身の健やかな成長及び発達並びにその自立が図られるこ

とその他の福祉を等しく保障される権利を有する」（第1条）と，子どもが各種
の「権利を有する」ことが明確に示された。

　現在でも，子どもの人権をめぐる課題は多く残されているものの，「条約」
は，日本社会における子どもの立場を向上させ，その権利保障を進めるうえで，
決して小さくない役割を果たしてきた。

3　「子どもの権利条約」と子どもの人権

主体としての子ども観

　「条約」は，前文と本文54条とで構成されている。本文は，「条約」の原理や
各種権利について定めた第1部（第1条〜第41条），後述する「子どもの権利委
員会」の設置や報告義務について定めた第2部（第42条〜第45条），および，
「条約」の発効や各種手続きについて定めた第3部（第46条〜第54条）に分けら
れる。

　「条約」の基本理念としてよく知られているのが，子どもの「最善の利益」
の保障である。「条約」第3条において，「児童に関するすべての措置をとるに
当たっては，公的若しくは私的な社会福祉施設，裁判所，行政当局又は立法機
関のいずれによって行われるものであっても，児童の最善の利益が主として考
慮されるものとする」と定められているように，子どもに関わるあらゆる場面
において，大人の都合ではなく，子どもの立場から，その「最善の利益」を考
えなければならないことが定められている。

　「最善の利益」の保障のために「条約」が重視しているのが，子どもの「意
見表明権」である。「条約」第12条では，「締約国は，自己の意見を形成する能
力のある児童がその児童に影響を及ぼすすべての事項について自由に自己の意
見を表明する権利を確保する。この場合において，児童の意見は，その児童の
年齢及び成熟度に従って相応に考慮されるものとする」と定められている。す
なわち，大人が子どもに関わる事柄を勝手に決めるのではなく，子ども自身が
自分に関わる事柄について意見や意思を表明すること，子どもが表明した意見
や意思を大人が尊重することで子どもの社会参加を促進することを，権利とし
て保障しているのである。

　当然，子どもは身体的・精神的・社会的に未熟な部分も多く，大人からの

様々な保護を必要とする存在でもあり、「条約」においても、子どもを保護するための多くの権利が保障されている。しかし、それだけに留まらず、子ども自身を権利行使の主体として位置づけ、社会参加を保障していることが、これまでの子ども観から発展した部分であり、「条約」の最大の特徴であると言える。

「子どもの権利条約」の主な内容

　日本ユニセフ協会は、「条約」が保障する子どもの権利を「生きる権利」「守られる権利」「育つ権利」「参加する権利」という4つに分けて説明しており、「条約」の特色を説明する上で広く活用されている（日本ユニセフ協会ホームページ「子どもの権利条約」https://www.unicef.or.jp/kodomo/kenri/：2019年9月10日参照）。

　「条約」は、基本的な考えとして、子どもは「家庭環境の下で幸福、愛情及び理解のある雰囲気の中で成長すべきである」（前文）と、家庭環境で育てられることを重視しており、「その父母の意思に反してその父母から分離されないこと」（第9条）や、親や法定保護者が、子どもの「養育及び発達についての第一義的な責任」を有し、締約国は、親等がその責任を果たせるよう「適当な援助を与えること」を定めている（第18条）。

　また、「表現・情報の自由」（第13条）、「思想・良心・宗教の自由」（第14条）、「結社・集会の自由」（第15条）、「プライバシー・通信・名誉の保護」（第16条）、「マスメディアへのアクセス」（第17条）など、参政権以外は、大人とほぼ同じ権利を保障している。

　それに加え、特に「子ども期」を尊重した権利として、「教育への権利」（第28条）や、「休息・遊び・文化的芸術的生活への参加権」（第31条）などが挙げられる。

　第28条では「締約国は、教育についての児童の権利を認める」として、初等教育から高等教育まで、すべての子どもが利用できる機会を提供することが求められている。原文では「right of the child to education」となっており、憲法で定められた「教育を受ける権利」よりもさらに主体的な権利として位置づけられている。この点について、大田堯は、「与えられたものを受けるという以上に、選んで教育を獲得してひとになる権利へと重点が移っていること」を

示すものであり，「子どもが，子ども自身の持ち味を十分に発揮するように育てられることを基本として，それを通じて地球社会に貢献する力量をたくわえるのに必要なあらゆる異質な文化への接近をはげましています」と，「条約」の意味を積極的に捉えている（大田 1997：49-51）。

　第31条では「締約国は，休息及び余暇についての児童の権利並びに児童がその年齢に適した遊び及びレクリエーションの活動を行い並びに文化的な生活及び芸術に自由に参加する権利を認める」「締約国は，児童が文化的及び芸術的な生活に十分に参加する権利を尊重しかつ促進するものとし，文化的及び芸術的な活動並びにレクリエーション及び余暇の活動のための適当かつ平等な機会の提供を奨励する」として，子どもの休息や遊び，文化的，芸術的な生活への参加を，発達に欠かせない権利として位置づけている。これらは，無駄な時間，余分な活動と捉えられがちであるが，社会の競争的性格が強まる中で，「子ども」期というかけがえのない時代を豊かなものとして保障していくために，大きな意味をもつものであることが示されている。

国連子どもの権利委員会の所見の内容と，日本における子どもの存在

　「条約」では，締約国の取り組みの進捗状況を審査するため，国連内に「子どもの権利委員会」を設置することとなっており（第43条），締約国は，「条約」の発効後2年以内，その後は5年ごとに，委員会に状況を報告することが義務付けられている（第44条）。そこでは，より正確な情報を把握し，審査を精緻なものとするため，政府報告書のみでなく，NGO や市民団体からの代替報告書（カウンターレポート）を提出することが求められており，それらを基に総括所見が提出される流れとなっている。

　日本では，これまで，1998年，2004年，2010年，2019年（第4・5回統合）の計4回にわたり，審査・総括所見の提出が行われてきた（以下，総括所見の訳は，子どもの権利条約総合研究所編 2019，による）。

　総括所見では，これまで，子どもの自殺・いじめ防止対策と関連して，過度に競争的な教育環境のあり方が問題とされてきたが，第4・5回の所見では，それに加え，「子どもが，社会の競争的性質によって子ども時代および発達を害されることなく子ども時代を享受できることを確保するための措置をとること」（パラグラフ20a）が促されており，教育環境のみでなく，社会の競争的性

質へと言及の範囲が拡大されていることが注目される。これは，豊かな子ども時代を保障していくためには，学校のあり方のみではなく，社会全体のあり方を変えていかなければならないことを指摘していると言える。

　また同所見では，子どもへの虐待や暴力，性的搾取が高い水準で発生していることへの懸念が示され，「締約国が，子どもに対するあらゆる形態の暴力の撤廃に優先的に」取り組むことを求めている（パラグラフ24）。ここでは，「虐待（学校におけるものも含む）」とされており，保護者等による「児童虐待」に留まらず，学校における体罰や人権侵害も含めた「暴力」の防止・保護と，回復のための支援が求められている。

　同様に，「包括的な反差別法が存在しないこと」への強い懸念が示され，その制定が求められている（パラグラフ17，18）。個別の問題への対応のみではなく，子どもの最善の利益の保障という視点から総合的に問題を捉え，人権を保障するための措置が欠けていることが，日本社会における課題であると指摘できよう。

4　子どもを取り巻く困難と今後の課題

子どもと教育をめぐる課題

　内閣府がまとめた『自殺対策白書』（2015年版）において，過去40年間の18歳以下の自殺者の日別数は，夏休み明けの9月1日が最も多い131人となっており，他に学校の長期休暇直後に自殺者が増える傾向にあることが公表された。2019年版の同白書では，2018年における19歳以下の自殺者は599人，自殺死亡率（10万人当たりの自殺者数）は2.8となっており，人口全体での自殺者数が減少傾向にある中で，19歳以下は高い数値となっている。もちろん，自殺は学校，教育現場のみが原因ではなく，多様な要因が重なり合って引き起こされるものであるが，教育現場が時に子どもの生命を脅かすほどの影響を与えていることも事実である。

　教育は，本来は子どもの可能性を引き出し，自分らしく成長していくことを促す営みである。しかし，深刻化する「いじめ」，国連「子どもの権利委員会」においても繰り返し改善が求められている「体罰」，過剰な叱責により自殺まで追いつめられる「指導死」，必要以上の校則や内申書などによる子どもへの

抑圧など，教育の現場で，逆に本来の自分を出すことを委縮させ，可能性が押し殺されるような状況も起きている。また，内田良が指摘するように，「感動」や「子どものため」という眩い教育目標が，巨大化する組体操や，多様な家族のあり方を軽視した2分の1成人式など，子どもの安全・安心を脅かす「教育リスク」を生み出している現状もある（内田 2015）。

　こうした教育をめぐる状況は，学校や教員のみの問題としてではなく，背後にある多忙な教育現場の現状や，社会の競争的性質，家庭における時間的・経済的・精神的余裕の剝奪などとの関連から，社会全体の問題として捉えていくことが必要であろう。

子どもと福祉をめぐる課題

　「豊かな」国と言われることの多い日本においても，生活の困難や不安が広がり，適切な養育を受けることができず，困難を抱えながら生活する子どもが多く存在している。

　現在，大きな問題となっているのが，子ども虐待である。1990年より，児童相談所における児童虐待相談対応件数の公表が始められ，これまで十分に明らかにされてこなかった虐待の実態が徐々に明らかになってきた。問題の社会的な広がり，関心の高まりを受け，2000年には「児童虐待防止法」が制定され，対応が強化されている。子どもは，これまで場合によっては親の言いなりになることを強いられてきたが，法の制定や人権意識の高まりなどを背景として，必要に応じて親から引き離してでも子どもを護るという動きが広がりを見せている。2019年，同法の改正により，親権者による体罰の禁止が明示されたことも，そうした動きの1つの表れである。

　また，子どもの貧困も，深刻な問題となっている。リーマンショックと呼ばれる経済危機が起きた2008年頃より，「健康で文化的な最低限度の生活」を脅かす状態である「貧困」が，日本においても無視できないほど広がっていることが改めて注目され，同時に，そうした「貧困」が，子どもの心身の発達や将来に大きな不利益を生じさせている現状を明らかにし，課題を解決するため，「子どもの貧困」という概念での問題提起が進められていった（阿部 2008；浅井・松本・湯澤編 2008，など）。2009年の「相対的貧困率」の公表により，2007年時点の「子どもの貧困率」が14.2％と，日本の子どもの約7人に1人が貧困

状態にあることが明らかにされ，2013年には「子どもの貧困対策法」（子どもの貧困対策の推進に関する法律）が成立，2014年にはその具体策をまとめた「子供の貧困対策に関する大綱」がまとめられるなど，政策的にも対策が進められている。2015年現在の「子どもの貧困率」は13.9％となり，若干の改善は見られるものの，依然，多くの子どもたちが困難な状況に置かれている。問題の拡がりとともに，「貧困」が，お金やモノの欠乏という物質的な困窮に留まらず，教育機会や様々な経験の不足，自己肯定感の低下など情緒面への悪影響，人間関係の孤立など，豊かな子ども時代を過ごす上で不可欠な多くの事柄の剥奪につながる状況が明らかにされてきており，対策が求められている。

子どもとインターネットをめぐる課題

　スマートフォンやタブレットなどのデジタル機器が身近なものとなり，子どもたちがそうした機器に触れる姿も，珍しいものではなくなってきている。

　内閣府が実施した，2018年度「青少年のインターネット利用環境実態調査」結果（2019年3月公表）によると，0歳から9歳までの子どもの56.9％が，いずれかのデジタル機器でインターネットを利用している。その利用時間も，平日1日当たりの平均で88分，主な利用内容は動画の視聴（85.3％），ゲーム（60.0％）などとなっており，幼い子どもたちの生活の中に，インターネットの利用が広がっていることがうかがえる。満10歳から満17歳においては，インターネットの利用率は93.2％とさらに高まり，平均利用時間も平日1日あたり約169分と長時間になっている。利用内容として，動画の視聴やゲームに加え，とくに中高生ではコミュニケーションの割合が高くなっており（中学生68.2％，高校生89.7％），インターネットが，より日常生活に密着したものとなっていることがうかがえる。

　インターネットの普及とともに，様々な被害に遭う子どもも増加している。警察庁・文部科学省が小学生から高校生までの子どもと保護者を対象として作成した，啓発用リーフレット「ネットには危険もいっぱい〜他人事だと思ってない？〜」（2018年）によると，2017年にSNSを通じて犯罪被害に遭った子どもは1813人（過去最多）となっており，とくに性犯罪被害に遭う高校生の割合が高くなっている。なかでも，自分の裸や露出の多い写真を送信させられる「自画撮り被害」にあった子どもが515人と増加傾向にある。こうした犯罪以外

コラム2　親　権

　「親権」とは，民法の第4編第4章（第818条～第837条）に定められている，未成年の子どもに対する養育・監護や，居所の指定，懲戒，職業の許可，財産の管理等に関わる規定である。

　虐待の場面などでは，この親権を口実として，親が子どもの保護を拒むなど，子どもの人権保障における障害となることも少なくなかった。そのため，2011年に民法が改正され（2012年施行），「親権を行う者は，子の利益のために子の監護及び教育をする権利を有し，義務を負う」（第820条，下線が改正部分）と，「子の利益」という視点が明確にされた。同時に，「子の利益を害するときは」最長2年にわたって，親権を一時停止する制度も新設されている（第834条の2）。その後，2019年の児童虐待防止法改正を受けて，2020年の施行後2年以内に，「懲戒権」（第822条）の見直しについて検討されることとなっている。

　多くの課題は残されているものの，子どもの人権を尊重する立場から，親権という日本の親子関係の根幹に関する規定についても，改善が進められていると言える。

にも，「スマホ依存」と呼ばれる過度な使用による日常生活への悪影響や，SNS を介したいじめ，詐欺被害，個人情報の流出など，様々なリスクが指摘されている。

　2008年には「青少年インターネット環境整備法」（青少年が安全に安心してインターネットを利用できる環境の整備等に関する法律）が制定され，2017年の改正ではフィルタリング（有害なサイトにアクセスすることを制限する機能）の利用促進が盛り込まれるなど，対策が進められているものの，問題は広がりを見せている。

　もちろん，インターネットは正しく使用すれば便利なものであり，かつ日常生活に深く溶け込んでいることもあり，生活からインターネットを排除することで問題が解決するほど単純なものではない。同時に，無防備に子どもに与えることもまた適切ではない。現状を正確に理解し，単純に排除するのみでなく，子どもと共に，正しい付き合い方を考えていくことが求められる。

　子どもの人権とは，「保護されつつ成長する存在」である子どもの存在，子ども期の価値を尊重したものであること，そして，子どもは一方的に保護を受

けるのみではなく，権利を行使し，社会に参加する主体であることを述べてきた。

　このことを考えると，大人が子どもの人権について学び，子ども観を深め，子どもを保護していくことが重要であることはもちろんであるが，さらに，子ども自身が，人権について正しく学ぶ機会を保障されることが重要となってくる。しかし，現在の子どもたちは，どちらかと言うと守るべき義務を強調され，自身が有するかけがえのない人権について知り，考え，行使する機会を十分に保障されているとは言い難いように思われる。

　「条約」第42条で規定された，「締約国は，適当かつ積極的な方法でこの条約の原則及び規定を成人及び児童のいずれにも広く知らせることを約束する」ことの意義を改めて問い直し，子どもも，大人も，対等な立場で人権について学び合うことが，今，一番求められているのではないだろうか。

参考文献

浅井春夫・松本伊智朗・湯澤直美編『子どもの貧困——子ども時代のしあわせ平等のために』明石書店，2008年。

アドルフ・ポルトマン（高木正孝訳）『人間はどこまで動物か——新しい人間像のために』岩波新書，1961年。

阿部彩『子どもの貧困——日本の不公平を考える』岩波新書，2008年。

内田良『教育という病——子どもと先生を苦しめる「教育リスク」』光文社新書，2015年。

大田堯『子どもの権利条約を読み解く』岩波書店，1997年。

喜多明人『子どもの権利　次世代につなぐ』エイデル研究所，2015年。

厚生省五十年史編集委員会編『厚生省五十年史（記述編）』中央法規，1988年。

子どもの権利条約総合研究所編『子どもの権利の新たな地平——多様な背景をもつ子どもの権利　子どもの権利条約第4回・第5回統合日本審査と総括所見』日本評論社，2019年。

ヤヌシュ・コルチャック（津崎哲雄訳）『コルチャック先生のいのちの言葉——子どもを愛するあなたへ』明石書店，2001年。

ルソー（今野一雄訳）『エミール（上）』岩波文庫，1962年。『同（中）』，1963年。『同（下）』，1964年。

（さらに読み進めたい人のために）

大田堯『子どもの権利条約を読み解く』岩波書店，1997年。
　＊教育学者として「教育の本質」を問い続けてきた著者が，世界的な視野で子どもが
　　置かれている状況に基づきながら，「条約」について述べた著書である。「子ども」
　　という存在について，深く考えさせられる内容となっている。
喜多明人ほか編『逐条解説　子どもの権利条約』日本評論社，2009年。
　＊「条約」の前文と本文全54条それぞれについて解説がなされており，「条約」をさ
　　らに詳しく学ぶ上で参考となる。逐条解説のみでなく，国内外の子どもの実態に基
　　づいた問題提起もなされており，子どもの人権について学ぶ上で最適の一冊である。
木村草太編『子どもの人権をまもるために』晶文社，2018年。
　＊本書は，現代社会で子どもが抱えている困難の現状と，解決に向けた課題がまとめ
　　られている。「虐待」「体育・部活動」「LGBT」など，課題ごとにその分野の専門
　　家が論述しており，困難の具体像を理解する上で参考になる一冊である。

（松浦　崇）

第3章
高齢者をめぐる人権を知ろう
――高齢者に迫る生命危機とは――

─ Short Story ─

　イオリさんは入学してしばらくは，大学から少し離れた祖父母の家から大学に通っていました。実はこの祖父母の家にイオリさんが小学校3年まで両親と一緒に暮らしていたのですが，両親の転勤のため北海道に引っ越したのです。

　約10年ぶりに祖父母との生活が始まったある日，祖母がイオリさんのために掛け布団を干そうとして転倒した際，足を骨折して入院してしまいました。イオリさんは大学があるので，祖父に任せていました。

　祖父は，祖母のために洗濯した衣類を持って往復1時間かけてバスに乗り，帰りは洗濯する衣類を持ち帰り，イオリさんの衣類まで洗濯していました。申し訳ないと思うと同時に，高齢者が高齢者を介護することの大変さを感じました。

　数週間後，祖母は退院しましたが，歩くことができず家の中でも車椅子の生活になりました。入院中より退院した後が大変になりました。トイレの介助，入浴の介助，買い物，洗濯と世話が増えました。祖父は，夜間にトイレ介助のため起こされるので，寝不足になり体調を崩しました。このままでは祖父も倒れてしまうと思い，不安でたまりませんでした。そこで，大学からの帰りに市役所へ寄ってみました。相談窓口で祖父母の家の近くの地域包括支援センターを紹介され，介護支援専門員（ケアマネジャー）に現在の介護状況を相談するように言われました。

　シオリさんは大学で人権論を学び，この現状は高齢者の生命に関わる人権問題ではないのだろうかと考えました。

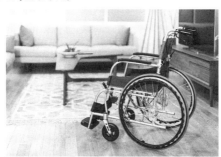

　誰でも歳を取るが，経験している年齢以上の行動や不自由さを理解すること
は難しい。超高齢社会における高齢者の介護問題に代表されるように，高齢者
が抱える人権問題の解決は困難を極めている。イオリさんは人権論の講義を受
講するようになり，高齢者が抱えている差別問題に意識が向くようになった。

　本章では，高齢者のいくつかの人権問題について概説する。高齢者が病気や
ケガで障害を負い介護が必要になったときは，介護保険を申請して介護支援を
受けることができる。しかし，障害や年齢によって日常生活の不自由は，誰か
の助けを必要とし，虐待の対象になる可能性が高い。歳を重ね身体が不自由に
なると高齢者虐待の対象になりかねないのはなぜだろうか。そうした事実関係
を確認した上で，高齢者の身体状況と高齢者虐待，孤立死あるいは犯罪の被害
者となることについて，人権との関係を理論的にはどのように捉えることがで
きるのかを考えていこう。

1　高齢者に対する虐待

虐待の現状

　日本における高齢者虐待件数は，在宅における介護者による虐待と高齢者施
設従事者による虐待と両者の統計数値が厚生労働省から公表されている。その
調査結果によると高齢者施設従事者による虐待判断件数が2017年は昨年から58
件の増加であり，在宅における介護者の場合は694件の増加である。2006年度
から2017年度まで施設従事者と在宅介護者による虐待は増加し続けているのが
現状である。

　虐待が発生する要因を見ると，施設従業員では「教育・知識・介護技術等に
関する問題」「職員のストレスや感情コントロールの問題」「倫理観や理念の欠
如」が発生要因として挙がっている。在宅介護者による虐待の発生要因は，
「虐待者の介護疲れ・介護ストレス」「虐待者の障害・疾病」が挙がっている。

　介護施設における虐待者を見ると，介護に従事している職員は男性が22.3%，
女性が75%，不明2.8%で，職員の割合は圧倒的に女性職員が多数を占めてい
る。しかし，虐待者を見ると，男性が54.9%，女性42.6%で，男性虐待者の割
合が高くなっている。一方，在宅における虐待者は，息子，夫，嫁の順で，息
子が40.3%で高い割合を示している。在宅における虐待者との関係は，虐待者

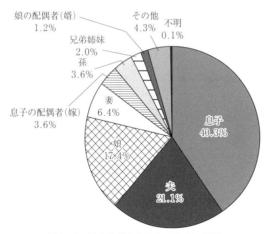

図3-1　被虐待者から見た虐待者の続柄

注：虐待者の総数1万8666人における割合。
出典：平成29年度「高齢者虐待の防止，高齢者の養護者に
　　　対する支援等に関する法律」に基づく対応状況等に関
　　　する調査結果より引用。

とのみ同居が50％を超えており，息子と虐待者のみとの同居環境が一番，虐待
を発生させている生活環境であると言える（図3-1参照）。

虐待の構造

高齢者虐待とは以下をいう。

①身体的虐待：高齢者の身体に外傷が生じ，又は生じるおそれのある暴行を
　加えること。
②介護等放棄（ネグレクト）：高齢者を衰弱させるような著しい減食又は長時
　間の放棄，擁護者以外の同居人による①，③又は④に掲げる行為と同様の
　放置等養護を著しく怠ること。
③心理的虐待：高齢者に対する著しい暴言又は著しく拒絶的な対応その他の
　高齢者に著しい心理的外傷を与える言動を行うこと。
④性的虐待：高齢者にわいせつな行為をすること又は高齢者をしてわいせつ
　な行為をさせること。
⑤経済的虐待：擁護者又は高齢者の親族が当該高齢者の財産を不当に処分す

　ることその他当該高齢者から不当に財産上の利益を得ること。
（高齢者虐待の防止，高齢者の養護者に対する支援等に関する法律第2条4項より）

　厚生労働省の研究報告によると，施設従事者と在宅介護者ともに身体的虐待と心理的虐待が上位を占めている。また，介護等放棄（ネグレクト）と経済的虐待も施設と在宅介護者によって同じような割合で行われていることは，興味深い（図3-2・3-3参照）。

　被害者である要介護者の介護状況から虐待程度を見ると，認知症自立度Ⅲ以上で虐待程度（深刻度）が，「深刻度3」以上の進行度で割合が高くなっている。また，介護保険未申請・申請中・自立の場合で，「深刻度3」以上で高い割合を示している（図3-4参照）。「寝たきり度」と虐待種別との関係を見ると，自立度の高い場合に身体的虐待，心理的虐待，経済的虐待で高い割合を示している。その一方で介護等放棄（ネグレクト）は介護度が高くなるほど，高い数値になっていることが分かった。

　施設や在宅における虐待は密室の中で行われている。したがって施設であれば，介護スタッフがケアの折に発見するか，家族が面会に来た折りに発見することになるのか，あるいは，たまたま第三者が現場を見ていて発見されるということも可能性としてはあり得ることだが，少ないケースであろう。在宅においては施設よりなお発見されにくい環境にある。介護サービスを受けていれば，デイサービスの入浴中に発見されたり，訪問看護や訪問介護の職員によって発見されるということが多いが，受けていなければ，ほぼ第三者による発見・通報の可能性は低い。しかも，独身の息子と要介護者のみの世帯であればなおのこと近隣住民との関係は希薄であることが多いため，発見が遅れることが多い。したがって，発見・通報されたときには，虐待の深刻度がきわめて高い状態で保護されることになる。

　一方で，虐待者の認識の問題がある。虐待者が虐待しているという認識がきわめて薄いという調査報告がある。それは，2004年（平成16）に医療経済研究機構が調査した結果，虐待しているという自覚のない虐待者が54.1％，半数が虐待しているという自覚がない。また，虐待されているにもかかわらず，その自覚がない高齢者が29.8％いるという報告がなされている。

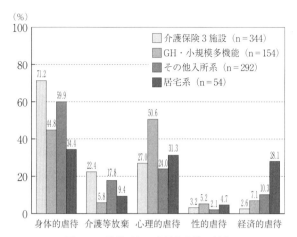

図 3-2　施設ごとの高齢者虐待の割合

注：被虐待者ごとに集計。「その他入所系」は有料老人ホーム，軽
費老人ホーム，養護老人ホーム，老人短期入所施設を指す。虐
待種別は複数回答形式で集計。

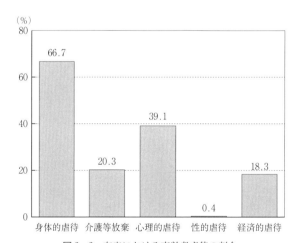

図 3-3　在宅における高齢者虐待の割合

注：被虐待高齢者の総数 1 万7538人に対する集計（複数回答）。

高齢者の命を守るためにあなたにできること

　高齢者虐待の要因には，認知症やなんらかの障害を持っている高齢者に対し
て虐待が行われている確率が高いことや，経済的問題や社会的孤立などが挙げ

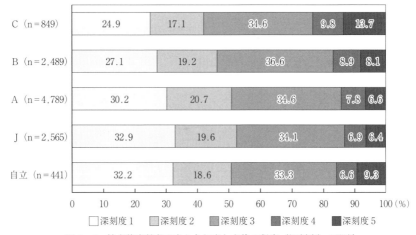

図3-4　被虐待高齢者の寝たきり度と虐待の程度（深刻度）の関係

注：集計対象は要支援・要介護認定済者。寝たきり度が不明のケースを除く。
出典：平成29年度「高齢者虐待の防止，高齢者の養護者に対する支援等に関する法律」に基づく
　　　対応状況等に関する調査結果より引用。

られる。したがって，以下の提案をしてみたい。

（1）認知症サポーターになろう

　認知症サポーターは，認知症について正しい知識と理解を持ちながら，地域などで認知症の人や家族に対して手助けをする人たちである。したがって認知症の知識を持つことによって，認知症に関する差別や偏見を減少させ，理解をもった関わりが本人や家族にできる。認知症に関して理解者が増えることにより，在宅で介護している家族や本人に関心が持て，支援する機会も増えていくのではないだろうか。そのために，若い大学生に理解者が増えていくことは，虐待の防止にもなり，早期発見につなげる行為である。

（2）高齢者の安全確保のために通報義務の履行を恐れない

　家庭内の虐待では，虐待の認識がない家族が半数以上いるという現実から，高齢者の生命を守ることが優先される。ニュースなどの報道では，隣近所で虐待が起きていたことも知らなかったというケースや，知っていたが通報はしなかったというケースもあるようである。後悔しないためにも，躊躇せずにまず通報をする。このことはわれわれ市民の義務である。

⑶地域住民とつながっていよう

　虐待をさせない環境が求められる。そのために，施設や在宅介護している場所の風通しをよくすることである。施設であれば，誰でも，いつでも面会に行ける環境を作ること。在宅であれば，介護者が1人ではないと認識できるよう，ついで訪問をしてみたりという工夫が必要である。80歳以上で2人に1人は認知症であるという報告があることから，介護は他人事ではなく，自分自身の問題として考えていく必要がある。

2　高齢者の介護問題

介護問題と言われているものとは

　介護は現代社会における大きな課題である。どこで生活するのか，最期はどこで迎えるのか，食べられなくなったとき治療するのか自然に任せるのかなど，その他にも虐待の問題，老老認認介護，高齢者の孤立死，などに限らず様々である。

⑴介護難民

　介護難民とは，介護が必要な要介護者に認定されているにもかかわらず，施設に入所できない。また家庭においても適切な介護サービスを受けられない65歳以上の高齢者を指す。民間の有識者会議の「日本創成会議」は，2025年には全国で約43万人が介護難民になるとの予測を発表した。そのことにより，介護難民問題がクローズアップされた。

　介護難民が増える理由には65歳以上人口の増加がある。また，介護の人材不足も拍車をかけるきっかけとなる。

⑵老老介護・認認介護

　老老介護とは，65歳以上の高齢者を同じく65歳以上の高齢者が介護している状態のことである。たとえば，65歳以上の妻が65歳以上の夫を介護する，あるいは65歳以上の息子がさらに高齢である親を介護することである。

　認認介護とは，老老介護の中で，認知症の要介護者を認知症の介護者が介護していることを認認介護という。

　老老介護の場合は，80歳以上高齢者の2人に1人が認知症になると予測されていることを考えるならば，老老介護から認認介護に移行することは十分考え

られる。

　認認介護の場合は，介護者自身も認知症のため日常生活に支障をきたすこと
が考えられる。たとえば，食事をしたか，排泄の世話をしたかなど分からなく
なることがある。また，公共料金の支払いを忘れるなど，日常生活の維持が困
難になることが考えられる。

(3)高齢者の一人暮らし

　高齢者の一人暮らしによる孤立死が介護の問題でもある。一人暮らしの高齢
者が認知症である場合，日常生活に支障を来すことがある。たとえば，買い物
がある。大根を買いに来たのに牛乳を買って，冷蔵庫を開けたら牛乳が2本も
入っていたり，入浴しなくなったり，ゴミ分別ができずに近所からクレームを
言われたりと，本人の意図しないことで近所との不協和音が吹き出すことがあ
る。また，認知症高齢者は視空間認知障害によって自宅までの道が分からなく
なりそこから徘徊につながることが予測される。警察庁の報告では，平成30年
度における行方不明者数の推移について，総数8万7962人のうち認知症の人は
1万6927人に上っている。調査を開始した平成24年に9607人だったのが年々増
加していったことが分かった。原因・動機については，認知症を含む疾病関係
が最も多く，60歳以上で急に圧倒的多数になっているという調査結果になって
いる（図3-5参照）。原因・動機をより詳細に見てみると，認知症が23％，家
庭関係21％という順位で，認知症の人の行方不明者が多いことが明らかになっ
た。家族が同居している場合は，不在確認は早くできるが，一人暮らしの場合
は，なんらかのサービスを受けていなければ発見が遅れ，最悪死亡者として発
見されるケースもあるだろう。

　次に高齢者の一人暮らしによる近隣住民の不安は，火の始末である。認知症
である場合は料理をしていたことを覚えていないので，鍋を焦がすことがよく
ある。焦がすだけならよいが，ガスの消し忘れから火災になると，高齢者1人
の家では済まされなくなる。そのため，離れて住んでいる子どもたちに近隣住
民が連絡し，注意を促している。

　また高齢者が1人で生活するということは，犯罪被害者になる可能性が高い
と言える。テレビや新聞でも報道されている，振り込め詐欺や投資話で多額の
預貯金を奪われている。金銭だけではなく生命をも奪われるケースもあるため，
高齢のため，あるいは軽度認知症のために正常な判断ができなくなっているこ

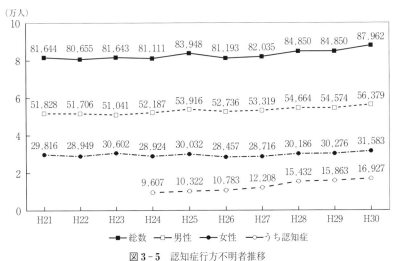

図3-5　認知症行方不明者推移

注1：行方不明者数は，警察に行方不明届が出された者の数で，延べ人数。
　　2：認知症は，行方不明者届受理時に届出人から，認知症又はその疑いにより行方不明に
　　　なった旨の申出のあった者。
出典：警察庁ウェブサイト（https://www.npa.go.jp/safetylife/seianki/fumei/H30yukuehumei
sha_zuhyou.pdf 2019.9.29）。

とから，被害に遭遇する可能性が高い。

高齢者の命を守るためにあなたにできること

　高齢者は過去にできていたことができなくなったり，認知症の人も少しづつ
変わっていく自分自身に対して，とても不安を抱えながら生活している。たと
えば買い物に行っても品物の置いてある場所が分からなくなったり，出口が分
からなくなったり，あるいは，買ったものを持ち帰るのに苦労をすることがあ
る。高齢者は認知症の問題もあるが，感覚機能の低下が見られるため，文字が
見にくくなる。駅の時刻表の文字が見えにくくなる。見えないのではなく，色
覚にも低下してくるため，黄色や青が見にくくなるため，発車時間や，ホーム
やトイレの場所が分からないことがあったが，最近は高齢者の色覚低下による
認識障害が理解されてきたため，改善されてきた。あるいは，高齢者難聴で，
話しかけられても分からなかったり，ホームや車内のアナウンスが聞き取れな
かったりするため，とくに初めて乗るバスや電車で困ることが多いと推測する

63

ことができる。

　イオリさんたちのような若者が，困っているような高齢者に声をかけて援助してもらえると助かる。日々不安で，これでいいのか，忘れていることはないかと思っていることが多い。これでいいのか確認する術がない。確認すべき内容を忘れてしまうため，何をどうしていいのか混乱しているため，しっかり顔を向けて「お手伝いすることがありますか」と声をかけてもらえると安心することができる。ためらわずに声をかけて安心させることが，われわれにできる役割である。

3　孤独死・孤立死

孤独死・孤立死の現状

　孤独死や孤立死という状況は最近始まったことではない。しかし，1995年の阪神・淡路大震災後，仮設住宅で死亡後何年も経過した後に発見されることがあり，それ以来孤独死・孤立死が注目されるようになった。孤独死・孤立死の明確な定義はないが，一般的には「一人暮らしをしていて，誰にも看取られずに自宅でなくなった場合」と定義されている。　また，東京都監察医務院は，孤独死・孤立死を，「異状死の内，自宅で死亡した一人暮らしの人」と定義している。厚生労働省は「孤独死は人間の尊厳を損なうと同時に，家族や親族，近隣住民などに心理的な衝撃や経済的な負担を与える」と述べている。

　東京都監察医務院調査結果から，東京23区内の一人暮らしで65歳以上の人の自宅での死亡者数は，2016年に3179人となっており，2017年では75歳以上の女性に孤独死・孤立死が急増している（図3-6参照）。死後発見日数は男性が12日，女性は6日で発見されている。福祉サービスの利用や新聞購読，近隣住民との関係によって早期発見日数の差が出ているように考えられる。

　厚生労働省の調査によれば，60歳以上高齢者の会話頻度をみると毎日会話をしている者が全体では9割を超えるが，一人暮らし世帯では「2～3日に1回」以下の者も多く，男性の単身世帯では28.8％，女性は22.0％を占めている。近所付き合いでは，一人暮らしの男性は「つきあいがほとんどない」が17.4％，女性は「親しく付き合っている」が60.9％となっており，男女差が明確であり，地域社会での交流が発見日数の違いを如実に表している。また，病気の時や，

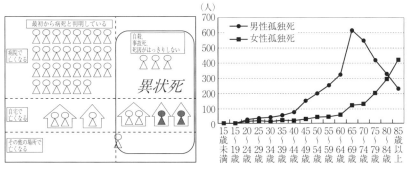

図 3 - 6　東京都区部における異状死と性・年齢階級別の孤独死数（平成29年）

出典：東京都監察医務院で取り扱った自宅住居で亡くなった単身世帯の者の統計（平成29年）。

1 人ではできない日常生活に必要な作業の手伝いについて「頼れる人がいない」者は，全体で2.4％に対して一人暮らし男性では20.0％と高い値を示している。さらに孤独死・孤立死を身近な問題と感じているかについては，60歳以上の高齢者全体では 2 割に満たなかったが，単身世帯では 4 割を超えている（図 3 - 7 参照）。

孤独死・孤立死防止対策

　震災で孤独死・孤立死が話題になり，千葉県のアパートで白骨化した遺体が発見されて以来，マスコミによって世間で注目されるようになった。千葉県のアパートでは，見守り隊を作り，居住者の安否確認をするようになった。そして，アパートの 1 階に喫茶店を作り，住民が自由に集える場所を作った。これらの活動が全国に広まり，注目を浴びた。厚生労働省の報告では，現在では，全国46都道府県で，なんらかの活動が盛んに行われている。「支え合い事業」「見守り事業」「愛の一声事業」など，様々な対策が実施されている。新聞配達や牛乳配達など毎日各家庭と関わっている仕事の人たちは，孤立死をいち早く発見できる人たちである。各職種との連携がスムーズにとることができれば，早い時期に発見できると思われる。

高齢者の命を守るためにあなたにできること

　地域住民との関係性が，孤独死・孤立死の後，短時間で発見されるか，長期

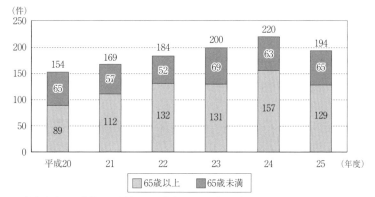

※（独）都市再生機構が通常管理する賃貸住宅で，「団地内で発生した死亡事故のうち，病死又は変死の一態様で，死亡時に単身居住している賃借人が，誰にも看取られることなく賃借住宅内で死亡し，かつ相当期間（1週間を超えて）発見されなかった事故（ただし，家族や知人等による見守りが日常的になされていたことが明らかな場合，自殺の場合及び他殺の場合は除く。）」を集計したもの。

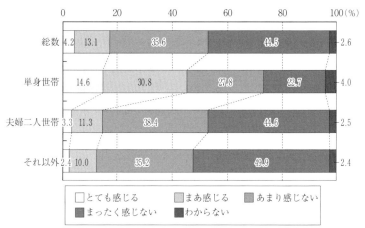

※対象は，全国60歳以上の男女。本調査における「孤独死」の定義は「誰にも看取られることなく亡くなった後に発見される死」

図3-7　単身居住者で発見日数が長かった件数と孤独死を身近な問題と感じる割合

出典：内閣府『高齢社会白書（平成30年度版）』平成30年，49頁。

間かかって発見されるのかは，当事者もその建物に居住する人たちに大きな衝撃を与えることとなる。

　したがって，できるだけ挨拶を交わすことから始めて，顔なじみになることが必要である。そこから始めて，プライバシーを犯すほどではなく各住民がそれぞれに関心を持つことができれば，死後1ヵ月も2ヵ月も経過しないで発見することができる。1日でも，1秒でも早く発見することがわれわれの役目でもある。

4　災害時要援護者（災害弱者）としての高齢者

災害時要援護者とは

　災害時要援護者は災害弱者ともいわれており，「災害から身を守るため，安全な場所に避難するなどの一連の防災行動をとる際に，支援を必要とする人々」を指す。具体的には次に示すような人々が含まれる。

　①心身障害者（肢体不自由者，知的障害者，内部障害者，視覚・聴覚障害者）
　②認知症や体力的に衰えのある高齢者
　③日常的には健康者であっても理解力や判断力の乏しい乳幼児
　④日本語の理解が十分できない外国人
　⑤一時的な行動支障を負っている妊産婦や傷病者
　（日本赤十字社「災害時要援護者対策ガイドライン」平成18年3月より引用　http://www.jrc.or.jp/vcms_lf/saigaikyugo-3.pdf#search（2019年10月2日閲覧），p. 1）。

災害時要援護者が災害時に陥りやすい支障

　日赤ガイドラインによると，災害時要援護者が災害時に陥りやすい支障とは，①情報支障，②危険回避行動支障，③移動行動支障，④生活行動支障，⑤適応支障，⑥構造支障，経済支援の6項目と言われている。

　たとえば，高齢になると警報が発令されても，ただちに行動に移すことは困難である。また，発信された情報をキャッチし，判断することは難しい。そして，被害が発生した場合，高齢者は下肢筋力の低下により，がれきや道路の断裂などを歩行することは困難であろう。また，震災において，高齢者は避難が

できず支援物資も届かなかったために，餓死したという事例があった。

　高齢者は年齢とともに身体的・肉体的・精神面で動きが低下する。立ち上がりや歩行動作においても，ゆっくりと素早く動くことができなくなっている。したがって障害があり道路も家の中でも動きが制限される。そのことにより，自力で食料を手にすることができず，最悪の状況に陥ることが考えられる。

　避難所に避難し，時間の経過とともに次々と避難所から出て行く人たちが増えていく。その中で最後まで取り残されるのが高齢者である。新居を建てる，あるいは新居を探すという気力も行動力も低下している高齢者が，取り残される。

5　犯罪被害者となる高齢者

騙されやすい高齢者

　現在インターネットを利用している高齢者は多く，とくに60代から70代に増加傾向を見ることができる。パソコンを使用し楽しい余暇時間を過ごすことができるようになり，生活の幅を広げる役割をしている。しかし，犯罪に巻き込まれることも多い。インターネット通販では，70歳以上の高齢者から寄せられた相談は１万8979件（10.8％）であった。契約当事者が70歳以上の消費相談件数は，2012〜17年の５年間では15万件以上を推移していた。内閣府の報告では，高齢者の振り込め詐欺（オレオレ詐欺，架空請求詐欺，融資保証金詐欺及び還付金等詐欺の総称）のうち，還付金等詐欺の2017年の認知件数は3137件で前年度と比較すると減少している。しかし，オレオレ詐欺は8475件で昨年より47.3％増加している。振り込め詐欺の被害総額は約374億円であった。

　2017年中の振り込め詐欺の被害者は60歳以上の割合は77.9％にも上っている。オレオレ詐欺については，60歳以上の割合は98.0％となっており，とくに70歳以上の女性はオレオレ詐欺被害者の77.6％を占めていた。還付金詐欺の被害者についても，60歳以上の割合は98.0％で，70歳以上の女性は50.8％を占めていた。

なぜ高齢者が騙されやすいのか

　われわれの脳は必要なもので記憶にとどめておかなければならないものと，

コラム 3　完全閉じ込め症候群

　閉じ込め症候群は，壮年期以降に発症する可能性が多い疾患であり四肢麻痺および下位脳神経が麻痺しているが意識は覚醒している状態である。合図として用いる眼球運動以外，表情を示す，動く，話す，意思を伝達することができない。(出典：MSD マニュアルプロフェッショナル版 https://www.msdmanuals.com/ja-jp/プロフェッショナル/07-神経疾患/昏睡および意識障害/閉じ込め症候群，2019.10. 8)

　「完全閉じ込め症候群」は，進行すると意識はハッキリしているが真っ暗な世界を過ごすことになり，徐々に自力呼吸ができなくなる。患者は話すこともできず，痛みも訴えられず暗闇の中で生活することが，人間らしい生き方かという問いを発信しており，日本においても安楽死を望み，書面にしているケースもある。しかし，イギリス医師会（British Medical Association, BMA）発行のオンライン医学誌「BMJ Open」に23日，意識はあるが体が完全に麻痺している「閉じ込め症候群」の患者の多くが幸せだと感じているとする調査結果が発表された（2月24日 AFP）。閉じ込め症候群の患者の自殺ほう助に関する議論に一石を投じたことになる。(https://www.afpbb.com/articles/-/2787192，2019.10.8)

　自分自身に置き換えて考えてほしい。四六時中暗闇の世界で，痛みもかゆみも伝達が困難なように，意思伝達が十分にできない状況で生き続けることについてである。高齢者が自分らしく生きること，人間らしく生きるとはどういうことなのか考え続けてほしい。

記憶として残す必要のないものを判断して，長期記憶という記憶の壺に入れられる。しかし，高齢になると長期記憶に入れずに捨てられたり，覚えるのに時間がかかったり，いったん入った記憶を思い出すという想起に時間が係るようになる。また，ワーキングメモリーも小さくなるため，詐欺の内容だという肝心なことよりも，「困っている」「死ぬしかない」という言葉が残り，犯罪者の言葉を信じてしまう。そうなると，家族から騙されないように何度も言われていても，高齢者の心情に訴えるようなことを言われると何度も詐欺に気をつけるように言われても，その注意を思い出すことができずに，詐欺に遭うことになる。

　高齢者は身体的に弱い存在である。歩行速度は遅くなり，足腰も弱り階段の昇降や重い荷物が持てなくなる。眼も白内障や緑内障で見にくくなる。耳も遠く難聴になる。しかし，精神面は低下しにくい。災害時高齢者の戦争体験が役立ったという声を聞いた。その時の知恵が評価され，高齢者が高く再評価された。

　その高齢者は年齢とともに，認知症や疾患による後遺障害を負うことによって，介護が必要になる。しかし，80歳以上でほぼ 2 人に 1 人は認知症の時代である。誰が認知症になってもおかしくない。正常に発達した機能も，年齢とともに低下していくことはどうしようもない現実である。だから，社会で支え合わなければならない。みんな同じ生命を持つ人間である。あなたのおじいさんが，あなたのお父さんが，次はあなたが必ず体験する「老いる」という人間として当たり前の発達課題である。

参考文献

厚生労働省「平成29年度「高齢者虐待の防止，高齢者の養護者に対する支援等に関する法律」に基づく対応状況等に関する調査結果」2018年。

佐々木とく子・NHK スペシャル取材班『ひとり誰にも看取られず』阪急コミュニケーションズ，2007年。

東京都監察医務院「東京都区部における異状死と性・年齢階級別の孤独死数」，2017年。

内閣府『高齢社会白書（平成30年度版）』，2018年。

中尾治子「介護と人権」古橋エツ子編『新・初めての人権』法律文化社，2013年。

日本赤十字社「災害時要援護者対策ガイドライン」，2006年

ピーター・デカルマー，フランク・グレンデニング編者（田端光美・杉岡直人監訳）『高齢者虐待』ミネルヴァ書房，1998年。

山口浩一郎・小島晴洋著『高齢者法』有斐閣，2002年。

さらに読み進めたい人のために

上里一郎監修，橋本和明編『虐待と現代の人間関係——虐待に共通する視点とは』ゆまに書房，2007年。
　＊家庭は構成員が協力し，支え合いながら生活を営む場所であったはずのものが，虐待の場となった。これまでなんら問題を感じさせない親密な家庭関係であっても，虐待は出現することを，児童虐待や高齢者虐待などあらゆる虐待を総称する「包括

的虐待」という概念でまとめられた研究書である。

信濃毎日新聞取材班『認知症と長寿社会笑顔のままで』講談社現代新書，2010年。

　＊新聞記者が実際の介護者や，介護にまつわる事件を起こした当事者にインタビューした内容があり，介護家族に何が起こっているのか，何が問題なのか事実を通して証明している。

新村拓『痴呆老人の歴史』法政大学出版局，2002年。

　＊認知症の歴史を，古代から現代までの時代で，認知症高齢者とどのように向き合い，誰がどの様に介護してきたのかを，歴史を通して明らかにした研究である。「老い」に対するマイナスイメージの強い老人性の認知症が，歴史の中でどのように捉えられてきたのか，認知症のイメージ転換になる。

杉浦敏之『死ねない老人』幻冬舎，2017年。

　＊超高齢社会となり，最期を迎える場所も希望をかなえることも困難な時代となった。介護問題，高齢者と医療の問題，延命処置など，事例を含めて実態を明らかにした著書である。

辻正二著『高齢者ラベリングの社会学――老人差別の調査研究』恒星社厚生閣，2000年。

　＊日本における老人問題に対する意識調査を社会学の視点で幅広くまとめた研究である。とくに若者に対する差別意識調査は，好感度から排斥認知，老人差別の所在までを明らかにしている研究である。

（中尾治子）

第4章
「障害」をめぐる人権を知ろう
――特別支援教育からインクルーシブ教育へ――

─ Short Story ─

　イオリさんは，大学では講義で知り合ったミネオさんに誘われてテニスのサークルに入っています。先日練習の帰りに，車いすテニスの練習をしているグループに出会いました。イオリさんは，そのレベルの高さに驚き，つい見入ってしまいました。すると，一人が声をかけてくれました。話が弾み，一緒にプレイすることになりました。相手が車いす，イオリさんが通常のプレイスタイルで対戦している時はまだ互角に戦えましたが，イオリさんも車いすに乗って対戦した時には，さすがに手も足も出ませんでした。でも，イオリさんにとっては楽しい経験になりました。

　イオリさんの頭には，ふと次のような考えが浮かんできました。車いすテニスを「シングルス」「ダブルス」といったテニスの1つのジャンルとして位置づけ，オリンピック種目に取り込むことはできないものか。そうすれば，障害の有無にかかわらず，すべての人が一緒にプレイする機会が増えるのではないか。

　そんなことを考えながらイオリさんは帰りの電車に乗りました。電車は混んでいましたが，なんとか座ることができました。すると次の駅で，白い杖をついた男性が乗車し，イオリさんの前に立ちました。イオリさんは勇気を出して声をかけました。「あの，どうぞお座り下さい」。しかし，その男性は，「ありがとうございます」と言いつつ，「でも，私は目は見えませんが，足が悪いわけではありません」と丁重にお断りになりました。イオリさんは考えました。自分の中に，障害者というだけで人を一括りに見てしまう見方はなかっただろうか。いや，でも，声をかけることは悪いことではあるまい。「障害」っていったい何なのだろうか。

　そういうことを考えていると，ふと小学校1年生の時によく一緒に遊んだアキラさんのことが思い出されてきました。彼は，2年生から同じ学校の「ひまわり学級」という特別支援学級に転籍し，その後，特別支援学校に進学しました。彼は今どうしているのだろうか。なぜ，自分とアキラさんは疎遠になってしまったのだろうか。

　本章では，障害者の人権について考える。国際的なノーマライゼーションや
インクルージョンの潮流の中で障害者権利条約が制定され，障害者の人権を守
るための法整備は進んだ。しかし，障害者に対する差別や人権侵害事例は後を
絶たない。本章では，その要因の１つとして，教育制度を介して，障害者が囲
い込まれ一般社会から分離されることが続いている現実に焦点を当てる。日本
においては，分離はインクルーシブ教育の方向性が打ち出された2012年以降も
なお拡大している。

1　「障害」とは何か

　「障害」とは何だろうか。「障害者」とはいったい誰のことを指すのだろうか。
たとえば，目が見えない，あるいは下半身が麻痺して歩くことができない状況
があれば，人々はその状況を指して「障害がある」と言い表すことだろう。一
般的に，体の一部に器質的な損傷があったり，機能不全があったりする時に，
私たちは「障害」という言葉を用いてその状況を表現する。しかし，そうであ
るならば，たとえば，虫歯がある，頭髪が薄い状況を指して「障害がある」と
言い表すかといえば，一般的にはそうではない。そこには，その人が日常生活
においてどのような困難に直面しているかということが判断基準として作用し
ているかが分かる。
　ところが，困難の度合いは，環境に依存し，相対的である。たとえば足が動
かず歩けない人にとって，道路に段差がなく，エレベーターやエスカレーター
が至る所に完備されており人々も協力的である町で暮らすのと，そうではない
町で暮らすのとでは，日々直面する困難に著しい違いが生じることは想像する
に難くない。同じ器質的な損傷や機能不全があったとしても，それが障害とし
て立ち現れるかどうかは，環境依存的であることが分かる。
　世界保健機構（WHO）では2001年に，従来の ICIDH（国際障害分類，1980）
を付加的に修正するものとして ICF（International Classification of Functioning,
Disability and Health：国際生活機能分類）を採択した。ICF では，人のありよう
を，何かが欠落しているという意味での「障害」概念で把握するのではなく，
「心身機能・構造」「活動」「参加」の３要素からなる生活機能に着目して把握
する。そして，それに影響をもたらす要素として「健康状態」「環境因子」「個

人因子」を措定し，これらすべての要素間の相互作用を重視する。

　このような人間観や健康観の変化には，「医学モデル」から「社会モデル」へという「障害」概念をめぐる発想の転換が色濃く反映してる。「障害の社会モデル」では，身体的（精神的・知的を含む）制約を「インペアメント」と，社会によってつくられた障壁や差別を「ディスアビリティ」と呼び，両者を明確に区別して捉える。こうすることで，障害者が直面している様々な困難が障害者個人の側のインペアメントからではなく，多様性を顧みない社会の側にある障壁（バリア）によって生み出されていることを，浮かび上がらせることができるのである。

　本章では，「障がい」や「障碍」と表記せず，あえて「障害」という表記を用いる。「障がい」「障碍」などの表記は，「障害」と表すことによって，障害者になんらかの「害」があるかのようなニュアンスを与えてしまいかねないことを憂慮して，障害者の人権に配慮するという観点から使われ出したものと考えられる。しかし筆者は，障害者の人権について議論するためには，あえて「障害」表記を用いる方がメリットが大きいと考えている。本章は，社会モデルに依拠している。つまり，障害者は不利益（つまり「害」）を社会から負わされることにより「障害者」として立ち現されているのであり，障害者の人権を守るためには，社会の側にある様々な障壁を問題対象化し，それを取り払う必要があるという考え方に立っている。そうであるならば，障害者とされる人々が被っている「障害」（ディスアビリティ）を積極的に明示しなければ，そもそも議論が始まらないということになってしまうのである。そういう意味から，本章ではあえて「障害」表記を用いることにする。これは「障がい」「障碍」表記を用いる意図を否定するものではないことを，あらかじめお断りしておきたい。

2　障害者と人権

障害者権利条約と日本へのインパクト

　障害者をめぐる世界の潮流は，ノーマライゼーションやインクルージョンの方向へと向かっている。障害の有無にかかわらず，すべての人の人権が保障され，すべての人が共に参画できる社会をつくっていこうとする方向性である。

　国連は，その理念を具現化するために2006年に「障害者権利条約」
(Convention on the Rights of Persons with Disabilities：障害者の権利に関する条約)
を採択した。2019年8月現在の批准国は180ヵ国に及んでいる。この条約は，
障害者の人権や基本的自由の享有を確保し，障害者の固有の尊厳の尊重を促進
することを目的としており（第1条），締約国に対して，障害に基づくいかなる
差別も許さないことを約束することを求めている（第4条）。そして，差別の中
には「合理的配慮の否定」も含まれる（第2条）。合理的配慮とは，「障害者が
他の者との平等を基礎として全ての人権及び基本的自由を享有し，又は行使す
ることを確保するための必要かつ適当な変更及び調整であって，特定の場合に
おいて必要とされるものであり，かつ，均衡を失した又は過度の負担を課さな
いものをいう」と定義されている（第2条）。たとえば，視覚障害者のために図
書館に拡大読書機を設置したり，聴覚障害者のために手話通訳を配置したりす
ることなどが考えられる。また，本条約では，先述した社会モデルの考え方が
随所に織り込まれていることや，"Nothing About Us Without Us"（私たちの
ことを，私たち抜きに決めないで）の考え方に基づき意思決定過程における障害
当事者の関与を保障している点にも，特徴が見られる。

　日本は，2007年に条約に署名し，2014年1月に批准している。署名から批准
に至るまで7年の歳月を要したのは，その間に国内の法制度を整備する必要が
あったからである。2007年の署名後，2009年12月に内閣総理大臣を本部長，全
閣僚をメンバーとする「障がい者制度改革推進本部」が設置され，それを受け
て，障害者基本法の改正（2011年8月），障害者総合支援法の成立（2012年6月），
障害者差別解消法成立と障害者雇用促進法改正（2013年6月）というように，
矢継ぎ早に法整備が進められた。とくに以下の変化は，障害者権利条約の趣旨
を反映したものとして，特筆すべき点である。第1に，障害者基本法では，
「障害者」という語について定義されているが，その中に「障害及び社会的障
壁により継続的に日常生活又は社会的生活に相当な制限を受ける状態にあるも
の」という文言が挿入され，社会モデルの考えが反映されたこと。第2に，障
害者差別解消法では，「差別」の中に「不当な差別的取扱い」だけではなく，
「合理的配慮の不提供」が明記されたこと。第3に，障害者基本計画を策定し，
その実施状況を監視する「障害者政策委員会」のメンバーに，障害当事者が入
ることになっていることである。障害者権利条約批准に向けての一連の法制度

改革が，日本の障害者の置かれている状況を改善する上で，大きなインパクト
を与えたことは間違いない。

障害者への差別・人権侵害

　法制度は大きく進歩した。しかし，現実はどうか。障害者への差別はなくな
り，障害者の人権は保障される社会になったと言えるだろうか。

　そう問われれば，多くの人が，相模原障害者施設殺傷事件を想起するのでは
ないだろうか。2016年7月26日，知的障害者福祉施設「津久井やまゆり園」に，
元施設職員の男性が侵入し，所持していた刃物で入所者19人を刺殺し，入所
者・職員計26人に重軽傷を負わせた大量殺人事件である。この事件が人々を震
撼させたのは，被害者の人数が多いことや，容疑者Aが元職員であったことに
もよるのだろうが，それだけではなく，Aが事件直前に犯行声明ともとれる手
紙を衆議院議長宛てに送っており，その手紙の中にAの歪んだ障害者観が赤
裸々に記述されていたことによると考えられる。その手紙の中には，次のよう
なくだりがある。

　　私の目標は重複障害者の方が家庭内での生活，及び社会的活動が極めて困難
　　な場合，保護者の同意を得て安楽死できる世界です。重複障害者に対する命
　　のあり方は未だに答えが見つかっていない所だと考えました。障害者は不幸
　　を作ることしかできません。

　さらに，「作戦」実行後の報償として「金銭的支援5億円。これらを確約し
て頂ければと考えております」と続く。容疑者は，重度障害者は社会の害悪で
あり，それを抹殺することは社会や国家のための善行であると考えているので
ある。ここに優生思想を読み取ることは容易である。優生思想とは，身体的・
精神的に秀でた能力を有する者の遺伝子を保護し，逆にこれらの能力に劣って
いる者の遺伝子を排除して，優秀な人類を後世に遺そうという思想であり，人
種差別や障害者差別を理論的に正当化するイデオロギーとなる。第2次世界大
戦時のナチスドイツによるユダヤ人の大量虐殺は，その典型例と言える。

　この事件は，この容疑者の特異なパーソナリティが引き起こした特異な事例
であるようにも見えるが，必ずしもそうとは言い切れない側面もある。それは，

Aの主張を正論だとして支持する意見がインターネットの SNS や掲示板には，多く寄せられていることからである。たとえば，筆者がインターネットの「2ちゃんねる」の容疑者Aに関するスレッドをのぞいてみたところ，以下のような書き込みをみつけた。

こんなとこでしか吐露出来んけど，ワイ医者やが凄い共感できる。

「自分は医者であるが，Aの考えに共感する」ということである。この短いコメントの中で，「医者」という言葉は二重の意味で重要な役割を果たしている。1つは，本来人の命を守るべき医者が，19人もの命を奪ったAの考えを支持すると表明することで，この発言に重みを持たせることができる点である。もう1つは，医者だから単なる思い込みで言っているのではなく，科学的根拠に基づいて言っているのだと思わせることで，さらに重みを持たせることができる点である。そして，この投稿者が本当に医者であるかどうかは誰にも分からない。

ここには巧妙なレトリックが用いられていることが分かる。ネットの世界では，このような無責任な声が山積しており，優生思想とそれに依拠する障害者に対する差別的な見方・考え方が，日々生産され，拡散されている。そして，それこそが社会的な圧力の中で抑え込まれている一般大衆の本音であり，人々はその本音を代弁してくれる勇気ある人を求めているのだ，という隠れたメッセージを漂わせている。Aは，大衆のこのような「声なき声」を代弁して，歪んだ正義感に基づいて行為に及んだと考えることもできるのである。

このような障害者に対する差別的な態度や観念が生み出される要因は多岐にわたるが，その中でも最も重要だと筆者が考えていることは，日本では，障害者の世界と健常者の世界がはっきりと二分されており，未だに両者の接点が少ないことである。そして，両者を明確に区分しているのは学校教育制度であると考えられる。

3　障害児教育をめぐる歴史的展開

特殊教育の展開──「排除」から「分離」へ

　本節では，まず，中村満紀男・荒川智編著『障害児教育の歴史』（中村・荒川 2003）の記述をもとに，特殊教育の歴史的変遷について概括する。

　近代教育が始まった明治期，日本においては西洋の先進的な考えや実践が紹介され，一部ではあるが，民間の慈恵的篤志家による盲教育や聾唖教育の勃興が見られた。しかし，全体的には，「貧者」「病児」「廃失者」（障害児）は教育から除外される傾向にあった。教育により有用な者になりうると考えられる子どもは教育の対象に組み込まれたが，それが不可能だと考えられれば無用な者として，教育の対象からは排除されたのである。

　明治期の終わりから大正前期にかけて，通常教育における就学率向上や日本訓盲点字の確立もあいまって，盲・聾教育への期待と要求が高まり，植民地を含めて広く私立の盲唖院の創設が進んだ。また知的障害児に関しては，「劣等児」「低能児」などと称して問題化された。そして，「子守学級」などとして存在した「特別学級」が障害児教育関係で使用されるようになっていく。

　大正後期から昭和初期までの時期は，大正デモクラシーの影響もあり，それまで慈善家による救貧活動の一環として行われていた障害児の教育は，文部省が管轄する「特殊教育」として振興し，「特別学級」も普及した。しかし，それらは，心身の「健全」な児童を育成するために「不健康」な児童と分離するという，優生学的思想を背後に併せ持っていた。

　戦時体制下においても，戦争に貢献が期待できる障害児教育は発展を続けた。「養護学校」「養護学級」が誕生し，数は増え続けた。しかし，優生思想は力を増し，約30万人が断種の犠牲にあった。障害児は，基本的には，戦争に役立たない「非国民」「穀潰し」と蔑まれ，人間として尊厳を冒涜された。

　戦後に入り，1948年に盲学校・聾学校の義務制が実施された。障害種別の特殊教育諸学校と特殊学級が整備されていく。これまでより多くの障害児に教育を受ける機会を開いた反面，ある一定の判別基準で障害のある子どもを他の子どもから抜き出し，分離することが制度化されることになった。また，「教育にたえることができない」障害児に対しては，就学猶予または免除されること

は変わらず，非行などの「性格異常者のうち著しい反社会的行動傾向を示す」者は児童福祉法による措置の対象とされた。結局，この時期の障害児は，次の3つに分類されていたことになる。(1)教育可能児＝特殊教育学校，特殊学級。(2)就学猶予・免除＝児童福祉施設。(3)教育的な対応困難児＝在宅児である。

　高度経済成長期には，財界から教育にマンパワーの養成が期待される中で，障害児には「他人と社会の厄介になるのではなく，自分のことは自分で始末し，社会で自立できること」が目標とされた。しかし一方では，1963年に「びわこ学園」の実践が「夜明け前の子どもたち」として映画化され，発達保障論が提起され，権利としての障害児教育運動が興隆した。

　1979年に養護学校が義務化され，これまで就学猶予・免除されていた重度・重複障害児も含め，すべての子どもが義務教育の対象とされることになった。しかしその反面，障害児は，健常児から完全に分離されてしまうことになった。「青い芝の会」などの当事者運動の影響もあって，養護学校は隔離・差別だとする「養護学校不要論」が立ち上がり，「共生共育論」対「発達保障論」の対立は，簡単には超えることができないジレンマとなっている。

　ここまでの記述を概括すれば以下のようになる。1979年の養護学校義務化以前は，障害児は「教育されるべき障害児」と「そうではない障害児」に分類され，後者を教育の対象から除外することが長い間続けられてきた。それは，戦後，日本国憲法の下で民主教育が展開されているなかにおいても，なお継続されていたのである。そして，1979年の養護学校義務化以降は，すべての子どもが教育の対象として組み込まれたものの，障害児と健常児の間には明確な線が引かれ，障害児は特殊教育の領域の中に囲い込まれていくことになった。障害児は，学校教育制度に取り込まれることによって，正式に「障害児」となったと言える。

特殊教育から特別ニーズ教育，インクルーシブ教育へ

　特殊教育の弊害は，欧米でも出ていた。特殊学校や特殊学級の急増は，通常教育に適応できないマイノリティや貧困層の子どもたちが障害児と類型化され，特殊教育の対象に組み込まれていることの表れであることが指摘されていた。また，学校に適合しない子どもは，教育不可能児とされ，学校から排除されている実態もあった。さらに，障害種別ごとのカテゴリー化は，スティグマやラ

ベリングの原因となっていた。

　それらの問題を解決するために，アメリカでは1975年に全障害者教育法が定められ，すべての障害児に無償の公的教育を保障することや，最小制約環境（LRE）の原則の下，可能な限り「メインストリーミング」を進めることが確認された。

　イギリスでは，1978年にウォーノック・レポートが出され，「特別な教育的ニーズ」（SEN：Special Educational Needs）が提唱され，1981年教育法から特別ニーズ教育（Special Needs Education）が開始された。そこでは，「特別な教育的手立てが必要な子どもは特別な教育的ニーズを持っているものとする」とされた。障害種別の医療的な基準で支援の必要性を判断するのではなく，学校の日常生活において支援の必要性（ニーズ）が認められれば支援の対象とするという制度に変わったのである（「一元的枠組」と呼ぶことにする）。

　特別ニーズ教育の考え方は，世界で最初のインクルーシブ教育の取り決めであるサラマンカ宣言に反映された。サラマンカ宣言では，障害児だけではなく，マイノリティや貧困状況にある子どもなど，すべての子どもを包摂することが目指されるべきであること，そして，すべての子どもが可能な限り通常学級で共に学ぶことを追求すべきことが確認されている。

日本型インクルーシブ教育の特徴

　このような世界的なインクルーシブ教育への潮流の中で，日本も，2007年に特殊教育から特別支援教育へと制度を変更し，2012年にインクルーシブ教育へ向かうことを表明している。しかし，従来の特別支援教育を漸進的に発展させることでインクルーシブ教育に到達できるとし，特殊教育時代からつくられてきた2つの基本的な制度的枠組を改めることはなかった。それは，第1に，障害種ごとに医療的な判別基準で対象を選別することであり（「二元的枠組」と呼ぶことにする），第2に，障害児を健常児から分離して特別な学びの場に配置することである（「分離主義」と呼ぶことにする）。

　まず，第1の「二元的枠組」について説明をする。イギリスの特別ニーズ教育やサラマンカ宣言では，対象を，障害の有無ではなく，ニーズの有無で絞り込む。しかし，日本ではあくまでも障害（インペアメント：医学的な意味における障害）の有無とその程度によって，特別支援教育の対象を絞り込む制度設計に

なっている。それは，たとえば，学校教育法施行令が定める特別支援学校就学の基準（第20条の３）や発達障害の定義に表れている。文部科学省は，発達障害の定義として発達障害支援法を援用しており，そこには発達障害は「脳機能の障害」であると明記されているのである。たしかに近年，日本の特別支援教育に関する政府の公的言説においても，「教育的ニーズ」という言葉は頻繁に用いられるようになってきており，障害種別ではなくニーズに着目すべきだという方向性が打ち出されている。しかし，日本の制度における「教育的ニーズ」はあくまでも「障害のある児童生徒一人一人の教育的ニーズ」であり，イギリスの特別なニーズ教育やサラマンカ宣言で用いられているような「すべての子どもの一人一人の教育的ニーズ」という意味ではない。些細なことに思われるかもしれないが，実はこの違いが日本型インクルーシブ教育（＝特別支援教育）制度の特質を象徴的に表している点であり，以下に述べる日本型インクルーシブ教育の課題を生み出す要因の一つとなっているのである。日本の制度的枠組では，子どもは「障害児生徒」と「健常児」に二分されて把握され，「障害児生徒」だけを取り出して，そのニーズを問題にするというアプローチがとられているのである。イギリスの特別ニーズ教育の基礎となったウォーノック・レポートは，学校教育において子どもを「障害児生徒」と「健常児」に二分して把握することの問題性を指摘し，それを回避するために「特別な教育的ニーズ」（SEN）概念を提唱したのである。しかし，日本型インクルーシブ教育は，その概念に「障害のある」を付けるというレトリックを用いることで，いかにも世界的な潮流に乗っているかのように見せかけながら，なお，子どもを「障害児」と「健常児」に二分するという旧来の型を堅持しているのである。日本政府は，特別支援教育の英訳語として，"Special Needs Education" を用いているが，日本の特別支援教育とイギリスやサラマンカ宣言のそれとでは，大きな隔たりがあると言わざるを得ない。

　次に，第２の点，「分離主義」について説明を加える。サラマンカ宣言では，以下のように書かれている。

　特殊学校─もしくは学校内に常設の特殊学級やセクション─に子どもを措置することは，通常の学級内での教育では子どもの教育的ニーズや社会的ニーズに応ずることができない，もしくは，子どもの福祉や他の子どもたちの福

祉にとってそれが必要であることが明白に示されている，まれなケースだけに勧められる，例外であるべきである（「特別なニーズに関する行動のための枠組み」「Ⅰ．特別なニーズ教育における新しい考え方」より）。

　要するに，原則的にはすべての子どもは通常学校の通常学級で授業を受けるべきであり，どうしてもそれではニーズにマッチさせることができないときにのみ，例外的に特別支援学校・学級への配置が考えられるべきだという姿勢である。

　しかし，日本の就学先決定システムは，今なお分離主義をベースにしていると言える。ただ，この点に関しては説明が必要である。現在の就学先決定システムは図4-1のようになっており，かなり複雑に変化してきているのである。

　2002年以前は，学校教育法施行令第22条の2の表に定められた就学基準に従い，それより障害の重い子どもは特別支援学校へ，そうではない子どもは通常学校へと機械的に割り振られる，シンプルなシステムになっていた。

　しかし，それが，2002年の改正で「認定就学制度」が導入され，基準よりも重度の障害を持つ子どもの中でも，「市町村の教育委員会が，その者の障害の状態に照らして，当該市町村の設置する小学校又は中学校において適切な教育を受けることができる特別の事情があると認める者」（認定就学者）は，通常学校へ配置されるように変わったのである。そして，障害のある児童の就学先の決定に際しては，市町村の教育委員会は，専門家の意見を聴取すること，さらに保護者の意見を聴取することが付け加えられた（2007年改正）。従来ならば特別支援学校に配置されていた障害がある子どもが，通常学校へ通うことができる道が制度的に開かれたことになる。しかし，認定就学者はあくまでも「特別の事情があると認める者」であり，例外的な措置であることには違いなかった。

　この課題を克服すべく，2013年には，学校教育法施行令第5条を改正し，「認定特別支援学校就学者」制度が導入された（図4-1）。今度は逆に，「障害が，第二十二条の三の表に規定する程度のもののうち，当該市町村の教育委員会が，その者の障害の状態，その者の教育上必要な支援の内容，地域における教育の体制の整備の状況その他の事情を勘案して，その住所の存する都道府県の設置する特別支援学校に就学させることが適当であると認める者」を「認定特別支援学校就学者」とし，「特別に」特別支援学校に配置するシステムに変

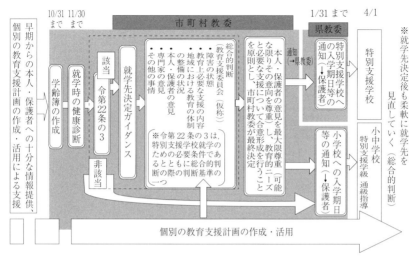

図 4 - 1　障害のある児童生徒の就学先決定について（手続きの流れ）

出所：文部科学省サイト（https://www.mext.go.jp/component/a_menu/education/micro_detail/__icsFiles/afieldfile/2014/06/13/1340247_16.pdf）2020年12月30日閲覧。

わったのである。学校教育法施行令第22条の3の表に定められた就学基準に該当しても，通常学校へ配置されることが原則となったことになる。

　これらの変化は，サラマンカ宣言のいうところのインクルーシブ教育へと近づきつつある過程のように思われるかもしれない。しかし，まず大前提として，学校教育法施行令第22条の3の基準によって，すべての子どもが「障害児／健常児」のふるいにかけられ，いずれかのカテゴリーで把握されることは一貫して変わっていないのである。そして，2013年の「改正」では，当該市町村の教育委員会が「特別支援学校に就学させることが適当であると認める者」が通常学校へ就学できる道は，逆に，難しくなったと考えることもできる。この間，「小手先」の改定は繰り返されてきたが，障害のある子どもとない子どもを基本的に分離するという根底の考え方は変わっているわけではない。

4　日本型インクルーシブ教育の課題と展望

日本型インクルーシブ教育の課題──なお拡大する分離

このような日本型インクルーシブ教育では，以下のような問題点が指摘され

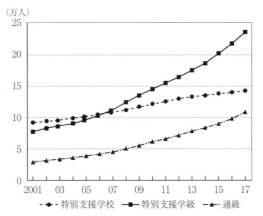

図4-2　各カテゴリーの生徒が特別支援教育の対象となる率の比較
出所：文部科学省「特別支援教育資料」（平成29年度）を
基に筆者作成。

ている。

　第1に，特別支援学校・学級在籍児童生徒，通級指導を受ける児童生徒の急増である（図4-2）。過去10年間で特別支援学校在籍児童生徒は約1.4倍，特別支援学級在籍児童生徒は約2倍，通級指導を受ける児童生徒も約2倍に増加している実態がある。特別支援学校・学級在籍児童生徒のうちとくに顕著に増加しているのは，知的障害のある子どもの数である。特別支援教育の制度化に伴い，これまで医療的な概念で把握されていなかった様々な子どもの学習・行動上の課題が広く「発達障害」として類型化される医療化が進んでいる（木村2015）。医療化の結果，様々な子どもの課題は発達障害，あるいは「グレーゾーン」として読み込まれることになり，それらの子どもが通常教育の場からあふれ出し，特別支援教育の場に流れ込むことが，特別支援学校・学級在籍児童生徒数の増加の要因であると考えられている。特別支援学校・学級は，通常教育の場から排除され，閉め出された子どもたちの避難所（アジール）として，また，通常教育の場の安全弁として機能している側面がある（鈴木 2010；堤2019）。

　第2に，特別支援教育の対象になる子どもの中に，たとえば，旧同和地区やニューカマーの子ども，貧困状況にある子どもなど，マイノリティの子どもが含まれる率が高いことである。筆者はかつて5つの公立中学校を対象に調査を

表 4-1 特別な学びの場で学ぶ児童生徒の数の推移

		全体	同和地区		就学援助		ひとり親	
A校	全 校	100.0%	18.4%	2.7倍	42.0%	1.8倍	44.7%	1.3倍
	対象生徒	28.9%	50.0%		77.0%		59.1%	
B校	全 校	100.0%	6.8%	2.3倍	23.9%	1.8倍	17.5%	2.3倍
	対象生徒	11.4%	15.8%		43.9%		40.4%	
C校	全 校	100.0%	4.7%	2.8倍	22.4%	1.2倍	—	—
	対象生徒	4.8%	12.9%		25.8%		—	
D校	全 校	100.0%	3.6%	0倍	22.6%	1.4倍	18.0%	1.5倍
	対象生徒	4.8%	0.0%		31.8%		27.3%	

出所：原田 2011。

行い，旧同和地区，就学援助を受けている家庭，ひとり親家庭の生徒について，全校生徒の中で占める割合と，特別な支援の対象リストの中で占める割合を比較したことがある。その結果が表 4-1 である。網掛けの部分が，当該生徒の占める率の差が大きい箇所である。それらの社会的カテゴリーに属する子どもが，特別支援教育の対象になる率が高いことが窺える。特別支援教育の対象として類型化されるということは，すなわち，発達障害，あるいはそれが疑われる「グレーゾーン」の子どもとして認識されつつあることを意味している。

表 4-2 は，『毎日新聞』に掲載されたものであるが，文部科学省への情報公開の結果明らかになった特別支援学級に在籍する外国人児童の割合を示している。『毎日新聞』は，「25市町の全児童生徒のうち特別支援学級に在籍しているのは2.54％で，外国籍の子どもの在籍率は 2 倍超に達していた」と伝えている。これまでのマイノリティ研究の成果に基づけば，学校にはマイノリティの子どもの教育達成を阻む障壁があることは周知の事実であり，学習や行動上の課題が顕在化することは当然の帰結である。問題は，その課題が「障害」として読み込まれつつあることにある。

第 3 は，特別支援学級にいったん配置されると，当初は一時的な措置のつもりでも，様々な理由から通常学級に戻りにくくなり，障害者しての「走路」（キャリア・トラック）を通して，最終的には社会の周縁部へと位置づけられやすくなることである（堤 2019）。

第 1 から第 3 の問題点を総合すれば，日本型のインクルーシブ教育制度が，

表 4 - 2　外国人が集住する25市町の特別支援学級に在籍する外国籍の子どもの割合

	特別支援学級の在籍率（％）		外国籍の児童生徒数（人）
	外国籍	全児童生徒	
岡 山 県 総 社 市	19.35	4.91	31
三 重 県 伊 賀 市	18.31	8.45	295
愛 知 県 新 城 市	17.78	4.41	45
静 岡 県 袋 井 市	10.65	3.17	216
滋 賀 県 甲 賀 市	10.27	5.16	185
静 岡 県 菊 川 市	7.88	2.11	203
三 重 県 亀 山 市	7.50	3.14	80
津　　　　　市	7.42	3.96	283
長 野 県 飯 田 市	7.38	5.04	149
岐阜県美濃加茂市	7.26	2.93	427
静 岡 県 掛 川 市	7.11	2.08	211
三 重 県 四 日 市 市	6.75	2.52	593
長 野 県 上 田 市	6.39	4.57	219
静 岡 県 磐 田 市	6.14	2.68	391
静 岡 県 湖 西 市	5.63	2.12	160
愛 知 県 蒲 郡 市	5.26	3.32	209
浜　　松　　市	5.09	1.99	1,493
群 馬 県 大 泉 市	4.99	1.75	461
愛 知 県 豊 田 市	4.91	1.67	897
滋 賀 県 長 浜 市	3.93	2.24	229
愛 知 県 小 牧 市	3.88	1.55	645
静 岡 県 富 士 市	3.54	1.57	226
群 馬 県 太 田 市	3.16	1.70	664
愛 知 県 豊 橋 市	2.74	2.55	1,897
三 重 県 鈴 鹿 市	2.70	1.70	667
計	5.37％	2.54％	10,876

注：文科省の開示資料は自治体名が伏せられていたため，調査対象となった当時の外国人集住都市会議25市町（オブザーバー参加も含む）に直接取材するとともに，外国籍の子どもの就学人数などを集計した学校基本調査を基に自治体を特定した。新城市は親が外国出身の子どもを含む

出所：『毎日新聞』2019年 8 月31日（https://mainichi.jp/articles/2019）

社会の不平等の再生産装置として機能している側面が見えてくる。かつては，「一億総中流社会」「単一民族国家」などと形容された日本社会であったが，この10年間ほどの間に経済格差は顕著に拡大しており，二極化が進んできている。また，日本にも在日韓国朝鮮人，アイヌ民族，琉球民族などの複数民族が在住

しており「単一民族国家」という表現ははじめから幻想であったのだが，近年ニューカマーとして外国から日本にやってくる外国人も急増しており，この表現は私たちの日常的な感覚からも遊離してきている。日本型のインクルーシブ教育制度は，これら多様な子どもたちに対して，学校文化という画一的な枠をはめ込み，そこから逸脱する者を「障害者」として類型化することで，学校・社会のメインストリームから排除するための装置として機能している側面がある。換言すれば，「障害者」という社会的位置が，学校や社会の秩序維持のための安全装置として利用されているということである。そして，それは障害を固定的なものと見なす眼差しと障害／健常の境界をさらに強化していると言える。

今後の展望──日本型インクルーシブ教育への挑戦

　日本型のインクルーシブ教育の問題点を克服するためにはどのような道があるのだろうか。答えは 1 つではないと思うが，間違いなく言えるのは，個のニーズへの個別対応という発想だけでは，分離をますます進めてしまうということである。学校で子どもの学習や行動上の様々な課題が発生するのは，子どもに備わっているなんらかの特性が原因なのではない。その特性にうまく対応できていない日本の学校システムに問題があるのだという発想の転換が重要になる。

　図 4 - 3 は，インクルージョンのイメージを表している。左側の図では，全員が平等な扱いを受けているが，結果としては最も背の低い子どもには野球の試合が見えず，差別的な扱いとなっている。中央の図では，個に応じた配慮がなされることで全員が試合を見ることができており，公平だと言える。右側の図では，障壁そのものが取り払われ，個に応じた配慮をせずとも全員が野球観戦ができるようになっている。目指されるべきは，右側の図の状況だということになる。学校内部には，子どもたちの課題を立ち上がらせる障壁（バリア）が多数存在しており，それを，教師・子ども・保護者・地域の人々・専門的スタッフ，関係機関といった学校コミュニティに関わる人々の協働で超克していく方向へと向かう必要があるのである。つまり，個別対応のための分離ではなく，人々の「つながり」で障壁を解消していく方向性である。もちろん，一足飛びに現在の学校が変わるわけではないので，バリアの除去と併行して個別の

EQUALITY VERSUS EQUITY

In the first image, it is assumed that everyone will benefit from the same supports. They are being treated equally.

In the second image, individuals are given different supports to make it possible for them to have equal access to the game. They are being treated equitably.

In the third image, all three can see the game without any supports or accommodations because the cause of the inequity was addressed. The systemic barrier has been removed.

図 4 - 3　平等性対公正性

出所：City for All Women Initiative (CAWI), Ottawa 2015, p. 17.

調整を行う必要はある。ただ，考え方としては，あくまでもバリアの除去が
ゴールであり，個別の調整は暫定的・補足的な手段であるにすぎないとことを
確認しておく必要がある。

　上記のような問題関心から筆者らの研究チームが注目し，フィールド調査を
実施している地域が 3 ヵ所ある。

　1 つ目は，大阪である。大阪には「原学級保障」と呼ばれる統合教育実践の
歴史がある。「原学級保障」とは，同和教育（＝解放教育）の理念をベースにし
て構築されてきた，障害のある子どもとない子どもが通常学級で共に学ぶ統合
教育実践を指す。「しんどい子」を中心にした「集団づくり」を通して，互い
の差異を理解しあい，共にエンパワーしあえる集団をつくることを目指してい
る（二見 2017；濱元・原田 2018；原田・濱元・堀家・竹内・新谷 2020）。

　2 つ目は，イギリスのロンドンのニューアム区である。イギリスが，特別な
教育的ニーズ（SEN）という概念を用い，障害の有無ではなくニーズに着目す
る支援体制を整備してきたことは先に述べた。この地区では，1980年代から

「隔離撤廃」の動きが進み，かつては8校あった特別学校は，現在は2校になっている。移民の集住地区であるこの地では，公正性の追求が重視され，様々な授業改革を行いすべての子どもの学力を下支えするとともに，SENCO・心理士・ソーシャルワーカーら校内の専門的スタッフ間の協働，地域の様々なエージェントとの協働により，組織的にSENのある子どもを支援していた。また，個人主義的な欧米の教育風土の中にあって，中等学校では，ハウスシステム（縦割り集団）やメンター制（担任制のようなもの）による集団づくり（team-building），小学校では，「P4C」や「スライブ・アプローチ」といった集団を通した社会性や自尊感情の向上を図る取り組みが精力的に取り組まれていたことは興味深かった（原田・濱元 2017）。

　3つ目は，オーストラリア，クイーンズランド州（QLD）のケアンズである。クイーンズランドは，多元的なインクルーシブ教育システムを持っている。障害のある子どもを対象とした特別教育以外に，先住民・難民・移民・性的マイノリティ・遠隔地の子ども・才能の豊かな子ども（Gifted and talented students）などのマイノリティに焦点を定めた教育実践を進め，それらを総称して「インクルーシブ教育」としている。QLD の中でもケアンズは，先住民と難民の比率が高いところに特徴がある。この地でも分離主義に抗する統合教育実践が進められ，一度はすべての特別学校が閉鎖されたが，2017年に重度の知的障害・重複障害児に対応するために，新たに特別学校が新設されている。QLD では，「EAP」（Educational Adjustment Program）と呼ばれる，州全体をカバーする障害の程度とそれに応じた処遇を判定するシステムが構築されている。また，先住民教育に膨大な資源と労力が傾けられていたことは印象的であった。やはり，この地でも，教職員同士の協働，地域の各種エージェントとの協働が強固に機能していた（原田・濱元・竹内 2018）。

　日本型インクルーシブ教育の問題点を克服していく上で，これらの地域の実践が示唆的ではないかとの考えから調査を行ってきた。これらの地域のインクルーシブ教育実践には，以下2点の共通点が見られる。第1に，地域全体としてマイノリティに関わる課題が顕在化しており，反差別や共生を重視する文化的風土が強く，分離主義を批判し統合主義を採用している点である。第2に，生徒同士，教職員同士，学校と地域など，学校コミュニティを核とした人と人のつながりの構築が重視されている点である。日本型インクルーシブ教育の問

コラム4　RTI

　RTI とは "Response to Intervention" の略であり、「インターベンションへの反応」と訳される。ハワイの小学校でよく耳にした言葉である。親や教師が子どもの学習や行動上の課題に気づいたときに、すぐに医師や心理士が診断するのではなく、様々な介入（intervention）を試み、その反応（response）を確認しながら、事実に基づいて（evidence based）適切な支援の方法を探索していくのである。私が訪問したハワイの小学校では、それを MTSS（Multi-tiered systems of support：多段階支援システム）と呼ばれる3段階のステップで実践していた。第1段階は通常学級で担任が、第2段階は通常学級でスペシャリストが介入を試みる。それでもうまくいかないときに初めて、第3段階としてテストと診断を行い、特別教育（Special Education）へと進むことが検討される。医療的診断には慎重な姿勢を保ちつつ、いち早く支援を開始し、できるだけすべての子どもを同じ環境の中で過ごさせようとする LRE（Least Restrictive Environment：最小制約環境）の理念が反映されている。

題点を克服するためには、これらの要素を日本の教育全体に敷衍していく必要があるのではないだろうか。

　本章では、障害者の権利を保護するための法整備の進展と、それにもかかわらずなお残る障害者差別の現実を確認した。そして、その要因の1つとして、障害者を分離し、一般社会から隔絶した領域に囲い込もうとする近代学校制度の特質に焦点を当てた。2012年に日本はインクルーシブ教育の方向性を打ち出しているが、その性格は変わっていないどころか、さらにその傾向に拍車がかかってきている。日本型インクルーシブ教育は、既成の学校や社会の秩序を維持するための安全弁としての役割を担うことで、不平等の再生産に荷担していることになる。このような日本型のインクルーシブ教育の問題点を超克するために、学校内の障壁の除去へと向かうべきこと、そして、そのためには学校コミュニティに関わるすべての人々がつながり、協働することの重要性を述べた。

参考文献

木村祐子『発達障害支援の社会学——医療化と実践家の解釈』東信堂、2015年。

鈴木文治『排除する学校――特別支援学校の児童生徒の急増が意味するもの』明石書店，
　　2010年。
堤英俊『知的障害教育の場とグレーゾーンの子どもたち――インクルーシブ社会への教
　　育学』東京大学出版会，2019年。
中村満紀男・荒川智『障害児教育の歴史』明石書店，2003年。
濱元伸彦・原田琢也『新自由主義的な教育改革と学校文化』明石書店，2018年。
原田琢也「特別支援教育に同和教育の視点を――子どもの課題をどう見るか」志水宏吉
　　編著『格差をこえる学校づくり』大阪大学出版会，2011年。
原田琢也・濱元伸彦・堀家由妃代・竹内慶至・新谷龍太朗「日本型インクルーシブ教育
　　への挑戦――大阪の『原学級保障』と特別支援教育の間で生じる葛藤とその超克」
　　『金城学院大学論集　社会科学編』第16巻第 2 号，2020年。
原田琢也・濱元伸彦「ロンド・ニューアム区の学校のインクルーシブ教育実践（Ⅱ）
　　――個のニーズへの対応と集団への包摂の両立を目指して」『金城学院大学論集』
　　社会科学編第14巻第 1 号，2017年。
原田琢也・濱元伸彦・竹内慶至「オーストラリア・クイーンズランド州のインクルーシ
　　ブ教育制度と実践」『金城学院大学論集』社会科学編第15巻第 1 号，2018年。
二見妙子『インクルーシブ教育の源流――1970年代の豊中市における原学級保障運動』
　　現代書館，2017年。
City for All Women Initiative (CAWI), Ottawa, Advancing Equity and Inclusion : A
　　guide for municipalities, 2015. 〈https://www.cawi-ivtf.org/sites/default/files/publi
　　cations/advancing-equity-inclusion-web_0.pdf〉（2020年12月30日閲覧）

（　さらに読み進めたい人のために　）

石川准・長瀬修編著『障害学への招待』明石書店，1999年。
　＊「障害学」とは，障害・障害者を社会・文化の視点から考え直し，従来の医療・リ
　　ハビリテーション・社会福祉・特殊教育といった「枠」から解放する試みである。
　　本書は，障害学について分かりやすく概説し，様々な論点を取り上げ，その魅力と
　　可能性を伝えてくれる。
P. コンラッド／J. W. シュナイダー（進藤雄三監訳）『逸脱と医療化――悪から病へ』
　　ミネルヴァ書房，2003年。（Conrad, Peter and Schneider, Joseph. W., *Deviance
　　and Medicalization: From Badness to Sickness*, Temple University Press, 1992）
　＊本書は，医療化に関するバイブル的存在である。医療化とは，これまで非医療的問
　　題であったことが，病気や障害といった医療的問題として定義され処理される過程
　　を指す。医療化は，社会問題を合理的に個人的な問題へと還元する。

堤英俊『知的障害教育の場とグレーゾーンの子どもたち──インクルーシブ社会への教育学』東京大学出版会，2019年。

　＊本書は，通常学級から排除され特別支援学級に在籍することになった子どもが，アイデンティティ葛藤を経験しつつ，しだいにその場に適応し，障害者トラックへと進むことになる過程を描写している。特別支援教育の課題を考える上で，重要な研究である。

鶴田真紀『発達障害の教育社会学──教育実践の相互行為研究』ハーベスト社，2018年。

　＊筆者は，教室内をビデオ撮りし，教師と生徒，あるいは生徒同士の日常的な相互行為を分析することを通して，「障害児であること」が非対称な相互行為形式が適用された結果生み出されていることを明らかにしている。エスノメソドロジー研究である。

（原田琢也）

第5章
同和問題を考えよう
——差別解消への歴史と取組——

大学に入学して半年。祖父母の家から通学していたイオリさんでしたが，祖母も歩けるまでに回復したので，大学により近い下宿を探すことにしました。大学の近くの不動産屋を訪ねたところ，イオリさんの他に，子ども連れの家族が来ていました。物件を探してもらっていると，その家族が話している声が耳に入っていきました。

店員：「○○市の△△という所はいかがですか。」（△△はイオリさんが希望している地域です。）

家族：「子どもが生活するのにはよい環境みたいですね。」

店員：「買い物，交通の便も整っていて生活しやすいと思いますよ。」

家族：「ひとつお聞きしたいのですけど……。△△には同和地区はありますか。」
（イオリさんは，「『同和地区』って何だろう。」と思いました。）

後日，○○市出身の友だちと会う機会がありました。そこで，友だちに聞いてみました。

イオリ：「『同和地区』って何？」

友だち：「同和地区というのは根拠もない不合理な差別を受けている地区のことなんだ。日本の重大な人権問題だよ。」

イオリさんは同じ日本に住んでいながら，まったく同和問題のことを知りません。同和問題について真剣に学んでみようと思いました。

　差別とは，なんらかの差異を見つけてそれを根拠に社会的な不利益を生むことである。同和問題は，法務省が解決に向けて取組を進めている16の人権課題の中でも，差異が存在しないという点において特異な社会問題である。

　同和問題の解決に向けた行政の取組は，1965年の同和対策審議会答申により始まった。答申の中には，「同和問題はその早急な解決こそ国の責務であり，同時に国民的課題である」と述べられている。それから，4年後の1969年に同和行政が円滑に進められるように同和対策事業特別措置法が制定された。この法律が制定されて以降，同和問題を解決するための運動は飛躍的に進展していく。このようにして同和問題の解決に向けての取組は2002年まで続いた。その後，10年間法律が切れた状態にあった。しかし2016年には，部落差別の解消の推進に関する法律が施行され現在に至っている。この間の同和教育としては，学校教育の中で同和問題の解決に向けての授業の構築がなされ，社会的な取組としては啓発や研修が行われている。このように様々な取組が行われているにもかかわらず，現在も同和問題の解決には至っていない。

1　同和問題って何？

同和地区とは

　「同和地区」とは同和対策審議会答申で「同和関係地区」と記されており，それを短くしたものである。「同和地区」は「被差別部落」とも呼ばれ，歴史的に差別を受けてきた人々が居住している地域を指す。また，「部落」と略して呼ばれ，一般的に使われる「小さな村」という意味の「部落」と言葉は同じでもその意味は異なる。「同和地区」は行政用語として使われ，「被差別部落」または「部落」は研究者や被差別部落の解放を求める団体によって使われている。「同和」という言葉は，昭和天皇が即位した際の勅語「……人心惟レ同シク民風惟レ和シ汎ク一視同仁ノ化ヲ宣ヘ……」から用いられたものである。1941年に部落問題に取り組む機関である「中央融和事業協会」から名前を変更した「同和奉公会」がその由来となっている。

同和問題

　同和地区における問題とは，その地域に生まれたというだけで，社会的・経

済的・文化的に不利益を受けることであり，言い換えれば差別を受けるということである。同和地区に対する差別が顕在化し現在も問題となっている主なものとして，結婚差別，就職差別，インターネットにおける差別が挙げられる。

　結婚差別とは，「男女の婚約もしくは結婚に際して，相手方の学歴・〈家柄〉・社会的地位・障害の有無・民族の違い等によって，反対もしくは解消したり（させたり）する行為をいう」（『部落問題・人権事典』1986：286）。戦後の日本国憲法では第24条において，「婚姻は，両性の合意のみに基いて成立し，夫婦が同等の権利を有することを基本として，相互の協力により，維持されなければならない」と述べられている。このことから，被差別部落出身という理由で婚約や結婚を反対したり解消したりすることは基本的人権の侵害にあたる。ただ近年，人々の結婚に関する意識も変化してきており，被差別部落における結婚差別は解消されつつある。

　就職差別とは，「企業が，国籍・出身地・性別など，本来，業務の遂行に関わる個人の能力や適性とは関係ない事由により，採用を拒否することである」（『部落問題・人権事典』1986：471）。仕事に就き職があることは，貧困を回避し生活が安定するという意味において，非常に重要である。かつての同和地区においては，「職に就けないことで貧困に陥る。貧困のために十分な教育を受けることができない。十分な教育が受けられないので就職できない」という悪循環が起こっていた。このことを考えると，人が生きていく上で安定した生活は欠かせないものであり，それを阻害する就職差別は同和問題の中でも重要な意味をもつ。

　情報化の進展によって，同和問題についての状況が大きく変化している。インターネットが社会に与える負の影響は「部落差別をはじめとする差別表現や扇動であり，人権侵害表現である」（『部落問題・人権事典』1986：82）。このことは，部落差別の解消の推進に関する法律の（目的）第1条「この法律は，現在もなお部落差別が存在するとともに，情報化の進展に伴って部落差別に関する状況の変化が生じていることを踏まえ……」という文言が示すように，インターネットにおける同和問題が深刻化していることが分かる。インターネットの匿名性によって簡単に差別的な言動をしてしまう可能性がある。また，知らず知らずのうちに差別に荷担してしまっていることもある。

　ここまで，同和地区に対する差別の様子について述べてきた。そこで，同和

地区の人々に対する差別はなぜ起こるのかを考えていきたい。ここより以降は「同和」という言葉ができる現代までを歴史的に概観するため，「同和（地区）」は「被差別部落」，「同和問題」は「部落差別」と併用してその言葉を使用する。

2　同和問題の歴史的側面——中世〜明治

　同和地区に対する差別は，歴史的にみて「ケガレ」に対する忌避・排除が関係していると考えられる。中世において被差別部落の人々が携わった仕事や職に対して偏見があった。その偏見のもとが「ケガレ」である。「ケガレ」とは，秩序を乱すものである。当時の人は自然・社会の秩序や日常が壊れることを忌み嫌った。人や動物の死に関わること，自然に手を加えることなど秩序が乱れることに対して忌避・排除の意識が働いたのである。また，「ケガレに触れるとその人もケガレる」いう触穢（しょくえ）思想によって，「ケガレ」とされる仕事や職に携わる人を忌避・排除していったのである。反対に，清掃や刑吏など「ケガレ」を元の状態に戻す仕事や職に携わる人（キヨメという）も「ケガレ」に触れるという意味において忌避・排除の対象となった。

　927年に成立した『延喜式（えんぎしき）』には，「ケガレ」に対する忌避と触穢思想が記されており，主に人や動物の死と出産，肉食についての「ケガレ」が細かく定められている。死や産が「ケガレ」の発生源でそれに触れることで「ケガレ」がうつる。そして，「ケガレ」がうつった人もまた「ケガレ」の対象となる。「ケガレ」た人は外に出ることができず，貴族は朝廷に勤めに出たり，祭祀に参加したりする日数が決められていた。『延喜式』は，朝廷や貴族の間だけのもので，当時の社会一般の人すべてがこの『延喜式』に縛られていたわけではなかった。時代が下っていくに従って一般の人々にも広まっていった。

中世の被差別民
　中世の被差別民（非人）は多様である。中世の非人には「中世の多様な被差別民衆を包括する身分的呼称。乞食・癩者（らいもの）・穢多（えた）をはじめ，生業にかかわる呼称である清目（きよめ）・庭者（にわもの）・細工・餌取（えとり）・屠者（としゃ）・声聞師（しょうもじ）・千秋萬歳（せんずまんざい）・三昧聖（さいまいひじり）・弦めそ・犬神人（いぬじにん）・放免（ほうめん）・住居形態にかかわる呼称である散所（さんじょ）・河原者（かわらもの）・坂の者（さかもの）・宿（しゅく）の者・谷の者（やのもの）・悲田院（ひでんいん）・獄囚（ごくしゅう）などが含まれる」（『部落史用語辞典』1985：

269）。

　これらの人々は，坂や河原など境界的な場所に居住し，清掃，弊牛馬の処理
など，「キヨメ」や「ケガレ」に関わる仕事に携わっていた。中世被差別民の
仕事は「①清掃，人間や牛馬の死穢の処理，葬送などの業務，②鳥獣の処理に
ともなう皮革や武具の製造，鳥獣の肉や魚介の販売，③大工，屋根葺き，壁塗
り，井戸掘り，石垣づくり，造園などの普請，作事の土木建設事業，④染色，
竹細工，履物づくりなどの手工業，⑤駕籠かき，運送，通信などの交通関係の
業務，⑥警衛，検索，行刑などの司法警察的業務，⑦呪術，祈禱，雑芸能な
ど」（『部落問題辞典』1986：796）多岐にわたっていた。

　これらの職は近世被差別民の職とほぼ同じである。「ケガレ」意識と関わっ
て排除された中世被差別民が近世被差別民の前身であると捉えることができる。
しかし，中世の被差別民の居住地域の移動や職の転換は比較的自由で制度上縛
られることはなかったという。この点においては近世の被差別民とは異なる。

　多様な被差別民の中でも庭造りに携わった人々が河原者である。河原者は無
税地であった河原に住み，庭造りの他に死牛馬の屠殺・処理，清掃，土木に携
わっていた。河原者は慣習的に不浄の者と見なされ，室町時代に彼らに対する
賤視は強められた。その河原者が中世の庭造りにおいて活躍した。中世の京都
の庭園の多くは河原者（差別された人々）の手によって作られた。よく知られて
いるのが銀閣寺の庭園や龍安寺の石庭である。世界に誇れる日本文化は，被差
別民によって構築されたのである。

近世の身分

　近世の主な身分構成は，百姓・町人・武士である。かつての近世の身分観は
「士・農・工・商・穢多・非人」（「穢多」「非人」は差別用語である）であった。
これは，「武士」が上位の身分で，ついで「農民，職人，商人」という序列が
あり，さらにその下に「穢多・非人」という身分が置かれたとされてきた。し
かし，「武士」と「農・工・商」の関係は，「支配－被支配」の構造はあったも
のの「農・工・商」の間に上下関係はなかったことが近年の身分に関する研究
において明らかになっている。また，「穢多・非人」身分については，「農・
工・商」身分の下という概念ではなく，社会の外に位置づけられていたと考え
ることが妥当であるとされている。この「社会の外」というのは，「穢多・非

表 5-1　身分形成の要素

身　分	居住地	職　分	役負担
武　士	町	政治など	軍　役
百　姓	村	農業・漁業など	百姓役
町　人	町	商業・工業など	町人足役
被差別身分	かわた（町）村	皮革業など	行刑役・警察役

人」身分が主要な生産関係や人づきあいから排除されていたという意味である。

　それでは，近世における身分はどのように形成されていったのであろうか。身分の形成に欠かせない要素として，(1)居住地，(2)職（仕事），(3)役負担の3つを挙げることができる（表5-1）。

　具体的な身分で述べると，百姓は村に居住し，農業を営んでいた。百姓には役負担として百姓役（河川や道路の修理）が与えられていた。町人は，町に住み，商工業を営んでいた。役負担としては町人足役（町作りのための資金提供）である。武士は，町に住み，政治を行っていた。役負担は軍役（城や石垣などをつくる）である。そこで，身分は誰が決定していったのかが疑問として挙がる。時の為政者が，誰がどの身分であるかを決定していったとは考えにくい。近世の人々は，武士に支配される一方で，自分たちで自治を治めていた。つまり，政治的側面と社会的側面があったのである。身分に関しても，町人身分は町が決定し，百姓身分は村が決定していったのである。言い換えると，近世の身分は，職ごとに集団を形成し居住していた（社会的側面）。そして，役負担によって決定された（政治的側面）。身分は，社会的側面と政治的側面の相互作用によって決定していったのである。

　それでは，被差別身分とされた「穢多・非人」身分はどうであるのか。被差別身分においても身分の形成についての構造はまったく同じである。被差別身分は村または町（かわた町村）に住み，皮革業を行っていた。役負担は主なものとして行刑役（犯罪人の捜査・逮捕・刑の執行）や警察役である。

近世被差別身分の人々のくらし

　近世被差別身分の人々は，農業を営み，皮革業や細工業のほか，雪駄の生産と販売と修理・灯心の生産と販売・薬売り・医者・砥石づくり・染め物や織

物・運送業など，様々な生業を行っていた。

　被差別身分の人々は暮らしには欠かせない仕事に携わっており，人々の生活を支えていた。また，多くの生業に従事しており，それほど農業に依存することがなかった。そのため，すべての被差別身分の人が貧困で惨めな生活をしていたわけではなかった。

　様々な生業に従事していた被差別身分の人々の中でも皮革業で得た知識によって完成することができたのが『解体新書』である。「近代医学の父」と呼ばれている杉田玄白が『解体新書』を完成させたきっかけとなったのが，「腑分け（解剖）」である。しかし，実際に「腑分け」を行ったのは被差別身分の老人である。その老人は，心臓，胃，肝臓などを切り取って示した。このことが『蘭学事始』に記されている。

　当時の医者は腑分け（解剖）を自ら行っていなかったのである。そこには，「ケガレ」意識とそれに触れることを忌避する触穢思想があったと考えられる。

近世被差別身分への差別と抵抗

　近世前期には差別を目的とした法令は出されていない。差別政策が厳しくなっていくのは，18世紀に入ってからである（資料1）。従来利用していた入会地から追い出されたり，祭礼の際，境内に入れなかったりするなど，社会的にも差別は強化されていった。差別政策が厳しくなり差別法令が出されることは，被差別身分の人々が法令を守っていなかったことの裏返しである。このような差別の中にあっても法令に反対したり風俗規制に抵抗したりする行動が起こり始めてきたのもこの頃である。

　また，幕府や藩が出した法令に対して，被差別身分の人たちの反発する行動がこの頃から多く見られるようになる（資料2）。

幕末から明治期の状況

　政府は，賤民身分を廃止し，以降身分職業ともに平民と同様とするとした。この，太政官布告はいわゆる「解放令」と呼ばれるようになり，近年では，「賤民廃止令」「賤称廃止令」とも呼ばれている（資料3）。賤民身分の人々の居住地は，ほとんどが「除地」と呼ばれる土地で，税が免除されていた。そのため，1873年の地租改正に向けて例外なく，統一的な税制を確立することが必要

資料1　近世後期に出された法令

西　暦	法　　令
1778年 (10.16)	幕府は,〈えた・非人〉の風俗が悪くなり,百姓・町人に慮外な働きをしているとして百姓・町人に紛れている〈えた・非人〉は逮捕すると触れ出す。
1784年 (7.27)	鹿児島藩では,〈慶賀・えた〉村の者が百姓と結婚した場合には両者に対して科銀一枚を課すことを命ずる。
1789年	延岡藩,穢多・非人に水色浅黄半襟を強制する。
1795年	津山藩,穢多と平民の雑居と対等の交際を禁ずる。
1798年	京中における穢多・非人の無礼の振舞を取締まる。
1799年	鳥取藩では,〈えた〉の風俗が悪くなったとして,〈えた〉の春駒・三味線の演奏を禁止する。
1800年 (11.3)	金沢藩では,最近になって〈藤内〉が医療に携わるようになって,〈藤内〉がみだりに〈平人〉と交わるようになったとして心得違いをいましめる布達を出す。
1804年	篠山藩,部落民に浅黄無紋の着衣を強制する。
1815年	松代藩,穢多が百姓町人と紛らわしい風体をしないよう細かく規定する。
1842年	豊浦藩,穢多・非人・宮番らの髪型・衣服を統制する。

出所：『部落問題事典』・『部落史用語辞典』。

資料2　近世後期における被差別身分の人々の行動

西　暦	被差別身分の人々の行動
1831年	防長大一揆に部落民が参加する。
1832年	龍野藩領内の皮多村,連合して牢番役負担の軽減を要求する。
1837年	大坂町奉行所与力大塩平八郎蜂起,部落民も参加する。
1856年	岡山藩で,渋染一揆起こる。
1866年	姫路藩で,穢多村の火事に町人が初めて出動する。
1867年	兵庫の打ちこわしに穢多・非人多数参加する。 大坂渡辺村,賤称廃止を嘆願する。

出所：『部落問題事典』。

資料3　「解放令」布告

穢多非人之称被廃候条。自今身分職業共平民同様たるべき事。
　　　辛未八月
　　　　　　　　　　　　　　　　　　　　　　　　　　　太政官

出所：『部落問題　資料と解説』。

であったことがいわゆる「解放令」の目的とされている。また、近代化に伴い賤民身分をこのまま放置しておくことは近代国家としての恥であり、近代的な改革推進の妨げとなるという対外的な理由もあった。つまり、いわゆる「解放令」は被差別身分の人々が社会的・経済的・文化的な不利益を被る差別を解消することを目的とするものではなかった。

　いわゆる「解放令」が発布されたことは、被差別身分の人にとっては大きな喜びであった。被差別身分の人々は、平民と同様となるために、川で身を清めるよう布達する県もあった。これは、被差別身分の人々が「ケガレ」た存在であるという差別意識があったことを明確に表している。被差別身分の人々の中には、被差別身分外の人に見なされるために、皮革業などの仕事から手を引いたり、服装や生活習慣を改善したりするなどの努力を行った人もいた。これらのことは、「ケガレ」は祓えるものであるという意味を含み、人々が差別の理由に挙げる「ケガレ」がいかにいい加減なものかを物語っている。

　このように、いわゆる「解放令」が出されたことで、法的措置としての平人（戸籍上）とされただけで、逆に皮革業や警察業務などの経済的特権が奪われ、政府による解放に伴う生活の保障は一切されなかった。これらのことにより、被差別身分の人々の経済的困窮が深刻化していった。

　さらに、いわゆる「解放令」に対して、被差別部落の人々が地位を上昇させて自分たちと同じ存在になることに反対した一般民衆による一揆が起きた地域もあった。これまでのケガレ観に加えて、同じ地位になるということに対する不安が露骨に排除の行動へと結び付いた。このことが資料4からうかがうことができる。自分たちに「ケガレ」がうつらないために被差別身分の人々を一切日雇いの仕事に雇用しないように申し入れをしたり、被差別身分の村を襲ったりするなどいわゆる「解放令」に反対する行動は様々である。被差別部落の人々が反対一揆によって受けた被害は、51人の死者、2000戸余りの家屋の破壊・焼失にのぼる。1873年には被差別部落の被害が最も大きいいわゆる「解放令反対一揆」が、現在の岡山県美作地方で起こった。人々は、被差別部落に対して、いわゆる「解放令」以前の状態に戻るように要求した。しかし、それを被差別部落の人々が拒否したことで、襲撃に遭ったという事件である。家屋焼失263戸51戸の破壊、18人の死者と13人の負傷者が出た（美作血税一揆）。

資料4　賤習拒否（愛媛）

> 　明治四年十一月頃，村々へ，朝廷から「えた」の百姓同様の取立の命令があり，「えた」はこれまでの慣習を破り，庄屋宅，遊廓，茶屋などに揚ったりすることの申し出があったが，百姓は筋のたたぬ御取場として反対がつよく論争となった。道後温泉でも入湯に際して町中で殴られ「穢多」も百人程まかりあい大論となった。その他の村々にも面倒がおきております。（後略）

出所：部落問題　資料と解説「高市光男編著『愛媛部落史資料』」。

3　差別解消に向けて──大正〜現代

部落解放運動──立ち上がった人々

　近世後期から幕府による被差別身分の人たちへの締め付けが強くなっていった。それに抵抗するように被差別身分の人々が様々な行動に出たことは，前節で述べた。このような時代から大正期には，1922年日本共産党の創立，日本農民組合の結成など，運動団体が結成され自分たちの権利は自ら勝ち取るという動きが起こり始めた。このことは被差別身分の人々にとっても例外ではなかった。

　1918年の米騒動以降，各地に民主的な思想や運動が広まった。この頃から被差別身分の人々においても，自主的な運動の高まりが見られるようになる。その代表的なものが全国水平社の設立である。奈良県葛城郡掖上村柏原の西光万吉（清原一隆），坂本清一郎，駒井喜作らによって，水平社の前身である「燕会」が1920年に結成された。彼らは佐野学の「特殊部落解放論」の中にある「部落民の解放の第1原則は，部落民自身がまず，不当なる社会的地位の廃止を要求することより始まらねばならぬ」に感銘を受けて，全国的な運動を計画した。そして，1922年3月3日，京都の岡崎公会堂にて全国水平社の創立大会が行われた。岡崎公会堂には，京都府内をはじめ，大阪，奈良，滋賀，兵庫，和歌山，東京，岡山，広島から3000人余りとも言われる人々が集まった。創立大会では，綱領，宣言，決議が次々に読み上げられ，それらを採択していった。この時の綱領が資料5，宣言が資料6である。

資料5　水平社綱領　1922年（大正11）

> 一．特殊部落民は部落民自身の行動によつて絶対の解放を期す
> 一．吾々特殊部落民は絶対に経済の自由と職業の自由を社会に要求し以て獲得を期す
> 一．吾等は人間性の原理に覚醒し人類最高の完成に向つて突進す

出所：上杉聰『これでなっとく！部落の歴史』。

資料6　全國水平社創立宣言　1922年（大正11）

> 全國に散在する吾が特殊部落民よ團結せよ。
>
> 　長い間虐められて來た兄弟よ，過去半世紀間に種々なる方法と，多くの人々とによつてなされた吾等の爲めの運動が，何等の有難い効果を齎らさなかつた事實は，夫等のすべてが吾々によつて，又他の人々によつて毎に人間を冒瀆されてゐた罰であつたのだ。そしてこれ等の人間を勸るかの如き運動は，かへつて多くの兄弟を堕落させた事を想へば，此際吾等の中より人間を尊敬する事によつて自ら解放せんとする者の集團運動を起せるは，寧ろ必然である。
> 　兄弟よ，吾々の祖先は自由，平等の渇仰者であり，實行者であつた。陋劣なる階級政策の犠牲者であり男らしき産業的殉教者であつたのだ。ケモノの皮剥ぐ報酬として，生々しき人間の皮を剥ぎ取られ，ケモノの心臓を裂く代價として，暖い人間の心臓を引裂かれ，そこへ下らない嘲笑の唾まで吐きかけられた呪はれの夜の惡夢のうちにも，なほ誇り得る人間の血は，涸れずにあつた。そうだ，そして吾々は，この血を享けて人間が神にかわらうとする時代にあうたのだ。犠牲者がその烙印を投げ返す時が來たのだ。殉教者が，その荊冠を祝福される時が來たのだ。
> 　吾々がエタである事を誇り得る時が來たのだ。
> 　吾々は，かならず卑屈なる言葉と怯懦なる行爲によつて，祖先を辱しめ，人間を冒瀆してはならぬ。そうして人の世の冷たさが，何んなに冷たいか，人間を勸る事が何んであるかをよく知つてゐる吾々は，心から人生の熱と光を願求禮讚するものである。
> 　水平社は，かくして生れた。
> 　人の世に熱あれ，人間に光りあれ。
> 　　大正十一年三月三日　全國水平社創立大會

出所：『部落問題事典』。

　水平社綱領の「人類最高の完成」，水平社宣言の中にある「人の世に熱あれ，人間に光りあれ」という言葉から，水平社の理念は，被差別身分である部落の人々だけが差別からの解放を願ったのではなく，すべての人々の解放を目指したものであることが分かる。
　全国水平社が創立して以降，自らの力で解放を勝ち取るために被差別部落の人々は立ち上がりあらゆる差別と闘っていった。その中でも，国民的な成果と

して挙げられるのが教科書無償闘争と統一応募書類の取組である。

　教科書，教育費無償の闘いは，戦前よりあった。その中において1961年（昭和36）に歴史的な闘いが起こった。高知県長浜の教科書無償闘争である。この運動により1963年（昭和38）12月に文部省は「義務教育諸学校の教科用図書の無償措置に関する法律」を成立させた。

　統一応募書類とは，新規の高校卒業者が就職試験を受ける際に求人側に提出する書類である。当時の書類の内容は，趣意書，紹介書，身上書，履歴書，調査書から成り立っており，その内容が就職に応募する書類としては差別的であるとして問題となった。統一応募書類作成の取組は，社用紙の廃止，本籍地の都道府県名のみの記載，戸籍謄本の不提出，面接時の差別的な質問に対する拒否など就職の際，差別につながるものをすべて排除した。

国による部落解放の取組

　1961年（昭和36）に同和対策審議会が発足した。同和対策審議会答申とは，1965年（昭和40）に提出した，総理大臣の諮問に対する答えである。その内容は，同和地区に関する社会的および経済的な問題を解決するための基本方針である。1962年に審議会は，全国における同和地区の実態を視察した。視察の結果，同和地区の正確な状況の把握の必要性を感じ，精密な調査を行った。そして，その結果を答申として提出した。

　答申は，第1部「同和問題の認識」，第2部「同和対策の経過」，第3部「同和対策の具体策」に分かれている。前文（資料7）には，同和対策の必要性と国の責任が記されている。

資料7　同和対策審議会答申（前文）

> （前略）同和問題は人類普遍の原理である人間の自由と平等に関する問題であり，日本国憲法によって保障された基本的人権にかかわる課題である。（中略）その（同和問題）早急な解決こそ国の責務であり，同時に国民的課題である（後略）。

出所：『部落問題事典』。

　本文の第1部「同和問題の認識」の「1. 同和問題の本質」では，「部落差別の起源」「人種起源説の否定」「実態的差別と心理的差別」などが示されている。また，社会問題としての部落差別についても，次の資料8のように書かれている。

資料8　同和対策審議会答申（第1部　同和問題の認識　1．同和問題の本質）

> 　いわゆる同和問題とは，日本社会の歴史的発展の過程において形成された身分階層構造に基づく差別により，日本国民の一部の集団が経済的・社会的・文化的に低位の状態におかれ，現代社会においても，なおいちじるしく基本的人権を侵害され，とくに，近代社会の原理として何人にも保障されている市民的権利と自由を完全に保証されていないという，もっとも深刻にして重大な社会問題である。

出所：『部落問題事典』。

　このように被差別部落の人々は社会的・経済的・文化的に差別され，基本的人権も奪われているのである。同和対策審議会答申の中で，部落差別を実態的差別と心理的差別に分けている。実態的差別と心理的差別が相互に作用しあって差別を再生産し悪循環を起こしている。実体的差別とは「同和地区住民の生活実態に具現されている差別のことである。たとえば，就職・教育の機会均等が実質的に保障されず，政治に参与する権利が選挙などの機会に阻害され，一般行政諸施策がその対象から疎外されるなどの差別であり，劣悪な生活環境，特殊で低位の職業構成，平均値の数倍にのぼる高率の生活保護率，きわだって低い教育文化水準など同和地区の特徴として指摘される諸現象は，すべて差別の具象化であるとする見方である」（『部落問題・人権事典』1986：1187）。心理的差別とは「人々の観念や意識のうちに潜在する差別であるが，それは言語や文字や行為を媒介として顕在化する。たとえば，言葉や文字で封建的身分の賤称をあらわして侮蔑する差別，非合理な偏見や嫌悪の感情によって交際を拒み，婚約を破棄するなどの行動にあらわれる差別である」（『部落問題・人権事典』1986：1187）。

　次に，「同和問題の概観」では，「同和地区住民が一般国民との生活水準よりも低い状況であること，特に，地区の立地が他の地区よりも不適当であること」を指摘している。

　第2部の「同和対策の過程」では，いわゆる「解放令」から同和対策審議会答申までの同和対策が書かれている。最後に，第3部「同和対策の具体策」では，環境改善，社会福祉，産業・職業，教育問題，人権問題について論じられている。

　同和地区の人々は職業選択の自由，教育の機会均等を保障される権利，住居および移転の自由，結婚の自由などの市民的権利を奪われ，自由を侵害されて

きた。これらの権利と自由を完全に保障するために，同和地区の生活の安定と
地位の向上を図り，そのために就職と教育の機会を均等にする必要があった。
同和対策審議会答申は，法的な強制力はなかった。そこで，1969年（昭和44）
7月10日に同和対策事業特別措置法が制定された。この法律の目的は，同和問
題の解決であり，同和地区における「経済力の培養，住民の生活の安定及び福
祉の向上等に寄与することを目的とする」と述べられている。国の施策として，
住宅・生活環境の整備，社会保障・公衆衛生の向上，農林漁業の振興，中小企
業の振興，雇用の促進，教育の充実，人権擁護活動の強化を規定している。同
和対策事業特別措置法は全11条から成り立っており，主に次の内容が示されて
いる。

①国と地方公共団体が行う「同和対策事業」についての規定
②その目標の明確化
③国・地方公共団体ならびに国民の責務
④「同和対策事業」に要する経費について

　同和対策事業特別措置法は，10年の時限立法である。しかし，期限内では必
要な事業の完了が見込まれないことから1981年までの3年間の期限の延長がな
された。その後，5年間の時限立法で「地域改善対策特別措置法」が施行され，
1987年からは「地域改善対策特定事業に係る国の財政上の特別措置に関する法
律」が5年の期限で施行された。その後，1992年までの5年間，さらに1997年
までの5年間と期限が延長され2002年に同和対策の事業が終了した。
　それから十数年の間，同和問題を解決する法律は存在しなかったが，2016年
（平成28）12月16日に，「部落差別の解消の推進に関する法律」が施行された。
この法律は，目的，基本理念，国及び地方公共団体の責務，相談体制の充実，
教育及び啓発，部落差別の実態の係る調査の全6条から成り立っている。この
法律が成立した背景には，情報化の進展に伴って部落差別についての誤った情
報の拡散，偏見や差別の助長が懸念されたことにある。近年，この法律をきっ
かけに各自治体において，部落差別を解消するための条例が次々と制定されて
いる。

部落解放を実現する主体

　部落解放を目指すために，差別を見抜き，差別と闘う担い手を育成すること
が必要である。そこで重要なことが同和教育と社会啓発である。同和教育とは，
部落解放を目的とした学校教育・社会教育の総称である（第11章参照）。戦後の
同和教育の出発は，被差別部落の子どもたちの長欠・不就学の解消を目指し，
さらに，学力保障・進路保障の取組であった。学校教育の中では，同和教育の
副読本が作成され，社会科の教科書にも部落問題に関する記述も見られるよう
になった。社会教育においては，行政，各種団体，企業による啓発活動や研修
会が行われている。同和教育は，部落差別を解消するという目的に立って行わ
れる。ただ単に，「差別はいけない」と観念的に教えるのではなく，差別の実
態から，どのようにすれば解決のための具体的方法が見つかるかを考えていく
ことが必要となる。そのためには，教育の諸条件と教育内容を高めていくこと
が重要となる。

　また，同和対策審議会答申以降，同和教育と同様に部落差別の解消のための
社会啓発が数多く行われてきた。それらの取組が実を結んだものとして，環
境・仕事・教育・生活などの実態的差別の解消が挙げられる。しかし，結婚差
別，インターネットにおける差別にみられる心理的差別の解消にはまだまだ
至っていない。このような人々の差別意識を取り除くためには，社会のしくみ
を変える集団的な実践が必要である。近年，差別解消に向けての研修や集会が
数多く行われている。このような啓発活動の量を増やすとともに，その質も高
めていく必要がある。

　同和問題は，差異が見つからないという点で，非常に特異で厄介な問題であ
る。現在も国レベルでは，「部落差別の解消の推進に関する法律」が施行され
たり，地方自治においても条例が次々と制定されたりしている。また，一般レ
ベルにおいては，学校での人権教育の推進，企業や団体による研修，市民に対
する啓発などの取組が頻繁に行われている。これらの取組を推し進めなければ
ならないということは，同和問題がいかに根の深いものであり，その解決が困
難であるかの裏返しである。

　同和問題解決の困難さの原因とその解決のヒントは同じところに存在する。
それは，同和問題を歴史的に概観した中で，どの時代にも共通してあった

コラム5 「寝た子を起こすな」論

　同和問題において，「寝た子を起こすな」という考え方がある。これは，同和問題を知らないままにしておけば（教えなければ）同和問題はなくなる（起こらない）という考え方である。同和問題について知ることで同和地区への差別が続いていくというのである。

　しかし，同和問題は，まったくなくなったわけではなく，目に見えないだけで存在するのである。差別はいつどのような形で現れるかは分からない。一度，差別の芽が出始めると同和問題について無知な人は差別を再生産してしまう可能性がある。それを防ぐためにも，同和問題について正しく知り，正しく理解することが大切である。

　一方で，同和地区の人にとっては「そっとしておいてほしい」「触れないでほしい」という心情もある。差別当事者のこのような気持ちは無視することはできない。「寝た子を起こすな」論のすべてを否定することにも慎重にならなければいけない。

「人々の意識」である。同和問題は人々の意識がもとになり差異を作り出し排除することで起こっている。逆に考えれば，人々の意識を変えることができれば，同和問題は解決するのである。人々の意識を変えるためには同和問題に対する正しい知識による正しい理解が重要となる。同和問題についての考えを深め，他の人権問題に同和問題で培った知識と理解を汎用することで様々な人権課題を解決することができる。

参考文献

上杉聰『これでわかった！部落の歴史』解放出版社，2004年。
上杉聰『これでなっとく！部落の歴史』解放出版社，2010年。
上杉聰『部落史がかわる』三一書房，1997年。
川元祥一『部落差別の謎を解く——キヨメとケガレ』にんげん出版，2009年。
黒川みどり『近代部落史』平凡社，2011年。
小林茂・芳賀登・三浦圭一・森杉夫・脇田修『部落史用語辞典』柏書房，1985年。
斎藤洋一・大石慎三郎『身分差別社会の真実』講談社現代新書，1995年。
辻本正教『ケガレ意識と部落差別を考える』解放出版社，1999年。
寺木伸明『被差別部落の起源とは何か』明石書店，1992年。

外川正明『部落史に学ぶ』解放出版社，2001年。

外川正明『部落史に学ぶ2』解放出版社，2006年。

部落解放研究所編『部落問題　資料と解説』解放出版社，1981年。

部落解放研究所編『部落問題事典』解放出版社，1986年。

部落解放・人権研究所編『部落問題・人権事典』解放出版社，2001年。

さらに読み進めたい人のために

奈良人権・部落解放研究所『日本歴史の中の被差別民』新人物往来社，2010年。

＊本書は，7名の著者によって部落差別の諸問題を解決するための具体的な研究が示されている。これまでの部落差別史の視点とは違った7名の著者の新しい視点による内容が部落差別を考える上で役立つ。

奥田均『見なされる差別』解放出版社，2007年。

＊本書は，部落差別を支える大きな要因が，見なされることを回避しようとする人々の忌避意識の上に成り立っていることを論じたものである。今までにない部落差別の見方を示した点が興味深い。

塚田孝『近世身分社会の捉え方』部落問題研究所，2010年。

＊本書は，高木昭作氏の役負担による政治的身分編成と朝尾直弘氏の地縁的・職業的身分共同体をもとに「士農工商」というこれまでの身分観を払拭する近世身分の実態を示す内容となっている。

（岩本　剛）

第6章
外国人をめぐる人権を考えよう
―― 人権が保障されるのは日本人だけなのか ――

―― Short Story ――

　イオリさんは，大学卒業後に公務員受験も将来の選択肢の1つであると考えていました。そこで，大学の公務員試験対策講座を体験受講しようと思いましたが，知り合いもなく，1人で行くのが寂しいので，同じサークルで親しくなった友人のツカサさんに一緒に行かないかと声を掛けました。しかし，これまで何事もイオリさんの話を快く聞いてくれた友人ツカサさんは，「明日まで，ちょっと考えさせてくれる？」と，今回ばかりは複雑な顔をして，うんと，返事してくれなかったです。

　放課後，宿舎に戻ったイオリさんは，友人Aさんに何か不愉快なことでもあるのではないかと心配していたところ，ツカサさんから LINE でメッセージが届きました。「今日はごめんね。イオリさんには，隠すつもりはなかったけど，実は，私，日本で生まれ育ったけど外国籍なの。国籍条項があって，外国籍は国家公務員になれないの」。ツカサさんは普通の日本人の名前で，外国人とはまったく気づかなかったイオリさんは，ツカサさんの申し訳なさそうなメールをみて，びっくりしました。「え？　なんで日本で生まれ育って，まったく日本人と変わらないのに，なぜ公務員になれないの？」これまで一度も外国籍の人と親しくなったことがないイオリさんにとっては，すごく理解しにくい，不思議なことでした。

　「外国籍って何なの？　なぜ，国家公務員になれないの？」と素朴な疑問を抱き始めたイオリさんは，外国人問題について色々調べることにしました。調べるうちに，外国人には，色々な人権問題を抱えており，公務就任権問題の他にも，参政権，社会保障に関わる問題，ヘイトスピーチなどの問題があり，以前には就職差別や，入居差別問題があって，裁判になったことがあることが分かりました。そこで，外国人の人権問題について関心や興味を持ち始めたイオリさんは，本格的に勉強することにしました。

　日本で暮らす外国人は2019年1月1日時点で約266万人で，日本人口の2％を超えている。また，日本に入国する外国人は，2018年には約3119万人（再入国者を含む）で過去最高となり，10年前の2008年に比べ4倍以上増加した。このように，日本に入国する外国人が増加するなか，彼らに対する偏見や差別に起因する様々な人権問題も発生している。

　これまで在日外国人の人権問題と言えば，主に，就職，住居，教育，社会保障および参政権等において具体的な差別がみられた。こうした外国人の人権については，「あらゆる形態の人種差別の撤廃に関する国際条約」（以下「人種差別撤廃条約」）が国連で発効され，日本は1995年に批准した（1996年発効）。

　しかし，いまだ外国人への差別が存在しており，とくにヘイトスピーチと呼ばれる在日外国人を排斥する差別的なデモ活動，インターネット上の差別的言動や他人を煽動する言動が大きな人権問題として社会的な関心を集めている。こうした言動は，人々に外国人への尊厳を傷つけ，不安感や嫌悪感を与え，差別意識を生じさせるおそれがある。

　そこで本章では，日本に暮らす外国人を取り巻く権利義務を考察するなかで，外国人の人権問題の現状と課題について検討を行いたい。

1　外国人をめぐる状況

データからみる在日外国人の状況

　総務省の住民基本台帳に基づく人口調査の統計によれば，2019年8月1日時点の国内の日本人は1億2477万6364人で，前年から約43万人の減少となった。1968年より開始された調査以降，過去最大の減少数であった。一方で外国人は前年比6.79％増の266万7199人で，日本に住む外国人の割合は初の2％超となった。日本に在留する外国人は1980年末に78万2910人であったが，この40年で約3.4倍に増加している。

　2018年12月現在の外国人の国籍・地域別にみると，中国が76万4720人で全体の28％を占め，次いで韓国の47万9193人（18％），ベトナム33万835人（12％），フィリピン27万1289人（10％），ブラジル17万3437人（6％）の順となっている。また，在留資格の内訳をみると，(1)特別永住者，(2)永住者，(3)定住者，(4)日本人配偶者などの順で，中長期滞在者が現在の在留外国人の半分を超えている。

　また，日本で働く外国人労働者の数も，2016年に100万人を超え，厚生労働省が2019年1月25日に発表した「外国人雇用状況の届出状況まとめ」によると，2018年10月末時点の外国人労働者数は146万463人で，前年同期より14.2％増加し，過去最高を更新した。国籍別では，中国が最も多く38万9117人（外国人労働者数全体の26.6％）で，次いでベトナム31万6840人（同21.7％），フィリピン16万4006人（同11.2％）の順であった。

外国人が抱えている問題とは

　『人権用語辞典』によると，「外国人とは，国外で生まれ，帰化していない居住者で，他国に忠誠義務を持つ者で，不法滞在者や，一時的に滞在する旅行者も含まれる」と解釈されている。日本では，「出入国管理及び難民認定法」（以下，入管法という）の第2条2項で，「日本の国籍を有しない者」と定義されている。

　ところで，自国民と外国人を区別するのは「国籍」である。国籍に関しては，国によって血統主義か出生地主義のどちらかを用いている。前者は，親の国籍が基準となり，ヨーロッパ諸国が従来とってきた考え方である。後者は，その領土内で生まれたことが要件となり，イギリスやアメリカがとってきた考え方である。日本の場合，基本的に血統主義であるため，外国から日本にやってきた外国人も日本で生まれ育った外国人も自ら帰化を申請しない限り，彼らは何世代後になっても外国人のままである。

　近年では，前述のように，以前からの在日朝鮮・韓国人に加え，新たに様々な国からの外国人が年々急増しており，言語，宗教，慣習などの違いから，外国人をめぐって様々な人権問題が発生している。たとえば，外国人が日本語をあまり理解出来ないことにつけ込み，(1)劣悪な条件のもとでの就労，(2)アパート入居や公衆浴場入浴の拒否，(3)とりわけ技能実習生に対する諸問題，(4)子どもたちの教育の問題など，日常生活における外国人差別がいまだ残存している。また，後述の国家や地方公共団体のよる公務就任への国籍差別も現存している。これらの課題を解決するためには，お互いの国の文化等の多様性を認め，生活習慣等を理解・尊重することで，偏見や差別をなくしていく必要がある。

　多民族・多文化共生の社会の実現は，まず外国籍住民の人権を尊重することから始まる。日本の法体系における優先順位は，憲法，批准した国際法，国内

法の順である。1948年に国連が採択した世界人権宣言の第 1 条には，「すべての人間は，生まれながらにして自由であり，かつ，尊厳と権利とについて平等である。人間は，理性と良心とを授けられており，互いに同胞の精神をもって行動しなければならない」とある。また，日本では1979年，国際人権規約の社会権規約・自由権規約ともに批准しており，「人種差別撤廃条約」「女子に対するあらゆる形態の差別の撤廃に関する条約」なども批准している。国内の法制度を，これら国際人種基準に則って改善する必要がある。

2　外国人の経済的自立と人権

職業選択の自由と就職差別

　職業選択の自由は，国際人権規約第 2 章で扱う経済的権利として分類されている。現在，日本では「永住者等」を除く外国人の場合，職業選択の自由は在留資格が認める職業に限定されている。労働基準法第 3 条には，「使用者は，労働者の国籍，信条又は社会的身分を理由として，賃金，労働時間その他の労働条件について，差別的取り扱いをしてはならない」と規定している。しかし，雇用に関する国籍差別は，公務員に限らず，民間企業においても広く行われ，いわば実質的な職業選択の自由が大きく制限されているのが現状である。

　たとえば，1970年12月の日立就職差別裁判では，履歴書に国籍を記載せず応募した原告が内定を受け，入寮手続きの際に在日朝鮮人であることを告げたとたん内定を取り消されたという事例においては，裁判所はこれを「国籍」を理由とする差別的取り扱いであると判断した。これ以降，在日朝鮮・韓国人の権利獲得への取り組みが進められていった。

　しかし，その後も同様の協和銀行事件（1976年）や旭硝子事件（1979年）などが起きている。これらに共通して言えることは，「国籍を理由に差別」を受けたことである。日本国憲法第22条第 1 項は，「何人も，公共の福祉に反しない限り，居住，移転及び職業選択の自由を有する」と職業選択の自由を保障している。残念ながら，国籍による差別が現実的に行われており，多くの企業が雇用における国籍差別を見直す時期は，社会保障制度や地方公務員の国籍要件の撤廃がされた1980年代から90年代までと遅れた。もっと厳格に進めていくためには，雇用における国籍差別や民族差別を禁止する法律の制定が望まれる。

公務就任権に関する課題

「公務就任権」について，日本国憲法には明示的な規定はない。公務就任権を「参政権」と同様なものと把握する有力説もあるが，学説の多くはこれを「職業選択の自由」の枠内の問題として考えている。公務員の採用は，選挙で選ばれる政治職の公務員と違い，行政職の場合は，政治的権利の問題というより職業選択の自由の問題と位置づけるべきである。

日本国憲法第15条第2項によって，「すべて公務員は，全体の奉仕者であつて，一部の奉仕者ではない」と「国民全体の奉仕者」と規定されており，公のための仕事に携わる公務員は大きく国家公務員と地方公務員に分けられている。日本の社会においては，日本国籍の有無によって国または地方公共団体での法制度上の取り扱いが区別され，結果として公的機関による公的な国籍差別が行われている。

民間企業での就職差別が指摘されるなか，行政側でも外国人の採用を阻む「国籍の壁」が存在している。外務公務員などの一部の国家公務員採用の受験資格に「日本国籍を有する者」とされた国籍条項である。この条項は，憲法や国家公務員法に定められているわけではなく，人事院規則8－18第9条（三）の受験資格の規則において日本国籍を有しない者は国家公務員採用試験を受けることができないとしており，外国人は原則として国家公務員になれない。国籍条項の基となっているのが「当然の法理」という内閣法制局の見解であり，国家公務員は，国家権力の行使や国の財政運営，外交や防衛などの国家運営に関る立場なので，「公権力の行使」「公の意思の形成」に携わるものは日本国籍が必要という考え方であった。

地方自治体の裁量による外国人の受験資格

かつて，地方自治体一般事務職員などの受験資格にも「日本国民に限る」という「国籍条項」が規定されていたが，地方公務員法には明文の根拠はなかった。1953年に，自治省（現総務省）は，内閣法制局が示した「外国人が公権力の行使，公の意思形成に参加できないことからくる当然の法理」であるとの見解によって地方自治体を指導してきた。しかし近年，「国籍条項」を撤廃して，医療職や技術職を中心に外国人にも地方公務員への道を開く自治体が増えてきたことから，現在では，自治体のほとんどが外国人に対して採用の道を開き，

自治省も1996年11月に「条件付き撤廃」を容認した。

　近年では，教育職や技術職をはじめ，地方公務員の一般職についても，外国人にも門戸が開放されてきている。しかし，課長級の管理職選考試験を日本国籍がないという理由で受験できなかった特別永住者の在日韓国人が，受験資格の確認と国家賠償を求めて提訴した「管理職選考受験資格確認等請求事件」（最大判2005（平成17）年1月26日民集59巻1号128頁）がある。この事件では，地方公務員の管理職には，日本国籍を要件とする東京都の任用制度を最高裁は合憲としている。

経済的自立への権利と任用資格

　このように，国家公務員と異なり地方自治体の場合は，外国人が地方公務員に採用されるか否かは自治体の判断に委ねられている。政府は，地方公務員採用について「公権力の行使または公の意思の形成への参画にたずさわる地方公務員であるかどうか」については，「当該地方公共団体において具体的に判断されるべきもの」と示しており，また日本国籍を有しない者を「任用するかどうかは，当該地方公共団体において判断されるべきでもの」という見解を出している。

　すなわち，政府は任用についての判断を地方公共団体に委ねており，職員の人事権も政府ではなく各地方自治体に委ねている。それは，地方自治体ごとに職員への条件や置かれている状況が異なるからである。外国人採用といっても，以前は一部の地方自治体で，権力行使や意思形成に関係ない保健師やカウンセラーのような職業が中心であった。だが，現在は一般行政職への外国人採用を解禁する自治体も増えており，近年においては，多くの自治体の外国人採用に改善が見られるようになってきた。

　しかし，地方公務員の外国人の任用資格については，経済的自立への権利の獲得という形で拡大したのではなく，あくまでも各自治体のニーズや裁量によって拡大していったとみることができる。だが，何をもって「公権力の行使」「公の意思の形成」とみるかによって，各自治体の対応の結果も異なるという実態から考えると，「当然の法理」が基準として曖昧なものであるという指摘は否めない。

3　外国人に対する社会保障制度

社会保障の適用に関する国籍要件

　社会保障制度には主に，年金・医療・介護・雇用・労災・生活保護などがある。日本国憲法第25条第1項では，国民の「健康で文化的な最低限度の生活を営む権利を有する」と規定し，国民の生存権を明記し，生存権の権利主体を「すべての国民」としている。しかし，前述の入管法で規定されているように，日本国籍を持たない外国人に憲法第25条の保障が及ぶか否かが問題となる。

　ちなみに，戦後日本の社会保障各法令には，少なからず社会保障の適用を「国民」に限定する，いわゆる「国籍要件」が存在していた。また，法に「国籍条項」はないが，行政見解として「国籍要件」を設けて外国人を排除してきたものに，住宅金庫法，公営住宅法，日本住宅公団法，地方住宅供給公社法（1950〜60年）がある。このように国は「国籍条項」や「国籍要件」などを設けて，在日外国人を公的サービスから排除してきた。

　その後，1981年に日本は，社会保障について，難民に対して自国民に与える待遇と同様の待遇を与えるものという内容が規定された「難民の地位に関する条約」（以下，難民条約）を批准するとともに，社会保障各法令の国籍要件は「難民の地位に関する条約等への加入に伴う出入国管理令その他関係法律の整備に関する法律」（1981年法律86号）により，同条約に規定されている「内外人平等の原則」に基づき，国内法のうち「児童手当法」「児童扶養手当法」「特別児童扶養手当などの支給に関する法律」「国民年金法」を改正し，国籍条項が除かれた。また，「国民健康保険法」も，施行規則改正と通知により対応した後，1986年3月に法改正された。

　現在，日本の社会保障の主な法律の中で国籍条項を持つのは「生活保護法」と「戦争犠牲者援護立法」である。健康保険法，労働者災害補償保険法，雇用保険法，介護保険法は制定当初から国籍条項を持たず，厚生年金保険法は，連合国軍最高司令部「職業政策に関する覚書」を受けた1946年法改正により国籍条項が削除され，基本的にすべての合法的滞在外国人に対し，内外人平等の原則に立って，日本人と同様の社会保障が適用されている。

「住所を有する」という要件

　滞在予定期間が短期の外国人旅行者などについては，社会保険の適用に関して国籍要件は削除されている。しかし，いくつかの社会保険の被保険者は日本国内に「住所を有する者」（国民年金法第7条1項1号，国民健康保険法6号，介護保険法第9条等）と規定されているため，基本的に被保険者となれない。この「住所」の所在認定については，国内や市町村等の区域内に「継続的に生活の本拠を有する者」と理解されている。つまり，生活の本拠としての安定性や継続性を欠くほど短い滞在期間を予定している場合は，「住所を有する」という要件を満たさないため，日本の社会保険への加入資格がないということになる。

　また，人手不足対策の一環として2019年4月に改正入管法が施行されたことから，外国人労働者も増加が見込まれる。そのなかで，公的医療保険制度の不正利用を防止するため，健康保険の被保険者（外国人労働者）の被扶養者（家族など）の認定について，原則として被扶養者は「国内に居住していること」とする国内居住要件が導入された。

　さらに，国民健康保険でも，保険者である市区町村が関係者（外国人は，留学先である日本語学校等や経営管理を行う企業の取引先等，日本人は雇用主）に報告を求めることなどができる対象として，「被保険者の資格の得喪に関する情報」を追加している。

生活保護に関する経緯と課題

　1946年に制定された旧生活保護法第1条は，「生活の保護を要する状態にある者の生活を，国が差別的又は優先的な取扱をなすことなく平等に保護」をすると規定し，生活保護の対象から，外国人を排除していなかった。しかし，1950年に制定された現行の生活保護法第1条および第2条は，生活保護受給権の対象を，文言上「国民」と規定し，日本国籍を持つ者に限定し，外国人は含まれていない。この点については，1960年の「生活に困窮する外国人に対する生活保護の措置について」という通知が出されている。この通知によれば，「外国人は法の適用対象とならない」が，「当分の間，生活に困窮する外国人に対しては，一般国民に対する生活保護の決定実施の取扱に準じて必要と認める保護を行う事」としていた。

　ただし，彼らへの生活保護は権利として認められてはいなかった。そのため，

保護が却下されても「外国人の場合は，不服申し立てをすることができない」とされていた。すなわち，厚生省（現厚生労働省）の通知によって，短期滞在者および不法滞在者以外の主に永住・定住外国人に対して，生活保護を受ける権利が認められていた。しかし，それに関する不服申立てが出来ないため，実効性ある権利内容というわけではなかった。あくまでも日本人の場合に準ずる措置が行われたに過ぎない。

生活保護の適用対象としての外国人

　前述のように，日本が難民条約を批准したことによって，国民年金法から国籍要件が撤廃され，1982年1月1日より外国人に対しても国民年金法が適用され，在日朝鮮・韓国人，台湾人といった旧植民地出身者も国民年金への加入が可能となった。しかし，35歳未満の人たちは加入できるようになったが，35歳以上の約26万人は加入しても25年の加入必要期間を満たすことができないため，いわゆる「積残された状態」にあった。

　実態としては，経過措置を取らなかったため大半の人々が年金に加入しておらず，無年金状態のまま高齢期を迎えており，その結果として生活保護受給世帯数を押し上げている。1981年の国民年金法の一部改正の審議の際，この点についてもかなり議論されてきたが，政府側の答弁は「検討する」の一言で具体的方向すら示すことはなかった。

　現在においても，生活保護の場合，その適用対象は，合法的か不法的滞在か，長期か短期滞在か，オールドカマーかニューカマーか，といった入管法上の法的地位・身分によって適用状況が大きく変わる。とりわけ2014年8月1日，総務省の「生活保護に関する実態調査結果に基づく勧告」において，現在の外国人のうち生活保護の対象は，永住者，日本人の配偶者，永住者の配偶者など，定住者，特別永住者および認定難民と明記されており，有期ビザでの短期滞在の外国人にとって生活保護の受給は厳しい。

外国人の生活保護受給状況

　ちなみに，近年の外国人世帯数と人員の生活保護を受けている推移をみると，2000年は約25万世帯，約40万人であったが，2014年には56万世帯，89万人と倍以上に増加をしており，現在も増加傾向は続いている。生活保護を受給する外

国人の状況を国籍別にみると，世帯類型で最も多いのは，韓国・朝鮮の国籍保有者では「高齢者世帯」，中国の国籍保有者では「傷病者世帯」，フィリピンの国籍保有者では「母子世帯」，ブラジルの国籍保有者では「その他の世帯」であるなど，国籍によって受給世帯が異なっている。

　近年，外国人労働者も長期滞在できるようになり，有期・短期ビザから「永住ビザ」を取得する「一般永住者」の在留外国人が増加傾向にある。1998年に９万3364人であった「一般永住者」はその後毎年増加を続けており，2018年末には前年末より２万2377人増の77万1568人となり，近年においてはやや鈍化しているものの年５％以上増加してきており，2009年末に初めて特別永住者の数を上回った。このような一般永住者も何十年という歳月が経てば，新しいオールドカマーになり，厚生年金加入に加入していないオールドカマーの場合には，高齢者になっても年金が受給できず，その結果，生活保護受給を申請することにつながっていくことになる。

　現在，生活保護受給者の中で，朝鮮・韓国籍の高齢者世帯が最も多い理由は，「難民条約」が批准される1981年以前は，朝鮮・韓国籍の人々が日本の年金制度や医療保険に加入できなかったという歴史的な背景がある。理由はどうであれ，将来のことを考えれば，これ以上外国人の厚生年金や医療保険を含む社会保険制度への未加入者を増やさないようにすべきである。こうした過去の失策を教訓として生かすべく，外国人に関する社会保障に関する各種の社会保険制度については，しっかり周知，指導，チェックする必要がある。就労ビザや永住権ビザの審査においても，社会保険制度への加入を義務化する必要がある。

4　外国人労働者の受け入れと課題

外国人技能実習制度の施行と実態

　日本では高度経済成長期以降，人手不足の問題が生じても，原則として外国人労働者は受け入れないという方針をとってきた。しかし，1988年の「第６次雇用対策基本計画」では，専門的・技術的労働者を受け入れることとしている。また，1990年施行の改正入管法の下で，南米日系人の受け入れが増加するとともに，同年８月から中小企業団体を経由する外国人研修制度が始動した。そこには，日本で培われた技能，技術または知識の発展途上地域への移転を図り，

途上国の経済発展に寄与することを目的としている。1993年には外国人技能実習制度として拡充され，国際研修協力機構（JITCO）も発足し，外国人労働者受け入れの議論は徐々に変化してきた。

　2010年には，入管法改正で現行の技能実習制度が施行され，2012年には高度な専門的・技術的労働者を採用するために「高度人材ポイント制」が開始された。その後，2016年11月に入管法が改正され，高齢化に伴う介護需要増加から新たな高度専門職の在留資格として「介護」が認められ，留学生も介護に伴う業務に従事する活動を行うことを可能にした。また，技術技能実習制度も5年までの期間延長などが認められた。外国人労働者を受け入れてきた経緯を振り返ると人手不足がその契機になっている。

　2019年4月には，改正出入国管理法が施行され，新たな在留資格制度「特定技能」が導入された。外食業や宿泊業など対象14業種について，技能と日本語の試験に受かるなどすれば，通算5年在留可能なビザを取得でき，今後5年間で最大計34万5150人の来日を見込んでいる。外国人労働者の受け入れが加速するなか，安全対策が課題となっている。

外国人労働者に関する問題への対策

　こうした現状から，技能実習生は2010年7月より入国1年目から，労働基準法などの労働関係法令が適用されている。くわえて，外国人の技能実習の適正実施および技能実習生の保護を図るため，2016年11月に「外国人の技能実習の適正な実施及び技能実習生の保護に関する法律」（2016年法律第89号）が公布され，2017年11月より施行された。

　外国人技能実習生制度は，技能移転を通じた開発途上国への国際協力を目的とした制度であるが，「研修」の内容は単純作業が多く，たんなる労働力不足を補う低賃金労働力の確保という側面があり，実習生の失踪や不法滞在問題なども多発しており，大きな社会問題になっている。

　現状の外国人労働者受け入れの各施策の共通点は，「高度人材」「国際貢献」「経済活動の連携の強化」という建前のもとに，たんなる人手・人材不足を補うための，安価な労働力として受け入れにすぎないとの批判もある。とくに，外国人技能実習生制度に見られる「使い捨て」政策を改めるべきである。今後，外国人労働者を「安い戦力」ではなく，「真の人材」として位置づけ，技術専

門学校や介護・医療専門学校などを活用し，高いレベルの専門教育を受けた外
国人を積極的に受け入れることで，人手・人材不足の解決を図るべきである。

5　外国人の子どもの教育に関する問題

日本の教育制度と外国人の子どもへの教育

　日本の学校教育制度は，(1)日本の文科省認可・管轄下であるいわゆる「学校
教育法1条校」，(2)朝鮮学校，インターナショナルスクールなどの各種学校の
認可を受けた外国人学校，(3)南米やアジアの児童が通う認可を受けていない外
国人学校など3種類に大別できる。1979年に批准した「国際人権規約」，1994
年に批准した「児童の権利に関する条約」では教育の保障が規定されており，
日本の国公立の小学校・中学校は外国人の子どもも，日本人の子どもと同様に
無償で，同一の教育を受ける機会が保障されている。

　教育を受ける権利は，憲法第26条第1項で，「すべて国民」と規定し，第2
項で「国民がその保護する子女に普通教育を受けさせる義務」を課して，「義
務教育を無償」とした。また，教育基本法第5条第1項も「国民は，その保護
する子に，別に法律で定めるところにより，普通教育を受けさせる義務を負
う」と規定している。

　つまり，教育を受ける国民とは「日本国民」を指す。そのため，外国人の子
どもに対する義務教育の実施については，憲法上および教育基本法上では外国
人には及ばない者と解されている。したがって，日本国内に居住していても，
その人が外国人である限り，その子を小・中学校等に就学させる義務は生じな
いとした。

　1990年の出入国管理および難民認定法の改正に伴い，日本に暮らす外国人が
急増し，外国人労働者も長期滞在できるようになった。外国人の子どもには日
本の義務教育への就学義務はないが，公立の義務教育校への就学を希望する場
合は日本人と同様に無償に入学できる。その結果，外国人の子どもたちが日本
の学校に通うようになり，教育現場において様々な課題が表面化している。

教育現場における外国人の子どもの課題

　外国人の子どもが日本の学校に通学するなかで，(1)学校生活への不適応，(2)

日本語習得が困難なゆえに授業についていけない，(3)経済的な困窮により保護者が教育費を払うことができない，(4)高校への進学を希望しても実現できないなど，親の出身国にも日本にも子ども自身のアイデンティティを見出せないために葛藤したり，反社会行動をしたりといった問題もみられる。

　また，言葉の問題に加え，一時的帰国や転居の多さ，文化的習慣の違いなどから修学上の困難が生じることもあるため，不就学児童が約３割に達しており，社会問題になっている。こうした状況に対して，外国人学校への就学支援，不就学児童への生活サポート，滞在形態の実情に対応した教育環境の整備など，外国人の滞在形態や子どもたちの生活実態に即した施策が求められている。

文部科学省の調査にみる教育問題

　文部科学省が2019年９月27日に公表した2018年度の「日本語指導が必要な児童生徒の受入状況等に関する調査」の結果によると，日本語指導が必要な外国籍の児童生徒は４万485人で，前回調査より6812人増加したという。また，日本語指導が必要な外国籍の児童生徒のうち，日本語指導など特別な指導を受けているのは３万2016人だった。

　なお，文科省が初めて全国の教育委員会を通じて実施した全国調査で，2019年５月時点で住民基本台帳に記載がある外国人の子どもを対象に調べたところ，日本の住む外国人の小中学生にあたる子ども約12万4000人うち，約２万人が就学していない可能性があることが分かった。日本の法的な義務教育制度の対象外のため，日本語の指導などの支援が不十分になりがちで，教育委員会が所在を積極的に把握していない子どもも１万人近くいた。

子どもへの日本語指導に関する支援を通して

　文科省の別の調査では，日本語の指導が必要な小中高校の児童生徒たちが，2018年度は過去最高の５万759人（外国籍４万485人，日本国籍１万274人）で，このうち２割以上が補習などの特別な指導を受けていなかった。彼らは，一般の高校生と比べて中途退学率が7.4倍と高く，非正規就職率も9.3倍，進学や就職していない割合は2.7倍だった。

　また外国人の児童・生徒の受け入れに取り組む29市で実施された調査によると，不就学の理由は「お金がない」が最も多く，「日本語がわからない」が続

コラム6　ヘイトスピーチ

　最近，テレビや新聞などで，特定の国籍の外国人に対する人種差別的なヘイトスピーチが社会的な問題として注目されている。ヘイトスピーチに関する明確な定義はないが，デモや SNS などで，特定の国の出身者であることを理由に一方的に日本の社会から追い出そうとしたり，危害を加えようとしたり，嫌がらせを言ったりする内容の言動が相当する。

　2016年6月3日制定の「本邦外出身者に対する不当な差別的言動の解消に向けた取り組みの推進に関する法律」の第2条には，特定の国籍の外国人に対して，差別的意識を助長したり，誘発する目的で生命，身体，自由，名誉や財産に危害を加えることを明言したり，侮蔑するなど，不当な差別的言動について定義をしている。

　ちなみに，法務省が提示したヘイトスピーチの典型例は，「〇〇人は殺せ」などの脅迫的言動，特定の国や地域の出身者に「ゴキブリ！」などの著しく侮辱する言動，地域社会からの排除を煽動する「〇〇人は祖国に帰れ」などである。

いていた。子どもの日中の過ごし方では，約6割が「家にいて何もしていない」と回答している。

　こうした現状に対して横浜市では，来日したばかりの子どもを対象に日本語の指導が必要な子どもが5人以上いる小中学校には「国際教室」を設置し，教員による日本語指導を行っている。2015年度は71校であったが，2019年度には2倍の142校と増えている。

　日本が批准する社会権規約第13条では「初等教育は義務的なものとし，すべての者に対して無償のものとする」とし，子どもの権利条約第28条にも同じく「すべての者」と明記している。したがって，学校教育法第1条に定める日本学校に学ぶことと，同法第134条の外国人学校に学ぶことを同等に扱い，同等の財政支援を行い，どちらで学んでも，「就学義務」を満たすと解すべきである。子どもたちへの教育を通して，外国人の人権問題に関する啓発や学習，偏見や差別の不当性についての認識を深めるとともに，外国人の子どもたちが日本語・日本の文化や習慣などへの理解を深めることへの努力も怠ってはならない。

　近年，外国人との共生は国際的な人権問題として注目されている。日本が人

種差別撤廃条約を批准した後は，以前より外国人の人権問題は重視され，大きく改善され前進して成果を上げたが，実際にはその実現はかなり困難を伴っている。とくに，公務就任権に関する問題，職業選択自由と就職差別，生活保護に関する問題，技能実習生などの外国人労働者に関する問題，子どもたちの教育の問題など，現行の外国人を取り巻く環境や施策をみると，いまだ人権問題における問題点や課題も多い。

　日本は，多くの人権に関する国際条約を批准している。しかし，人権保障へのチェック体制は，国際条約と国内法との関連で制度上はある程度は整っているが，それが必ずしも十分に機能していないという現状もある。外国人との「多文化共生社会」を実現するためには，まず異なる価値観の違いを認めて尊重し，国籍・民族・文化を超え，互いの人権を尊重しあい，外国人に対する偏見や差別の解消を目指した取り組みを進める必要がある。

　同時に，子どもへの教育を通して，外国人の人権問題に関する啓発や学習，偏見や差別の不当性についての認識を深め，異なる習慣や多様な文化を持った人々と共に生きていく豊かな社会を築いていくべきである。

参考文献

伊藤周平『社会保障のしくみと法』自治体研究社，2017年。

北口末広・村井茂編『人権相談　テキストブック』解放出版社，2005年。

菊池馨実編『ブリッジブック』信山社，2014年。

現代憲法教育研究会編『憲法とそれぞれの人権』法律文化社，2010年。

自由人権協会編『外国人はなぜ消防士になれないか――公的な国籍差別の撤廃に向けて』田畑書店，2017年。

社会政策学会誌『社会政策』第8巻第1号，ミネルヴァ書房，2016年。

社団法人神奈川人権センター編集・発行『21世紀の人権』日本評論社，2011年。

増田幸弘・三輪まどか・根岸忠編著『変わる福祉社会の論点』信山社，2018年。

村上正直『入門・人種差別撤廃条約』解放出版社，2009年。

横藤田誠・中坂恵美子著『人権入門』法律文化社，2009年。

高乗智之「外国人の公務就任をめぐる法的問題」『高岡法学』第33号。

さらに読み進めたい人のために

近藤敦編著『外国人の人権へのアプローチ』明石書店，2017年。

＊本書は，外国人の人権をめぐる国内法上の多くの論点を解説し，裁判例を分析しな
がら，人権条約や憲法に照らして問題を解決する指針を検討しており，講義や演習
などで使用するためのテキストとして書かれた本である。

古橋エツ子編『新・初めての人権』法律文化社，2013年。

＊本書は，人権に関する教育研究者だけでなく，現場経験のある先生方も執筆された
本で，人権に関する様々なイメージを現在の社会的な課題と重ねつつ，用語解説，
多種多様な情報・資料，判例・解説などを通して解説し，「人権」を論じている。

中村睦男・佐々木雅寿・寺島壽一編著『世界の人権保障』三省堂，2017年。

＊本書は，日本国憲法に関する基本的知識を一通り学んだ大学生を対象とする，比較
人権論の入門的教科書として書いた本であり，大学院法学研究科生，法科大学院生
等にとっても役立うる内容を含んでいる。

社団法人日本社会福祉会編集『滞日外国人支援の実践事例から学ぶ　多文化ソーシャル
ワーク』中央法規，2012年。

＊本書は，日本の暮らす外国人，そして外国人が日本で生活する際の在留資格や結婚
に関する仕組み，生活を支える社会保障制度を紹介した本であり，子ども，女性，
労働，医療，高齢者など幅広い分野における問題と援助実践についても豊富な事例
を紹介している。

（呉　紅敏）

第Ⅱ部

人権をめぐる新たな問題

第7章
性的マイノリティと人権
──多様な性に YES・誰もが誰かの ALLY になる──

── Short Story ──

　今日は，いつもとちがう。キャンパス内がなんだかカラフルなんです。秋も深まり，正門から続くプラタナスの並木も，先週から緑や赤や黄色など色とりどりに染まっています。でも，それだけではないようです。今日は，並木道に設置してある掲示板やポールの至る所に，6色のレインボーの旗や色鮮やかな風船で作られたバルーンアートが掲げられています。講義棟近くの広場には，「○○大学　LGBT・ALLYWEEK」と染め抜かれた横断幕があり，学生たちがチラシを配っていました。「LGBT は，最近よく見かける言葉だな」「でも ALLY って何だろう」など思いながら，イオリさんは受け取ったチラシをポケットに押し込んで授業に向かいました。

　実は，少し気になることがあるのです。イオリさんは，大学に入ってからインスタグラムを始めました。高校時代の同級生のインスタ投稿もよく見にいきます。その中に，カズキさんの投稿がありました。サッカー部のキャプテンで，女の子にも人気があったからよく覚えています。高校卒業後，すぐにカナダの大学に留学したと聞いていました。そのカズキさんが「初めてボーイフレンドができた！　カナダに来てよかった！」と嬉しそうにハグしている写真を投稿していたのです。「ホモ」「ゲイ」「LGBT」「同性愛」……いろいろな言葉が頭を巡りました。そして，高校時代，同級生たちが「カズキは女の子にもてていいよな」「何で彼女作らないのかな」「もしかして，あっちじゃない？」等と言って笑っていたことを思い出したのです。胸がチクッとしました。「自分は何も分かってなかった」……そうイオリさんは思いました。

　授業を終えて食堂に行くと，朝，チラシを配っていた学生たちがいました。「どんな活動をしているのか，話を聞いてみよう！」そう決意したイオリさんは，「となり空いてますか」と声をかけました。

2010年代に入り，日本でも性の多様性が広く知られることとなった。

1990年代には性別違和をもつ人たちの身体の性別変更の医療が合法化され，2000年代には条件付きではあるものの，戸籍上の性別変更もできるようになった。また，異性間だけではなく，同性間のカップルも存在していることが知られ，すでに66の自治体が同性カップルに証明書を出している（2020年12月現在。コラム7参照）。自治体だけではなく，日本政府もセクシュアル・マイノリティの児童・生徒への配慮について通知を学校現場に対して出すに至っている。

自分のまわりには性的マイノリティがいないと感じている人たちも，テレビやネットの世界には，様々な人たちがいることには気づいているだろう。たとえば，テレビでは様々な性をもつ人たちが人気者。ただし，よくみてみると，ほぼ，オネエ・キャラクターだけだけれど。自分の性を明らかにして活躍しているユーチューバーだって，たくさんいる。

他方で，いまも日常生活のなかで苦悩している性的マイノリティはたくさんいる。自分の生き方をカミングアウト（表明）できずに隠し続ける人たちや，表明した後に暴力を受けたり，誹謗中傷の矛先を向けられたりする人たちも，まだまだたくさんいるのだ。誰もが"自分らしく"生きるためには，どうしたらいいのだろうか。この章では，多様な性を認めあう社会をつくっていくために必要なことを一緒に考えてみたい。

1　多様な性を生きる人たちのストーリー

では，性的マイノリティたちは，具体的にどのような日常を生きているのだろうか。ここでは2人のケースを取り上げてみたい。いずれも，ある若者たちが日常のなかで出会ってきた事柄である。

みさきの場合

地方都市の女子大学に通うみさきは，音楽家になる夢をみながら，日々，過ごしている。小学校のころから一日の出来事を夕食のときに報告するのが日課。食卓を囲むのは，2歳年上の姉，サラリーマンの父，そして週3日ほど自宅でピアノを教えている母。「なんでも包み隠さずに話し合える家族」のなかで，母のピアノを聞いて育ったみさきは，好きなクラシック音楽に関わる仕事がし

たいと音楽科のある女子大を選んだ。

みさきが，自分は男性と結婚しないだろうと思うきっかけとなったのは，高校時代にクラスメートたちが語る「コイバナ」（恋愛についての話）がどうも苦手だと気づいたこと。友だちの話を聞くのはいいのだけど，「みさき，まだカレシできないの？」と尋ねられるのがどうも苦手だった。みさきが本を読んで，「レズビアン」という生き方があることを知ったのは高校2年生のとき。自分はこれだ，と気づき，高校卒業間近のころ，親友の2人には伝えることができた。「伝えてくれてありがとう！」と反応した親友たちとは，進路が異なっても，いまも，月1回はお茶を飲んだり，ごはんを食べたりしながら，近況報告をしあう仲だ。

大学入学後，みさきが入ったのは音楽鑑賞のインカレサークルだった。周囲にはちらほらカレシ・カノジョの関係が生まれてきたころ，みさきにも気になる人ができた。他の大学に通う2学年上の女性の先輩。「オトコの影がない」という噂の先輩と，ある日，帰り道に乗る電車で一緒になった。好きなピアノの話で盛り上がったのがきっかけとなり，サークル以外でも会うようになった先輩に，ある日，みさきは自分が「レズビアン」であることを伝えた。先輩から返ってきた言葉に，みさきはとても驚かされたのだ。「あたしも，だよ」。音楽の話だけではなく，これまで読んだ本の話などもお互いに意気投合するようになり，みさきは思い切って，先輩に好意を告げることとなった。結果はOK。かくして，2人は恋愛のパートナーとしてお付き合いすることとなったのだ。

有頂天のみさきは，家族4人の夕食時，「じつはね，すっごい好きな先輩がいたんだけど，付き合うことになった」と満面の笑みで報告した。相手が女性と知り，食卓の雰囲気は一変。なんでも話せる家族，いつでも応援してくれる家族。しかし，みさきが思ってきた家族とは違う姿がそこにはあった。お母さんは「別れなさい」とひとこと。数ヵ月経っても，食卓の雰囲気は元に戻ることなかった。先輩に会ってきたと正直に伝えた時には，母から「グーで殴られた」こともあった。夕食の前に食卓に座らされ，「もう二度と女の人とはお付き合いをしません」と念書を書かされたこともあった。その念書は，食卓から見えるリビング・ルームの壁にしばらくの間，貼ってあった。

結局，みさきは先輩と別れることにとなった。家族に反対されているという話を先輩に相談したころから歯車が狂い始め，元に戻らなくなったからだ。な

んだか気まずくなって，サークルも辞めてしまった。

　みさきにとって，家族はとても大事な存在である。それに，いま，父や母と仲たがいをしてしまったら，高い学費もピアノのレッスン代も出してもらえないかもしれない。そんな不安が何度も頭のなかをよぎった。「とにかく，お母さんが喜んでくれることをしよう」。そう決心したみさきは，カレシをつくることにした。自分は「レズビアン」だと思う気持ちは変わらない。でも，この先，何かが変わるかもしれない。そんな思いのなかで，男性とのお付き合いを始めるのだが，あまり長くは続かない。ただ，「カレシができた」と家に連れていけば，母はとても喜んでくれる。この先，どうしていけばいいのかも分からないし，複雑な気持ちになることもあるけれど，でも，家族が喜んでくれるのなら，無理をする必要があるのだと，みさきは自分に言い聞かせている。

あゆむの場合

　あゆむは，高校を卒業してパン屋のアルバイトを続けている。ある日，普段はまったく関心がない通勤途上にある大学の校門の前で自転車を止めたのはレインボーカラーのデザインが目を引くポスターが貼ってあったからだった。そこに書かれていたのは，若者たちが集まって LGBT についての話をするというイベント内容。「学外の方もご参加ください」と書かれている。中学時代から学校にはあまり行かなかったあゆむ。きっかけになったのは，「男らしくない」といじめられた経験があったからだ。男のからだをもって生まれたあゆむが，はっきりと自分は「男ではない」と感じたのは，中学に入ってからだった。もともと色白で華奢なあゆむは，"中性的"にみられることが多い。いまのパン屋の仕事は，面接のとき，店長に話をして，「男として扱わないでほしい」と伝えてある。

　とにかく，「学校」と名のつくところに足を踏み入れるのはあまり気が向かなかったが，ポスターに記されている日はちょうど，パン屋も定休日。緊張しつつも出かけていくこととなった。知っている人たちに会う可能性もなさそうだから，軽くメイクもしていくことにした。まだあまり慣れていないけれど，少しずつ自分の部屋で練習しているのだ。

　性別に違和感をもつ大学生，男性のパートナーをもつゲイ男性，レズビアンとしてカミングアウトして生活する社会人。イベントの前半での，それぞれが

10代のころからの自分史をまじえて語られる内容はとても興味深く，苦悩や葛藤も含めて，自分自身のこれまでを重ねて振り返ることのできる貴重な時間だった。「来てよかったね」——あゆむはそっと自分にそう語りかけた。

　イベントの後半はグループでの話し合いだった。知らない人ばかりのセッションは自己紹介から始まった。あゆむと同じく，ポスターを見てやって来た大学の外からの参加者もいる。ある女性がこんなことを語っていた。「うちには自慢の娘がいるんです。とてもかわいくて，目に入れても痛くないくらい。小学校2年生です」。「自慢の娘」は生まれたときに男の子だったという。小学校にあがったとき，様子がおかしいので話を聞いてみたら，自分は「男の子ではない」と言う。テレビや新聞で「性同一性障害」という言葉を知っていたので，きっとこれに違いないと思い，クリニックに連れて行った。というのも，学校に「男の子として扱わないでください」と伝えるために医師の判断が必要だと思ったからだ。「自慢の娘」がレースのワンピースがほしいというので，先週末にはふたりでデパートに買いに行った。明るく大きな声で語る女性の話は尽きなかった。

　あゆむはうらやましかった。こんな母親がいたらなあ，と，きっと，そこに集まっていた人たちも思っているだろう。自分の母のことを思い出した。「男らしくない」といじめられたあゆむのことを「男の子なんだからしっかりしなさい」と叱咤激励し続けてきた母のことを。とてもではないが，自分が性別に違和感をもっているとは言い出せない。あゆむが，お金がかかるからと大学進学を諦め，高校卒業と同時に「自立する」と家を出て，一人暮らしを始めたのは，そんな家の雰囲気から逃げ出したかったからだ。

　イベントが終わり，数名で連絡先を交換しようとしたところ，その女性のスマホ画面には大きなひびが入っていることにあゆむは気づいた。「どうしたんですか」と尋ねたところ，酔っ払って，自転車でころんだ，とのこと。よく聞いてみれば，その女性は1人で近所のスナックにしばしば飲みに行っているという。「夫も，同居している夫の母も，子育てに失敗したのはおまえのせいだ」って責める。だから逃れるために，夜中にそっと抜け出して飲みに行く。じつは「自慢の娘」の話をしていた女性は，たくさんの葛藤を抱えているのに誰にも話をすることができず，このイベントに来ていたことが分かった。

　ここでご紹介したのは，私が実際に相談業務のなかで出会ってきたケースである。もちろん，プライバシーを考慮していくつか場面設定を変更している。性的マイノリティの人権を考えるにあたって，「解決」へと至っていないストーリーを取り上げるのは，読者にとって，あまり心地よくないことかもしれない。しかし，ここで考えてみたいのは，私たちの日常生活のなかで多くの時間を占める家族や学校という共同体のなかに，いかに多様な性を認めない現実があるのか，ということである。性的マイノリティの置かれた状況は，どこか遠くにあるのではなくて，まさにそのような日常のただなかにある。この点について，立ち止まって考えてみたい。

2　性的マイノリティとは誰のこと？——多様な性を考える

性を考えるキーワード——その広がり

　私たちがふだんさりげなく使っている「女」や「男」とは，いったい，何を意味しているのだろう。実際には，1人の人間は，性を構成する要素をいくつももっている。ジェンダーブレッドの絵をみてほしい（図7-1）。ここに示されているのは，人間の性を形作るいくつもの要素である。ジェンダー論などで使われる言葉に置き換えて表に記した（表7-1）。(1)生物学的性別（sex），(2)性表現（expression）＝社会的・文化的性別（gender），(3)性自認（gender identity），(4)性的魅力（attraction）＝性的指向（sexual orientation）である。1つひとつの要素には，それぞれ多様性がある。そして，それらはイコールで結ばれているのではないということが強調されている。順番に見ておくことにしよう。

　まず，(1)生物学的性別とは，身体の性別のことである。ジェンダーブレッドでは足の根元に位置づけられている。身体の性別を形作る要素は，外性器，内性器，ホルモン濃度，性染色体などいくつも存在するが，生まれた赤ん坊の圧倒的多数は外性器で性別を振り分けられる。ただ，実際には振り分けることのできない身体もあるし，第二次性徴を迎える時期に内性器が生まれたときに振り分けられた性別とは異なることが明らかになるケースもある。表に記したスケールのように，典型的な「女」や「男」の身体をもつ人たちが多数ではあるものの，2つの性別には分けることのできない「インターセックス」（医療現場

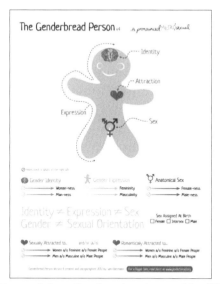

図 **7‒1**　「ジェンダーブレッド・パーソン［第 4 版］」
出所：https://www.genderbread.org/

表 **7‒1**　性の多様性

身体（生物学的性別）	女 ←――→ 男
表現（社会的・文化的性別）	女 ←――→ 男
アイデンティティ（性自認）	女 ←――→ 男
性的魅力（性的指向）	女 ←――→ 男

では「性分化疾患」として位置づけられている）も存在する。

　つぎに，(2)社会的・文化的性別（gender）であるが，この言葉はいくつもの意味をもつ。私たちは他者と出会うときに，身体で性別を判断しないことが少なくはない。判断材料となるのは，その人自身の装いや振る舞いなどの表現である。歴史学者のジョーン・スコットはジェンダーを「身体に意味を付与する知」と表現した（スコット 2004）。一般的に，性別の区分は身体にひもづけて認識されるという思い込みがある。しかし実際には，私たちは，時代や文化によっても異なる「女らしさ」や「男らしさ」と呼ばれるものを性別として把握しているのではないだろうか。ジェンダーとは，多義的な言葉であるが，ここではどのような性表現をひとが選択するか，という点にのみ，注目しておきた

い。

　そして，(3)性自認とは，その人自身がどのような性別をもっているか，また
もっていないかという自分自身の認識のことである。身体や表現と一致する場
合もあるが，一致しない場合もある。一致する人たちを「シスジェンダー」，
一致しない人たちを「トランスジェンダー」と呼ぶ。また，身体の性別が２つ
に分けられないように，性自認もいずれかに属していると認識しない人たちも
存在する。

　たとえば，2000年代に急速に広がってきた「Ｘジェンダー」という言葉があ
る。「女」でも「男」でもない，あるいはその両方でもあるというカテゴリー。
興味深いことに，この言葉は日本で多く用いられている。英語圏では「ジェン
ダー・クィア」あるいは「ノンバイナリー」という表現が用いられることが多
い。いずれも２つのいずれかのカテゴリーには当てはまらない，むしろその枠
組を問う意味をもつが，「Ｘジェンダー」というのは，「女」と「男」以外に新
たなアイデンティティを形作る方向性をもっている。

　最後に(4)性的指向であるが，この言葉は，1970年代以降の同性愛者解放運動
の影響下で広がってきた。性の向く方向性を指す。「誰を好きになるか」と表
現されることもある。異性に向く人たちを「異性愛者」（ヘテロセクシュアル）
と呼ぶ。男性に向く男性を「ゲイ男性」，女性に向く女性を「レズビアン」と
呼ぶ。また，そもそも相手の性別に方向性の車軸がない人たちは「バイセク
シュアル」と表現されてきた。しかし，「バイ」という言葉自体が「２」を意
味するので，そもそも性自認も２つに分けられないことを考慮し，昨今は「パ
ンセクシュアル」という表現が増えている現状にある。

　「性的指向」は自分の意識で簡単には変更することができないものであると
表現されてきた。「嗜好」でもなく，意志が介在する「志向」でもない。とい
うのも，同性間の性行為が禁止されたり，同性愛者の自己表現や人権運動が禁
止されたりする社会のなかでは，人権を主張するために，ある程度の足場が必
要であったからだ。しかし，性の向く方向性を形作るのは，その人自身が生き
る文化や関係性である。私たちをとりまく性別二元論（人間は「女」と「男」と
いう性別で構成されているという考え方）や異性愛主義（「女」と「男」が一対になる
のがあたりまえという考え方）に基づく性別役割分担の文化には，女性は性的に
受動的・消極的であり，男性は能動的・積極的である，という“あたりまえ”

がまだまだ横たわっている。そのため，どのような性別で育てられてきたかによって，欲望のあり方も異なってくることにも注意をしておきたい（堀江2015）。

　さらには，誰かが誰かと恋愛をし，結婚するというライフコースにも問いかけが行われている。誰にでも性的な欲望があるのだという前提を私たちはもってしまってはいないだろうか。性的欲望の方向性をもたないＡセクシュアル（エイセクシュアル，アセクシュアル）の存在も忘れてはならない。

性的マジョリティ

　さて，ずいぶんといろんな言葉が登場して，ややこしくなった人たちも多いのではないだろうか。ここには記さなかった性をめぐる名前はもっとあるし，今後もさらに増えていくだろう。「100人いれば100通りの性がある」とはよく言われることだが，問題は，多様に広がっている性のあり方のなかに，権力関係があるということだ。この節では「性的マイノリティとは誰のこと？」という問いを立てた。実際には，性的マイノリティとは多様な存在であり，「性的マジョリティではない人たち」という括り方しかできない。性的マジョリティとは，「正しい」「ノーマル」「フツー」という言葉で表現されるもの。これまでに登場したマジョリティの名前を思い出していただきたい。身体の性別と性自認が一致しているシスジェンダー。そして異性に性の向く方向をもつ異性愛者。そこに重なっている人たちが，性的マジョリティである。

　冒頭に記したように，日本でも性的マイノリティの存在が認識されるようになり，人権問題として考える機会が増えた。自分は性的マイノリティではないけれど，一緒に性の多様性を考えていきたいという人たちが「ALLY（アライ）」という言葉で表現されることがある。当事者ではないけれど，支援者になりたい人たちが名乗る表現でもある。もちろん，無関心であるよりも，一人でも多くの人たちが関心をもつことにより，社会のなかにある偏見や差別は減っていくだろう。そういう意味では，「アライ」の存在はとても大切。しかし，同時に，性の多様性を認めない社会をみるとき，特定の人たちのみが特権をもっていることにも注意をしておく必要があるだろう。性をめぐる"あたりまえ"を問う必要は，まさに一人ひとりの足元にある（菊地ほか2020）。性的マイノリティを他者としてみつめる支援者としての「アライ」ではなく，一緒

に理不尽さに向き合っていける，自分を問うていくことのできる同伴者として
の仲間たちが，本来，必要とされているのではないだろうか。

3　カミングアウトとアウティング

カミングアウト

　では，性的マイノリティはどのように自分自身を表現し，"自分らしく"生
きていくことができるのだろうか。性の多様性を自分のこととして表現するこ
と，そして誰かが表現しようとすることについて考えてみよう。

　「カミングアウト」という言葉がある。もともとは外見では分からない性的
指向を表明することを指す。これも同性愛者解放運動のなかで広がってきた言
葉である。秘密の告白や打ち明けの意味として捉えられることがあるが，
ちょっとちがう。カミングアウトとは「クローゼットから出ること（coming
out of the closet）」を意味する。クローゼットとは，本来，人間が自由に生活す
る場所ではない。「クローゼットから出る＝カミングアウト」とは，狭い物置
に閉じ込められている状態から外に出ることをたとえているのだ。

　カミングアウトには3つの段階がある。まず自分自身へ。次に安心できる身
近な場所で。さらに不特定多数へ。自分がマジョリティの性のあり方とは違う
という発見は，ときに，その人自身に不安をもたらす。みんなと同じことで安
心できる社会のなかで，違うという要素は隠したくなることだって多い。それ
がマイナスのレッテルを貼られている要素だとなおさらだ。だからこそ，まず
は，他者との違いを自分自身で認めていく必要がある。黙っているとみんなと
同じ——異性愛者——だと思われてしまう。だからこそ，安心できる場では自
分らしく生きていくために表明する必要が生まれてくる。また，偏見や差別を
なくしていくために，カミングアウトする人たちもいる。とくに芸能人やス
ポーツ選手，政治家など，知名度のある人たちがカミングアウトすることに
よって，孤立しているクローゼットのなかにいる人たちへのエンパワメントに
なることもある。

　しかし，これらの段階は，階段をのぼるように順番があるわけではない。つ
まり，より広く自分自身を表明していくことが目的となるわけではない。不特
定多数の人たちに対してカミングアウトしたところ，疲弊して，自分自身を肯

定できなくなるケースもあるだろう。場合によっては，クローゼットのなかで
休む自由も必要であろう。

アウティング

カミングアウトは自分自身が選択する行為である。それに対し，誰かの性の
あり方を暴露する「アウティング」という行為がある。2015年には，東京都内
のロースクールの学生がゲイ男性であることをアウティングされ，転落死する
に至った。アウティングという行為が，誰かのいのちを奪っていく悪質な効果
をもたらすことを，この出来事は私たちに示している。

彼は同級生の男性に恋愛告白をした。その告白を受けた同級生は他の人たち
も読むことのできる SNS（LINE グループ）に「おまえがゲイであることを隠
しておくのはムリだ」と投稿した。遺族はこの出来事を「加害行為」と認識し，
アウティングした同級生と適切な措置をとらなかった大学を相手どって訴訟を
起こすこととなった。この事件からは，たんなる恋愛の告白の暴露という意味
だけではなく，好意を寄せられたことに対して加害者が，彼の性のあり方＝生
き方にマイナスのレッテルを貼っていることが「ゲイであること」という表現
からもみてとることができる。

ネットがはらむ問題

このアウティングの事件は，SNS の手軽さと同時に，危険性をも示してい
るのではないだろうか。LINE という会員制のコミュニケーション・ツールだ
けではなく，出会い系のマッチング・アプリや投稿型の SNS（ツイッターや
フェイスブックなど）は，匿名で利用することができ，さらに物理的な距離が
あったとしても対話を行うことができるという意味で，周囲に仲間のいない性
的マイノリティたちにはとても大きな利便性を提供している。しかし，利便性
とは裏腹に，日常的な付き合いのないネット上での出会いは，本人の住所や本
名などを特定し，攻撃に利用される危険性もある。また，写真を投稿すると，
本人が気付かぬうちに位置情報などが付随していて，居場所や住居が特定され
る場合もある。利便性の高いツールには，思いもかけない危険が待ち受けてい
ることにも注意しておきたい。

4　社会のなかでの性のあり方

誰もが当事者——SOGI 課題をめぐって

　まだまだ偏見や差別のただなかに置かれ，カミングアウトの困難も横たわっている性的マイノリティ。世界規模でみれば，たとえば，国連人権理事会の度重なる決議もあり，その存在の可視化とともに人権課題として取り上げられる場面も増えている。2016年，国連人権理事会は「性的指向と性自認を理由とする暴力と差別からの保護」に関する決議を賛成多数で可決したうえで，この課題を取り扱っていく独立専門家の任命を決めた。ここでは性的マイノリティという少数者につけられた名前ではなく，「性的指向と性自認」という言葉が使われていることに注目したい。

　昨今，これらを合わせて，「SOGI（ソジ）」課題と表現される機会が増えた。人権という課題は，誰もが関わりうること。誰にとっても他人事ではない。だからこそ，少数者を対象とした枠組ではなく，誰もが関係するはずの「SOGI」として課題を認識する必要があるのだ。

　では，日本では「SOGI」課題はどのように扱われてきたのだろうか。誰もが関係するはずの課題であるからこそ，まずは，人権が奪われている人たちの状況を是正していく必要がある。その具体的なプロセスといまもなお残る問題点について，いくつかの事例をご紹介しておきたい。

同性愛者と司法

　日本の司法で同性愛者の人権が争点となった事例に「東京都青年の家」裁判がある。東京都の宿泊施設を利用した同性愛者団体「動くゲイとレズビアンの会」（1986年設立）が嫌がらせを受け，改善を求めたところ，東京都によって宿泊拒否を受けたことを発端として提訴された裁判である（1991年提訴，1997年東京高裁判決）。この裁判は第一審，第二審とも同性愛者団体の勝訴に終わった。判決文は同性愛者を「少数者」であると規定し，行政当局は「同性愛者の権利，利益を十分に擁護することが要請されている」と明記することとなった。すなわち，同性愛者の人権を擁護すべきものとする結論を導き出すに至ったのである。

　判決文には次のように記されている。「行政当局としては，その職務を行う
について，少数者である同性愛者をも視野に入れた，肌理の細かな配慮が必要
であり，同性愛者の権利，利益を十分に擁護することが要請されているものと
いうべきであって，無関心であったり知識がないということは公権力の行使に
当たる者として許されないことである」。

　この裁判には，大きくわけて2つの意義があった。まず1つは，判決文が示
すように，同性愛者が「少数者」として位置づけられ，その「権利，利益」が
擁護されるべきものとして書き込まれたことである。もう1つは，裁判と並行
して，原告の団体が動いた結果，事辞典や政府文書などに「異常性欲」や「性
非行」と記されていた同性愛の説明が修正されていったことである。裁判を通
して，(男性)同性愛者たちが自分たちの立場を表明——カミングアウト——
して"あたりまえに生きる権利"を主張したことで，それまでにあった人権
の枠組への参入が可能になった(風間・河口 2013)。

トランスジェンダーと医療・法

　身体の性別と性自認が一致しない人々にとって，すべてではないものの，身
体を性自認に合わせる必要が生じる場合がある。その場合，医療を利用するこ
ととなる。とくに大きな変化が起こったのは，性別適合手術が1996年に埼玉医
科大学倫理委員会の承認を経て開始され，日本でも合法化されたことである。
このころから，マスメディアなどを通して「性同一性障害(Gender Identity
Disorder／GID)」という医療名が知られるようになった。また，身体を改変し
ても登記上の性別との齟齬をきたし，日常的な不利益，不便があるとの指摘か
ら，2003年には「性同一性障害者の性別の取扱いの特例に関する法律」が成立
し，戸籍上の性別(続柄)変更が可能となった(石田編 2008)。

　しかし，この法律には諸条件が課せられている。(1)20歳以上であること，(2)
現に婚姻をしていないこと，(3)現に未成年の子がいないこと，(4)生殖腺がない
こと又は生殖腺の機能を永続的に欠くこと，(5)その身体について他の性別に係
る身体の性器に係る部分に近似する外観を備えていることという5つの条件で
ある。(3)については法律の制定当初，「現に子がいないこと」とされていたが，
登録上の性別変更の可能な諸外国には存在しない悪条件であったため，2008年
に「未成年の」という文言が挿入された。また，(4)と(5)については手術をしな

ければならないという前提が問題となっている。手術には身体的な負担と同時に，経済的なコストもかかる。手術を望まない人々は性別変更の申請ができないことを，2019年に最高裁は「現時点では合憲」としたが，裁判官2名が憲法に定められる幸福追求権（第13条）に違反している疑いが生じていることは否定できないという見解を示している。

　医療名である「性同一性障害」が日本では広く知られるようになったが，2018年に発表された世界保健機構（WHO）の国際疾病分類（ICD-11）では「性同一性障害」は「精神障害」の分類から外され，「性別不合（Gender Incongruence）」に変更されている。身体と性自認の不一致を「病気」とすることへの問いかけである。戸籍変更の要件もあわせて，議論が急がれる点でもあるだろう。

婚姻の平等

　現在，日本では戸籍上，異性間でないと婚姻制度を利用することができない。異性間でつがいを育む人たちと同性間で育む人たちとの間にあるのは，たんにライフスタイルの違いにすぎない。そのような点から，婚姻の平等が欧米では求められ，婚姻制度が同性間でも利用できるようにひらかれてきた。東アジアでは台湾が2019年に同性同士の婚姻を法制化している。婚姻の平等は，同性愛者の権利として認識されることが多いが，同性同士のカップルはそれぞれのアイデンティティが「同性愛者」であるとは限らず，バイセクシュアルやパンセクシュアル，また，戸籍上は同性となるトランスジェンダーなども含まれることにも注意をしておきたい。

　2015年には455人が申立人となり，日本弁護士連合会（日弁連）への人権救済申立を行っている（同性婚人権救済弁護団 2016）。また，2019年には同性婚を認めない民法や戸籍法の規定は違憲だとして，同性カップル13組が一斉提訴した。日弁連は「同性の当事者による婚姻に関する意見書」（2019年）において「同性婚を認めないことは，憲法13条，憲法14条に反する重大な人権侵害」であると同時に「憲法24条は同性婚を法律で認めることを禁止する趣旨とは考えられない」としている。

　法的な効力はないものの，2015年には東京都渋谷区や世田谷区を皮切りに，自治体での同性カップルへの証明書発行などが始まった。法的な家族となれな

いことで保険や年金，遺産相続などの不利益は横たわっているものの，「家族」として認められることは，当事者にとって，エンパワメントともなっている（コラム7参照）。

　ただ，次のような問題点も指摘しておく必要があるだろう。たとえば，すでにフェミニズム（女性解放運動）では，婚姻制度そのものがもつ問題が，再三，問われてきた。日本の婚姻制度は，いまも，戦前の家制度を慣習として引き継いでいるので，性別役割分担を補強する面もある。また，DV などの問題が生じている場合にも「家族」というユニットを基盤とする政策が被害者に困難を課して来た現実もある。このような点を踏まえると，「家族」というユニットを補強することが良いか悪いかという議論は，同性婚をめぐっても，もっと積み重ねられてもよいだろう。

　さて，冒頭にご紹介したみさきとあゆむのケースを振り返っておこう。2人の共通点は家族をめぐる困難ではなかっただろうか。みさきは，レズビアンとして友人たちにもカミングアウトし，良好な関係性を築いている。しかし，仲のいい，何でも話ができると思っていた家族のなかでは受け入れられず，母親からの暴力を受けることとなり，自分の"ありのまま"に封印をして生きていこうとしていた。あゆむは，性別違和をもっていたが，男のからだをもって生まれたために「男らしく」するようにと強要され続けたために，進学を諦め，高校卒業後に家を離れ，トランス女性として生きる日常を手に入れた。しかし，性の多様性を考えるイベントに行っても，また，そこでトランスジェンダーの子をもつある母親の孤立と葛藤，苦悩に出会ってしまう。

　性的マイノリティが生きていこうとするとき，このように，家族の関係性が困難を生み出してしまう現実がある。この生きがたさがつくられるのは，「家族」や「結婚」をめぐる"あたりまえ"というモノの考え方が私たちの社会には横たわっていることを示しているのではないだろうか。

　これまでみてきたように，性的マイノリティは，性別二元論や異性愛主義に基づく性別役割分担から外れたところに生きがたさを課されている。このふたつの価値観は，性的マイノリティに限らず，シングルペアレントのなかで育つ子どもたちや，離婚経験者にもマイナスのレッテルを貼るものでもある。さらに，DV などの暴力の問題についても性別役割分担のなかで生じることが圧倒

コラム7　同性パートナーシップ制度

　2015年11月から開始した東京都渋谷区と世田谷区を皮切りに，現在，66自治体が同性パートナーシップ制度をもつ（2020年12月現在）。今後導入すると表明している自治体もあり，どんどんと広がる勢いだ。

　日本では同性カップルの結婚は法律上，認められていない。現在広がる制度は，各自治体によって仕掛けの違いはあるが，同性カップルであると自治体が書類を出してくれるものである。しかし，法的な効力はない。

　この制度だけではなく，市民も自治体も本来は政府に対して同性カップルに婚姻制度の適用を要望すべきではないかとの声もある。実際，2019年2月には，性別を問わない「結婚の自由をすべての人に」求める訴訟が始まった。日本弁護士連合会（日弁連）は「同性の当事者による婚姻に関する意見書」で，同性カップルが婚姻制度を利用できないのは，憲法13条と14条に照らして重大な人権侵害であり，政府は関連する法令の改正を速やかに行うべきであるとしている（2019年7月18日）。

　「家族」としての祝福も大切ではあるのだろう。しかし同時に性的マイノリティの間にある格差も考えるべきだろう。「家族」というセーフティネットの不在，貧困，人間関係の困難を抱えている人々を取り残してしまわないように思いを馳せたい。

的に多い。

　ある小学校の教員から，こんな実践をうかがったことがある。自分は法律婚に則らない生き方を選択している。法律で結婚していなくても「家族」。これから先，子どもたちが育っていくなかで「一人で生きる」という選択もあるかもしれない。それもまた1つの「家族」のあり方。そうやって小学生に伝えていくという実践である。このように，様々な「家族」のあり方を想像し，実践していくことこそが，性的マイノリティの存在や，それぞれの性のあり方の多様性をどれも大切なものとして力を分け合っていく道筋になるのではないだろうか。

（参考文献）

石田仁編著『性同一性障害——ジェンダー・医療・特例法』御茶の水書房，2008年
石田仁『はじめて学ぶ LGBT——基礎からトレンドまで』ナツメ社，2019年。

風間孝・河口和也『同性愛と異性愛』岩波新書，2010年。

河口和也『クイア・スタディーズ』岩波書店，2003年。

菊地夏野・堀江有里・飯野由里子編『クィア・スタディーズをひらく1──アイデン
　　ティティ，コミュニティ，スペース』晃洋書房，2019年。

スコット，ジョーン『ジェンダーと歴史学［増補新版］』（荻野美穂訳）平凡社，2004年。

谷口洋幸・綾部六郎・池田弘乃編『セクシュアリティと法──身体・社会・言説との交
　　錯』法律文化社，2017年。

同性婚人権救済弁護団『同性婚──だれもが自由に結婚する権利』明石書店，2016年。

堀江有里『レズビアン・アイデンティティーズ』洛北出版，2015年。

(さらに読み進めたい人のために)

菊地夏野・堀江有里・飯野由里子『クィア・スタディーズをひらく1──アイデンティ
　　ティ，コミュニティ，スペース』晃洋書房，2019年

　＊男性同性愛者への侮蔑語として使われてきた「クィア（queer）」が性の〝あたり
　　まえ〟を問う言葉として使われ，広がり始めたのは1990年代のこと。この本は，日
　　本において様々な分野から研究や運動を続ける人たちが執筆した論文集で，全3巻
　　刊行予定である。広く学問分野での展開を勉強したい人にお勧めしたい。

吉野靫『誰かの理想を生きられはしない──とり残された者たちのためのトランスジェ
　　ンダー史』青土社，2020年。

　＊トランスジェンダーは〝男から女へ〟，〝女から男へ〟移行する人たちのことだとい
　　う思い込みが社会にはまだまだある。性別は2つしかないという性別二元論や，性
　　別移行のためには医療的な措置がかならず必要だという思い込みをほぐしてくれる
　　本。筆者自身の手術経験の記述から始まり，仲間たちへの生き延びるためのエール
　　が描かれている。

神谷悠一・松岡宗嗣『LGBTとハラスメント』集英社（集英社新書），2020年。

　＊なぜ，性的マイノリティは自分のあり方を開示（カミングアウト）しにくいのか。
　　また，開示するとどのような困難に直面するのか。性的マイノリティではない人々
　　のために，対話や解決のための方法が描かれている。パワーハラスメント防止法
　　（2020年6月施行）に加えられた「SOGIハラスメント」を考えるために事例や対
　　処策などが示され，読みやすい。

（堀江有里）

第8章
医療における人権を知ろう
──健康を支えるために何が必要か──

─ Short Story ─

　歩けるようになったとはいえ，まだまだ祖母が心配なので，イオリさんは下宿を始めてからも週末ごとに祖父母の実家に来ています。ある日，深夜零時にサイレンの音でイオリさんは目覚めました。お隣のキョウカさんのうちに横付けされる救急車，慌ただしい救急隊員の声。イオリさんがそちらに目を走らせると，どうやら患者の受入れについて問い合わせをしているようです。同時にキョウカさんのお父さんが運び出され，2分…3分…，しばらくして救急車は走り出しました。

　テニスサークルに入っているイオリさん。しかし，スポーツに怪我はつきもの。ちょっとした油断から，手首を痛めてしまいました。そこで，イオリさんは，先日キョウカさんのお父さんが運び込まれた病院で治療を受けることにしました。いつものように，健康保険証を提示し，検査・診察等を受けて会計を済ませましたが，一方で，隣のカウンターは少し揉めている様子。どうやら外国の方が，支払いについて不満を訴えているようです。

　病院で処方箋を受け取って帰路につこうとした時，イオリさんは難しい顔をしたキョウカさんがベンチに座っていることに気づきました。話を聞くと，入院したお父さんの件で悩んでいるとのこと。なんでも，お父さんの容態はきわめて悪く，お母さんも「楽にしてあげたい」と漏らしているそうです。いつも明るいキョウカさんがこんなに悩んでいる姿は，見たことがありません。「何か力になりたい」と，イオリさんは思いました。しかし，その気持ちに反して，言葉はなかなか出て来ませんでした。

　勉強にサークル活動，アルバイト……学生生活は忙しい！　それだけでなく，就職，恋愛，出産や介護など，みなさんのこの先の人生にはまだまだ多くのイベントがあるだろう。こうした日々を楽しく過ごすのも，健康が維持されていなければなかなか難しい。ここで，今日において健康とは，身体的な健康だけを意味しない。たとえば，1946年（昭和21）の時点で既に，世界保健機構（WHO）憲章は，「健康とは，身体的，精神的，社会的に完全に良好な状態であることを意味し，単に病気でないとか，虚弱でないということではない」との定義を行っていたのである。

　さて，怪我や病気で傷ついた心身を回復するために，医療は欠かせないものである。また，社会的に健康であるためには，周囲の人々のサポートがあることや様々な社会福祉制度があることが望ましい。もちろん，そこでは，国家をはじめとした公的機関が関与することも多い。本章では，このような医療における人権問題について考えてみよう。

1　医療へのアクセス

国民の健康維持の実現に向けて

　私たちの健康を維持するためには，怪我や病気を適切に治療することが必要である。そのために，みなさんが普段利用する医療機関はどんな病院だろうか。日本には，高度な医療を行うナショナルセンター（国立がん研究所など）や都道府県などの地方自治体が母体となる公立病院のほか，公益法人や医療法人また社会福祉法人が開設するいわゆる民間病院が数多く存在する。日本の医療機関の実に7割は民間病院であり，そして，その多くは都市部に集中している。

　さて，カンの良い方はここで気づいたかもしれない。私たちの健康を守るために病院にかかるということ，それは多くの場合，国民である私と受診した医療機関との私人間の関係として表れることになる。つまり，そこでなんらかのトラブル（医療事故など）が起きたとしても，それは基本的には民法を中心とした民事法上の問題（不法行為など）となる。一方で，憲法上の人権が問題となることは，実際にはそう多くはないだろう。

憲法第25条と医療制度の整備

それでは，憲法上の人権はどのような場面で医療と関わっているのか。1つには，医療に関わる制度を整備していく場面が挙げられる。憲法第25条第1項が「すべて国民は，健康で文化的な最低限度の生活を営む権利を有する」として，国民の生存権を「権利」として保障していることは，序章と第10章でも紹介している通りである。また，同条第2項は「国は，すべての生活部面について，社会福祉，社会保障及び公衆衛生の向上及び増進に努めなければならない」としており，「公衆衛生の向上」が国の「責務」であることを謳っている。

私たちの健康への権利が保障されるためには，一定の水準を満たした医療を受けることが可能でなくてはならない。たとえば，誰もが自由に医療に関する業務（商売）を行うことができるとしたらどうだろうか。技術不足の手術や，根拠のない投薬が行われれば，私たち個々人の健康が損なわれかねない（刑法上は傷害罪などに問われることとなるだろう）。また，そのような危なっかしい医療（？）が提供されれば，たとえば感染症の蔓延を許すなど，国全体の公衆衛生の悪化も懸念される。

したがって，現代の多くの国々と同じく日本でも，私たちの健康を守るため，医療関係者に関する法を制定している。具体的には，「免許」制度を作り，国家試験を通過した有資格者のみに業務を独占させる（医師法第17条，歯科医師法第17条など）。また，後述するように，医療機関への受診を容易にするために，国家は保険制度等を整備してきたのである（本章第2節参照）。

こうした憲法と医療に関する法的な関係については，国家と国民との関係が直接出てこないため，少し分かりづらいかもしれない。この点については，菅野の図式（図8-1）が，みなさんの理解の助けとなるだろう。

応招義務と診療を受ける権利（？）

先ほど確認したように，医師に代表される医療関係者は，免許制度によって特権（業務独占）を与えられているわけだが，これはほかならぬ私たち国民の健康を守るために国家から特別に与えられたものである。それゆえ，医療関係者にはこの免許に基づく責務も課されている。

とりわけ，他の職業にはない特殊な責務として応招義務がある。正当な事由（正当事由）がない限り，医師は患者からの診療の求めを拒んではならない（医

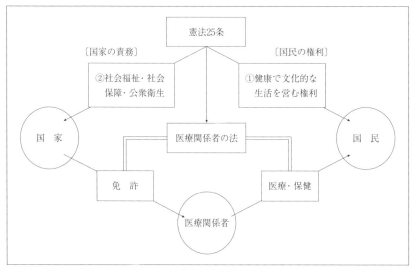

図8-1　憲法と医療関係者法の関係

出所：菅野耕毅『事例法学——憲法・民法・医事法入門』法学書院，2012年，194頁

師法第19条）。私たちが本当に必要なときに診療を受けられないのでは，健康を
維持することは難しいだろう。

　正当事由には，行政解釈で示されたものや裁判例で示されたものがある。た
とえば，診療報酬が不払いであることや診療時間外であることは，診療を拒否
する正当事由とはならないとされている（昭和24年9月10日医発第752号厚生省医
務局長通知）。一方，他の患者の治療中であったことが正当事由と認められた
ケース（名古屋地判1983（昭和58）年8月19日判例時報1104号107頁）もあるが，専
門外であることや満床であることが正当事由となるかについては裁判例が分か
れている（たとえば，満床が正当事由とならないとした例として，千葉地判1986（昭
和61）年7月25日判例時報1220号118頁）。医療関係者に厳しい義務が課されており，
なかなか患者の受け入れ拒否ができないことが，みなさんも想像できるだろう。

　さて，このような強力な日本の応招義務も，患者が医療機関に対して診療を
断られない「権利」とは考えられていない。応招義務の法的性格については諸
説あるが，一般的にはこれは公法上の義務，すなわち医師が国に対して負って
いる義務であるとされている。この考え方を推し進めれば，患者は，医師が国
に対して負っている義務から生じた，事実上・結果的に診療を断られることが

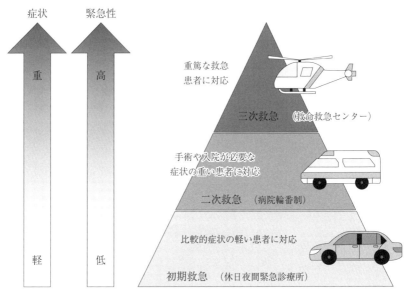

図 8-2　救急医療体制と休日夜間救急診療所の役割

出所：救急医療編～茨城県央地域定住自立圏共生ビジョン（http://www.city.naka.lg.jp/page/
page003415.html）

ないという「反射的利益」を享受しているにすぎないことになる。この説明は
少し難しいかもしれないが，ひとまず，医療機関に対して診療を求める直接的
な権利ではないことを確認しておけばよいだろう。

救急医療について

　とりわけ緊急事態に対応できる救急医療体制が整備されていることは，私た
ちの健康そして生命にとって重要なことである。冒頭の「Short Story」での
キョウカさんのお父さんのケースを思い出してほしい。救急車の到着・発車が
スムーズでなかったり，休日・夜間に患者を受け入れる医療機関がないとすれ
ば，助かる命も助からないかもしれない。

　救急医療については，医療法と消防法が関係している。もともと救急医療は，
災害や交通事故への対応として外科中心で整備が始まったものである。ところ
が，都市部への人口集中や核家族化，高齢化などを背景として，様々な患者の
受け入れが求められるようになってきた。そこで，厚生省（現厚生労働省）の

主導のもと，1970年代には夜間診療所の整備や，今日に至る三種類（初期，第
二次，第三次）の救急医療体制の整備が進められた（図 8 - 2 参照）。現在におい
ては，都道府県が「傷病者の搬送及び傷病者の受入れの実施に関する基準」を
定め（消防法第35条の 5 ），この実施基準に対応する形で受け入れ先の候補リス
トが作成されることとなっている。また，総務大臣および厚生労働大臣は，
「都道府県に対し，実施基準の策定又は変更に関し，必要な情報の提供，助言
その他の援助を行う」（同法第35条の 6 ）こととされている。ここでも，私たち
の健康を守るため，公衆衛生を向上させるために国が「責務」を果たすという
憲法第25条の理念が生かされていることが見て取れるだろう。

2　国民皆保険制度とその課題

日々を健康に過ごすために

　厚生労働省の統計（表 8 - 1 ）によれば，国民の平均寿命は年々長くなってお
り，2018年（平成30）には男性81.25歳，女性87.32歳に至っている。このよう
な長い時間を健康に過ごすには，生活資金があるだけでなく適切な医療を随時
受けられることが必要である（経済の問題については第10章参照）。

　高齢者ほどではないにしても，みなさんも時々は病院のお世話になることが
あるだろう。その際には，「Short Story」でイオリさんもそうしていたように，
窓口で保険証（健康保険被保険者証，国民健康保険被保険者証）を提示したのでは
ないだろうか。

　日本では，国民皆がなんらかの保険に入っていて全国どこの保険医療機関で
あっても，保険証の提示により一部負担金（多くの場合 3 割）を負担するだけで，
医療を受けること（療養の給付）が可能である。残りのお金（診療報酬）は，み
なさんがそれぞれ加入している医療保険から支払われるという仕組みになって
いる（図 8 - 3 ）。なお，ここには国や自治体からの公費からも，一部負担がさ
れていることも確認しておこう（図 8 - 4 ）。

政治と保険制度と健康と

　もちろん，このような国民皆保険制度が昔からあったわけではない。

　日本では，1961年（昭和36）に国民皆年金制度と併せて国民皆保険制度が実

表8-1　平均寿命の年次推移　(年)

和暦	男	女	男女差
昭和22	50.06	53.96	3.90
25〜27	59.57	62.97	3.40
30	63.60	67.75	4.15
35	65.32	70.19	4.87
40	67.74	72.92	5.18
45	69.31	74.66	5.35
50	71.73	76.89	5.16
55	73.35	78.76	5.41
60	74.78	80.48	5.70
平成2	75.92	81.90	5.98
7	76.38	82.85	6.47
12	77.72	84.60	6.88
17	78.56	85.52	6.96
22	79.55	86.30	6.75
27	80.75	86.99	6.24
28	80.98	87.14	6.16
29	81.09	87.26	6.17
30	81.25	87.32	6.06

注：1)　平成27年以前は完全生命表による。
　　2)　昭和45年以前は，沖縄県を除く値である。
出所：厚生労働省「平成30年簡易生命表の概況」2
　　　頁（https://www.mhlw.go.jp/toukei/ saikin/
　　　hw/life/life18/dl/life18-15.pdf）

施された。1955年（昭和30）に自由党と日本民主党の保守合同により誕生した自由民主党は，冷戦下で保守政権の存続を図るという目論見もあって，当時の人口の40％を占めていた第一次産業従事者に年金を適用する「国民皆年金」制度の政策を打ち出した。この話が厚生省に降りてきた際に，同省の側から，それならば年金だけでなく健康保険も皆保険にしてはどうかと提案があったと言われている。当時既に公務員と大企業の従業員が加入していた健康保険制度に加えて，個人事業主や農業従事者などが加入できる「国民健康保険」制度を作ることで，国民皆保険が達成できると見積もられたのだ（水野 1996：49-54）。そして実際に，アジアでは初めて，日本は国民皆保険（そして国民皆年金）の制度を持つ国になることができた。

　このような国民皆保険制度があることは，お金がないからと受診を控えることがなくなり，結果として私たちの健康を守る効果があるだろう（一方で，医

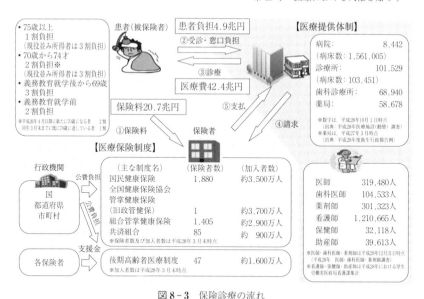

図 8 - 3 保険診療の流れ

出所：厚生労働省「我が国の保険診療について」（https://www.mhlw.go.jp/stf/seisakunitsuite/bunya/kenkou_iryou/iryouhoken/iryouhoken01/index.html）

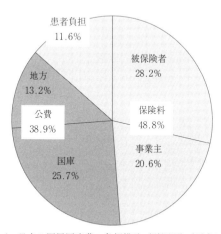

図 8 - 4 日本の国民医療費の負担構造（財源別）（平成27年度）

出所：厚生労働省「我が国の保険診療について」
（https://www.mhlw.go.jp/stf/seisakunitsuite/
bunya/kenkou_iryou/iryouhoken/iryouhoken
01/index.html）

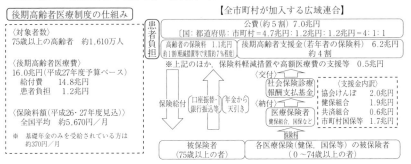

図 8-5　高齢者医療制度の仕組み

出所：厚生労働省「後期高齢者医療制度について」(https://www.mhlw.go.jp/bunya/shakai
hosho/iryouseido01/info02d-35.html)

療機関側から見れば，病院の経営を安定化させることにつながる）。

この先も安心は続くか

　しかし，この国民皆保険制度の維持が難しくなっている。医療費増大に制度が耐えきれなくなっている。最近，そんなニュースを耳にしたことはないだろうか。

　その要因は，医療高度化と高齢化の 2 つである。このうち，医療の高度化については，ある程度は対応可能かもしれない。日本では，保険診療を行う際の費用については，この手術はいくらこの薬はいくらと点数化して公定するシステムがある。たとえば，医薬品価格を抑えるなどの手法で，一定程度医療費の圧縮が試みられている。

　しかし，高齢化についてはそう簡単に対処できるものではない。2008年（平成20）からは，75歳以上を（原則として）対象にして，都道府県ごとに広域連合が運営主体（保険者）となる「後期高齢者（長寿）医療制度」を創設するなどして，国民皆で支え合うシステムの構築が進められてきた（図8-5）。それだけでなく，医療費の一部負担の割合を変更して，高齢者にも負担をお願いするよ

図 8-6　医療費の一部負担（自己負担）割合

出所：厚生労働省「医療費の自己負担」（https://www.mhlw.go.jp/bunya/
shakaihosho/iryouseido01/info02d-37.html）

うにしたり（図 8-6），自己負担額に上限を設ける「高額療養費制度」の見直
しを行っている。

私たちはどこまで支え合うべきか

　少子高齢化の中では，高齢者が社会保障（医療，年金，介護……）を多く受益
する一方で，現役世代は負担が増大しているように見える。先に見たように，
日本の健康保険制度は私たちが積み立てる掛け金だけで運用しているわけでは
なく，そこには公費が大きく投入されている。つまり，仕事を持っている現役
世代が納める税金からも，医療費にたくさんのお金が注ぎ込まれている。した
がって，なおさら現役世代の負担は大きいように思われる。

　さて，このような中で，私たちはどこまでお互いを支え合うべきか。将来に
渡ってこの制度を維持すべきなのか。これは，環境問題などと並んで世代間倫
理の難問の 1 つだろう。一方で，世代間といういわば縦関係の問題だけでなく，
国際的に人々の健康（ひいては健康への「権利」）をどう保障すべきかというすな
わち横関係の問題群も，現代社会においては生じている（外国人の人権について
は，第 6 章参照）。

　法務省の資料によれば，2018年（平成30）末における在留外国人は，273万
1093人となっている（法務省「平成30年末現在における在留外国人数について」，
http://www.moj.go.jp/nyuukokukanri/kouhou/nyuukokukanri04_00081.html）。また，
総務省の統計では，2019年（平成31）1 月 1 日時点での日本の人口は 1 億2631

万人であるから，単純に計算しても人口の２％程度は外国籍の人ということになる（総務省「人口推計　令和元年６月報（平成31年１月確定値，令和元年６月概算値）」，https://www.stat.go.jp/data/jinsui/pdf/201906.pdf）。

　ところで，これまで保険料を払っていなかった外国人が，日本の保険制度をどんどん利用し始めるとどうなるだろうか。近年に至って，抜け穴的手法で日本の保険制度を利用する外国人があることが報道された（たとえば，NHK クローズアップ現代「日本の保険証が狙われる～外国人急増の陰で～」2018年７月23日放送，https://www.nhk.or.jp/gendai/articles/4162/index.html）。報道によれば，海外に住む家族と扶養関係があると偽り，治療目的で日本に呼び寄せて保険証を取得させるケースなどがあるようだ。こうした事態はまだそう多くはないとはいえ，近年外国人労働力の受け入れを進めている日本政府としては医療費増加につながりかねない無視できない問題だろう。また，まともに保険料を支払っている方の不満が高まれば，制度そのものの信頼性も揺らぐ。そこで，2019年（令和元）７月に法改正が行われ，被扶養者の要件に原則として日本国内に居住することが追加された（2020年４月施行）。

外国人の生存権保障

　このような法改正については，賛否両論あるだろう。人権論としてはどうか。これまで，憲法学の通説や判例は，社会権は国があって初めて実現可能な権利（後国家的権利）であるから，憲法第25条（生存権）に代表される外国人の社会権保障については，彼／彼女らが属するそれぞれの国が行うべきと考えてきた。しかし，一方で，社会権は固有の権利であり，少なくとも定住外国人などには認めるべきとする学説も，近年では有力に展開されている。

　裁判例としては，緊急の医療扶助が問題となった事件が参考となるだろう（外国人医療費事件：神戸地判1995年（平成７）６月19日判例地方自治139号58頁）。

　1990年（平成２）３月，スリランカ人の語学留学生がくも膜下出血で倒れ，神戸大学医学部付属病院で手術を受けた。手術は成功したものの医療費の支払いができず，友人らが福祉事務所を通じて，生活保護法の医療扶助を神戸市に対して申請した。神戸市は人道上の配慮などから特例として給付を認めたので，生活保護法第75条第１項によって「市町村及び都道府県が支弁した保護費，保護施設事務費及び委託事務費の四分の三」を国が負担することになるはずだっ

た。しかし、国（厚生省）は神戸市に対してこの支払いを拒否した。理由は、生活保護法を準用する外国人の範囲は在日韓国・朝鮮人などの定住者、永住者に限られるというものだった。そこで、教会関係者や市民活動家などの神戸市民が原告となって、住民監査請求の後に国に対して（神戸市への）支払いを求めて訴えた。

神戸地裁は、訴えが不適法であるとして訴えを退けた（いわゆる門前払い判決）。また、生活保護法が対象を「国民」としている以上、外国人には具体的権利はない旨を確認する一方、緊急的な治療については公費で対応できるように措置を講ずることが望ましく、「特に、重大な傷病への緊急治療は、生命そのものに対する救済措置であるから、国籍や在留資格にかかわらず、このことが強く妥当する」ことを示した。

しかし、救急医療のような命に直接関わることが多いものまで立法者の裁量が広く認められるとは、なかなか考えにくい。一応、救急医療については、前節で採り上げた応招義務（医師法第19条）があるので、事実上外国人の受診が拒否されることはないと裁判所は見たのかもしれない。ただ、そのようにして民間病院の救急受入れに期待するばかりで、国が何の負担もしないという結論に至るのであれば、これにもまた批判があるだろう。

これまで見てきたように私たちの健康を守る諸制度の整備は、日本を取り巻く政治的また経済的状況、そして私たちの政治的選択と関わりがある。しかし、社会保障制度をどう設計すべきかについては、憲法は具体的なことを何も述べていない。では、どのような制度を設計しても自由か、極端な話、医療に関して国家が手を引いてしまっても構わないのか。憲法第25条の趣旨を踏まえるならば、そうはいかない。この点、憲法上要請されるわけではないとしても、ある制度を一度設立したのであれば、その制度に基づく給付を引下げるような制度後退や制度廃止は許されないとする考え方（制度後退禁止原則）が参考になる。このような考え方に立つ論者は、政府がいったん具体化した給付等の水準を低下する場合には、なぜそれが正当化されるのか、政府の側に論証の責任を求める。ここでは（法令による）制度そのものの後退のみならず、制度の適用についても説明が求められるだろう。

なお、本件では留学生は治療を受けて帰国することができた。上記訴訟は、直接的には医療費支払いについて住民と国とが争ったというものだった。しか

し，この留学生にとっては，治療を受けることが人権であるのかどうかといった理論やお金の出所がどこかという話よりも，実際に治療を受けられる（受けられた）という事実が意味のあることだっただろう。

医療情報について

　さて，みなさんの健康を支えるため，医療者の育成，医療機器・医薬品の開発や国民への健康指導等がこれまで行われてきた。そのために，みなさんが医療機関にかかった際のカルテ等の情報や健康診断のデータの活用の必要性がこれまでにも説かれてきた（コラム8参照）。近年は，私たち一人ひとりの医療情報を収集・加工し，ビッグ・データとして利活用することによって，研究開発を活性化させようという動きが強まっている。もっとも，個人情報の中でも病歴等はとくに配慮を要するセンシティブ情報であるとして，特別の配慮を要すると（憲法学の世界でも）されてきたところである（プライバシー権については序章を参照）。

　2018年（平成30）5月に施行された「次世代医療基盤法」では，主務府省（内閣府，文部科学省，厚生労働省および経済産業省）によって認定された事業者によって，個人が特定できない形に加工された匿名加工医療情報を利活用することで，「患者に最適な医療の提供」や「新産業の創出」を目指している。また，2019年（令和元）末からの新型コロナウイルス感染症（COVID-19）の流行に対応するため，2020年（令和2）6月19日より厚生労働省は新型コロナウイルス感染症接触確認アプリ（COCOA）の配布を開始した。ここでも，電話番号や位置情報など個人を特定する情報を収集しない，厚生労働省の通知サーバーにもPCR検査の陽性者と接触者の関係が分かる個人情報は収集しない，記録が14日で廃棄される等の配慮が払われている。一方で，諸外国のアプリの中にはより強力に位置情報の追跡が可能なものであるとか，電話番号等の情報も収集するものもある。情報が足りなければ感染症対策として有効に機能しない可能性もあるだろう。個人情報やプライバシーの保護をどこまで確保するかどこまでその社会では重視するのか，（その時の感染拡大状況にも依るであろうが）各国で判断が分かれている。

　上述のように，国民の医療情報を利活用するのは，大学等の研究機関や私企業であることも多いが，政府がそれを主導していることも少なくない。そこに

コラム8　健康権

　かつて1970年代には，「健康権」が憲法の基本的権利である（第25条に由来する）などと主張されることがあった。その問題意識は現代にも通じるところがある。

　当時，(1)公害などの人工的環境における健康被害が社会問題となっていた。また，生活習慣病などはそもそも，治療が必要にならないように予防が大事である。そこで，(2)民間の医療機関が中心として行う治療と，国や自治体など公的機関が行う公衆衛生（予防）とを統合する必要性が指摘されていた。それだけでなく，(3)医療のシステム化も懸念されていた。健康は国民個々人にとって大切だが，一方で，国家にとっても大きな関心事である。たとえば，感染症が蔓延すれば，私たちの健康が損なわれるだけでなく，国力の減退や医療費の増大につながりかねない。効率的な医療，全体の健康水準の向上，さらには医療の産業化を図ることを国家が重視するあまり，国民一人ひとりの健康がないがしろにされるのではないか。このような危惧があった。

　近年，政府は医療を経済成長の柱とすべく，国民の医療情報などを産業利用可能とするように法整備を進めてきた。健康権の(3)の意味を再び考える時期なのかもしれない。

は，情報を提供した私たちの直接の利益になるものもあれば，そうではないもの（他者，将来世代の人々や営利企業等）の利益につながるものもある。どのような情報収集・加工がされどう利活用されるのか，国民の目で政府の動向を注視していく必要があるだろう。

3　医療における選択と人権

いつか来る最期のときに

　これを読んでいるあなたが高度な AI を積んだロボットでもない限り，いつかはその生を終える時が来るはずである（ロボットであってもいずれは廃棄物になる）。その時に，どのような最期を迎えるか。若いみなさんはなかなか興味が湧かないかもしれない。しかし，日本が高齢化社会を突き進む中，この種の話題はありとあらゆるところで見かけるようになってきた。たとえば，どこまで治療を続けてほしいか，どこで亡くなりたいか，遺産をどうするか，墓を準備

図8-7　厚生労働省「ACP 普及・啓発
　　　　リーフレット」

出所：厚生労働省「ACP 普及・啓発リーフレッ
　　　ト」（https://www.mhlw.go.jp/content/000
　　　502319.pdf）

するかあるいはしないのか。世間で
は「終活」という言葉も各種メディ
アに登場し，行政書士や司法書士な
どによる終活セミナーも活況である
と伺う。

　しかしながら，事前にこうした準
備を済ませている人は，まだまだ多
くはない。事故や天災のように，不
幸，不運なことは突然やってくるも
のである。「Short Story」に登場す
るキョウカさんだって，まさか自分
がこんな目に遭うとは思ってはいな
かっただろう。「命の危険が迫った
状態になると，約70％の方が医療・
ケアなどを自分で決めたり，望みを
人に伝えたりすることができなくな
る」と言われているなか，2018年
（平成30）より，厚生労働省も「人生
会議」＝アドバンスド・ケア・プラ
ンニング（Advanced Care Planning : ACP）を推奨してきた。ACP では，「自ら
が望む人生の最終段階における医療・ケア」について，医療や看護，介護など
に関わる専門家や信頼できる人と前もって話し合い，自分の意向を皆と共有す
る。そうすることで，もしもの時に，本人や家族に適切な情報や説明がなされ
ることを期待するのである（図8-7）。

医療におけるパターナリズムと自己決定権

　こうした医療の現場における決定について，患者の自己決定権という言葉が
しばしば語られることがある。医療現場では，検査や問診を経て疾患の状況を
確認し，リスク／ベネフィットを勘案した上で治療方針（あるいは治療しない方
針）を「決定」していくということが，日常的に行われている。その際に，医
師主導で「あなたのためだから，あなたの意向とは関係なくこの手術を行いま

すね」などと，治療方針を決定するようなことがあればどうだろうか。このように，医療の専門家である医師が，後見的な立場でアドバイスをしたり，時には本人の意向を踏まえない治療を行うことは，パターナリズムの1つの表れであると言える。パターナリズムとは，父権的温情主義などと訳されることもある通り，父が子に「よかれと思って」やるような行為，優位な者が劣位な者に対して採る介入や支援のことを指す。

　ここで，いやいやそんなことは起こらない，勝手に医師が決めるなんてあり得ないと考える方もあるかもしれない。しかし，かつては「がんの告知」すら，（不安を与えないようになどの配慮もあって）患者に直接すべきではないと言われていた時代もあったのである。ここで実際には，手術をするのか，抗がん剤や放射線治療を試すのか。がん免疫療法はどうなのか。もう治療は行わないという選択肢すらもあるだろう。そして現代では，医師から治療法それぞれのリスク／ベネフィットが十分に説明された上で，治療方針は患者自身が自分で決定すべきだ（つまり，インフォームド・コンセントを徹底すべき），そのような考え方が強まってきた。このように，医療において「自己決定権」という言葉は，医師のパターナリズムに対抗する文脈で叫ばれるようになった。

医療における自己決定権と憲法上の自己決定権

　ところで，注意したいのは，医療における自己決定権の法的性格である。日本において自己決定権という言葉は，民法・法社会学者の山田卓生がアメリカの議論を紹介することで広まってきた。そこでは J. S. ミルを引き合いに，自己決定権について，「他人に危害や迷惑をおよぼさないかぎり，どんな行為も許されるが，他人に危害をおよぼす行為は禁止される」ものとして，たとえば，ヘルメットやシートベルトの着用を公権力は強制してよいのか，中絶に対する法的規制はどうかといった問題が論じられていた。また，医療の問題についても，安楽死や輸血拒否の問題などが取り上げられていたのである。

　さて，公権力が私的な事項に干渉することがどこまで許されるのか。こうした問題意識は憲法学者も当然に抱くものである。憲法学者の佐藤幸治は，「個人は，一定の個人的事柄について公権力から干渉されることなく，自ら決定することができる権利を有する」として，このような自己決定権が憲法第13条の「幸福追求権」の一部を構成すると説明している。ここで，憲法第13条を確認

してほしい。条文には「すべて国民は，個人として尊重される。生命，自由及び幸福追求に対する国民の権利については，公共の福祉に反しない限り，立法その他の国政の上で，最大の尊重を必要とする」とある。みなさんは，自己決定権という文言がどこにも載っていないことが確認できるはずだ。それでもなお，自己決定権は憲法上の人権として保障されるべきと，憲法学者は考えているわけである。

　さて，ここでいう「一定の個人的事項」には，家族の形成・維持に関する事柄やリプロダクションに関わる権利のほか「自己の生命・身体の処分」が含まれると理解されている。この「自己の生命・身体の処分」は，国家権力による恣意的な生命・身体の自由の剝奪からの保障に主眼が置かれていた。たとえば，優生思想に基づく強制的な断種などを思い浮かべれば，イメージしやすいだろう。日本でも，旧優生保護法下で強制的に不妊手術を受けた人が，国会の立法不作為などを理由に損害賠償を求めた事案がある（仙台地判2019（令和元）年5月28日判例タイムズ1461号153頁）。仙台地裁は，リプロダクティブ権に触れた上で旧優生保護法の規定が憲法第13条に反することは確認したものの，損害賠償にかかる訴え自体は棄却した。

　近年は，この「一定の個人的事項」に，個人の自己決定の文脈での生命・身体の自由の問題が論じられるようになっている。具体的には，尊厳死・安楽死，脳死などやインフォームド・コンセントの問題まで，憲法上の自己決定権の問題として語られるようになってきた。注意が必要なのは，回復不可能な患者の最期の「延命治療拒否」の問題はともかくとして，一般的な「死ぬ権利」や「自殺する権利」のような自己破壊的な権利までは，憲法学者の多くはこれを肯定していないということである。憲法は私たちがよりよく生きるために人権を保障している。そのような面を考慮すれば，生を否定するような権利を正面から認めることには慎重な立場を取らざるを得ない。

エホバの証人無断輸血事件
　一方で，裁判所は医療における自己決定権の問題についてどう考えているのか。有名な判例を確認してみよう。

　エホバの証人は，宗教的教義から輸血を拒否している。信者であるその女性は，肝臓がんに侵されていた。彼女は，無輸血での施術を希望して医療機関を

探したところ，東京大学医科学研究所付属病院（医科研）でそれが可能であると知った。女性は1992年（平成 4 ） 8 月に医科研に入院して，A医師に輸血拒否の意思を伝えた。そればかりでなく，仮に輸血をしなかった結果いかなる事態になろうとも，医師の責任を追及しない旨の署名入りの文章まで，息子を通じてA医師に手渡していた。ただ実際には，医科研は，エホバの証人について，輸血拒否の意思を尊重してできる限り輸血しないこととするが，輸血以外には救命手段がない事態に至った時は，患者およびその家族の諾否にかかわらず輸血する方針（本件方針）を取っていた。

　しかし，A医師らは本件方針を知らせれば治療拒否すらされかねないと思い，女性にこの方針を知らせなかった。同年 9 月，A医師らは女性の手術を実施した。この手術自体はおおむね成功したが，後に手術中に女性や家族に内緒で輸血を行ったことが判明した。そこで女性は，国や担当医師Aらを相手に，債務不履行や不法行為を理由として損害賠償請求訴訟を起こした。原告である女性は，患者としての自己決定権（憲法第13条）や信教の自由（同第20条）の侵害を訴えた（女性は訴訟継続中に死亡したため，夫・子が訴訟を承継した）。裁判は最高裁まで争われた（最判2000（平成12）年 2 月29日民集54巻 2 号582頁）。

　同事件において高裁では，医師が手術を行うにあたって患者の同意が必要であることついて，「この同意は，各個人が有する自己の人生のあり方（ライフスタイル）は自らが決定することができるという自己決定権に由来するものである」としていた（東京高判1998（平成10）年 2 月 9 日高民集51巻 1 号 1 頁）。一方で最高裁は，患者が輸血を伴う医療行為を拒否することは「自己の宗教上の信念に反するとして，輸血を伴う医療行為を拒否するとの明確な意思を有している場合，このような意思決定をする権利は，人格権の一内容として尊重されなければならない」と判断した。その上で，手術の際にA医師らが本件方針について説明を怠ったことが，「意思決定をする権利」を奪ったとして，精神的損害について賠償を命じた。

　ここで少し確認してほしい。最高裁は，高裁がしたような広範な自己決定権論を採らないばかりか，自己決定権の文言を使ってもいない。ただ，「宗教上の信念」に基づく「輸血を伴う医療行為」について，その意思決定については「人格権の一内容」が保障されるべきだと述べているのである。そうであるから，救命のための医師のパターナリズム的介入に対しても，宗教的教義に基づ

く輸血拒否を行う意思決定をする権利が優先することがある。そのことを示しているに留まる。狭い範囲ではあるが，最高裁がこう判断したことは重要である。

　一方で，たとえば，宗教上の理由以外の拒否についてはどう扱われるのか。仮に輸血を拒止した場合に重篤な結果が生じた場合には，医師の責任は問われるのか。緊急の場合に輸血することまで法的に違法となるのか。判決では何も触れられていない。これらについては，最高裁はこうした問題には未だ回答をしていないと考えるのが妥当である。なお，調査官解説は，最高裁の判断の射程について「本件の事実関係を前提とした事例判断」として，狭く捉えている。

自己決定権論の限界

　さて，自己決定権の限界の問題として，意思能力が無いあるいは不十分な者の問題がある。たとえば，未成年者や認知症を患った高齢者をイメージしてみよう。自己決定権というからには，その決定は本人が行うことが大前提にある。したがって，他者が代わりに判断すること（代行判断）をも含めて自己決定権というのは，語弊があるだろう。本人のために「よかれと思って」意思表示を支援することも，それがパターナリズムに陥らないとも限らないのである。

　先に紹介したように，国（厚生労働省）は ACP を推奨している。これは2018年（平成30）に改訂した「人生の最終段階における医療・ケアの決定プロセスに関するガイドライン」を受けたものである。同ガイドラインは，いわゆる終末期の医療・ケアに関して，(1)本人の意思が確認できる場合と(2)本人の意思が確認できない場合とに分けて述べている。(1)本人の意思が確認できる場合は，「本人による意思決定を基本とし，多専門職種から構成される医療・ケアチームとして方針の決定を行う」。一方，(2)本人の意思が確認できない場合は，「本人にとって何が最善であるかについて，本人に代わる者として家族等と十分に話し合い，本人にとっての最善の方針をとることを基本とする」とした上で，さらに「家族等がいない場合及び家族等が判断を医療・ケアチームに委ねる場合には，本人にとっての最善の方針をとることを基本とする」としている。

　本人の判断ではなく他者の判断に委ねることも許容する(2)については，批判もある。また，(2)のようなケースまで自己決定権と結び付けて理解することは適切でも必要でもないように思われる。そもそも，ガイドライン自体は，「自

己決定」の語を使用していない（なお，同ガイドラインでは，生命を短縮させる意図を持つ積極的安楽死は対象とされていない）。実際には，(2)のような対応が現場の判断として必要なこともあるだろう。しかし，そうしたものまで法的な権利（とくに憲法上の人権）の話と接合させる立論には注意が必要である。

　医療における人権の問題としては，国民の健康を守る制度に関する問題が，憲法第25条との関係で現れることがある。実際の制度の整備に関しては，立法府（国会）の裁量によるところが大きいと言わざるを得ない。しかし，生命に対する権利（憲法第13条）が不当に奪われないよう，私たちは政治の動向に常に関心を払い，時に声を上げることも必要である。

　また，憲法上の自己決定権（憲法第13条）が医療における（治療法などの）決定の場面で語られることもある。しかし，直接に憲法上の自己決定権が医療の現場に登場することは，そう多くはない。たとえば，患者が自分の意向を医師に伝えたにもかかわらず異なった治療方法が採られたといったケースなどは，憲法上の人権の話を持ち出すまでもなく，そのほとんどは民事的な問題として（民法の枠組みで）法的に処理できるはずである。

　本書は人権論の教科書であるが，個々の医療の問題に対して安易に憲法上の人権を持ち出すことの危うさ，人権（に関わる諸権利）の実現と政治との関係などにも，みなさんが目を向けていただければ幸いである。

参考文献

青井未帆「憲法13条に違反するが，『救済』されないのは仕方ない」が意味すること――仙台地判2019（令和元）年5月28日」『法学セミナー』775号，2019年。
菅野耕毅『事例法学――憲法・民法・医事法入門』法学書院，2012年。
佐藤幸治「日本国憲法と「自己決定権」――その根拠と性質をめぐって」『法学教室』98号，1988年。
佐藤幸治『日本国憲法論』弘文堂，2011年。
高井裕之「憲法と医事法との関係についての覚書」米沢広一ほか『佐藤幸治先生還暦記念　現代立憲主義と司法権』青林書院，1998年。
千葉華月「尊厳死」甲斐克則編『ブリッジブック医事法［第2版］』信山社，2018年。
丸茂裕和『わが国救急医療体制の歩み」『日本救急医学会雑誌』11巻7号，2000年。
水野肇『誰も書かなかった厚生省』草思社，2005年。

山田卓生『私事と自己決定』日本評論社，1987年。

　　さらに読み進めたい人のために

手嶋豊『医事法入門［第5版］』有斐閣，2018年。
　＊医療に関する技術は日々進歩し，法的にも様々な問題が出現している。アップデー
　　トが随時行われている本書は，この分野の学習者にとっての最初の1冊として最適
　　である。
菅野耕毅『事例法学——憲法・民法・医事法入門』法学書院，2012年。
　＊医療・福祉系の学生に向けた法学入門のテキスト。内容が正確であることはもちろ
　　ん，基礎的な理論から分かりやすく解説している。
棟居快行『憲法フィールドノート［第3版］』日本評論社，2006年。
　＊本章で紹介した，外国人医療費事件およびエホバの証人無断輸血事件について，事
　　件の概要や裁判所の判断，憲法上の論点と考え方などがまとめられている。他の章
　　も学生のみなさんの興味を惹くテーマが扱われており，とっつきやすい一冊。
大林啓吾・見平典編『憲法用語の源泉をよむ』三省堂，2016年。
　＊教科書でよく見かける用語が，歴史的展開を踏まえて解説されており，自己学習に
　　たいへん役立つ。「自己決定権」については，アメリカとドイツでの判例・学説の
　　状況や，日本での展開が紹介されている。

（宍戸圭介）

第9章
ハラスメントを考えよう
──加害者・被害者・傍観者にならないために──

┌─ Short Story ─

　イオリさんが受験勉強を本格的に始めた動機は，大学を卒業して営業職で張り切って働く姉の姿に触発されていたからでした。自分も在学中に多くの資格を取得し，卒業後はその資格を活用してキャリアを積み，多くの人の役に立つ仕事で活躍することを思い描いていました。しかし，姉は就職後の職場で「嫌がらせ」や「いじめ」にあって，その対応に疲れてしまい，充分に能力を発揮できないまま退職しました。イオリさんが人権について学ぶ「人権論」を選択したことの理由の1つにはそのことがあったのです。

　さて，イオリさんの周辺でも，友達同士で「そんなことをするとセクハラだよ」とか，サークル内での後輩への指導で「そんな言い方をするとパワハラを受けたといわれるよ」という会話をよく耳にします。でもイオリさん自身は，友達や後輩達に対してしたりされたりしている言動がハラスメントに該当するのかどうかがよく分かりません。

　また，イオリさんは，先日，サークルの先輩から，就職活動の中で「就活セクハラ」に遭い，その企業の内定を辞退したということを聞きました。新聞報道によると，国際労働機関（ILO）は，職場でのハラスメントをなくすため，労働者の概念に就職希望者も含めて守るための条約を制定する方針が決まっているとのことでした。イオリさんは，身近な大学でのハラスメントを解消させることを目指して自分にできることは何かと模索をしつつ，人権の大切さを学び，世界の人権運動の動きにも関心を持ち続けていこうとの思いを強めました。

　大学生として安全で安心のできる快適な環境で勉強や研究に専念し，充実した学校生活を送るためには広範な人間関係が必要です。そのためには，相互に相手の立場を尊重し，自由で対等な人間関係でなければなりません。そのような大学生活を送るためには，ハラスメントをしない，させない，傍観しないことが必要です。そのためには，ハラスメントを理解し，ハラスメントのない大学環境にするためには何が必要なのか，考え行動していかなければなりません。

　そこでイオリさんは，日常会話の中に普通に登場する「harassment」の意味を辞書で調べたり，インターネットを活用して，ハラスメントという用語の発生の歴史的な経緯や定義を調べることから始めることにしました。

1　ハラスメントとは

ハラスメントの定義

　ハラスメント「harassument」を英和辞書で引いてみると「嫌がらせ」との訳語が出てくる。しかしこれは，いろんな場面で，単に相手の嫌がることをわざわざ発言したり行動することだけを意味するのではない。背景には，他者に対する優越的地位（教員と学生，部活動における先輩・後輩，多数の男子学生と少数の女子学生，多数の日本人学生と少数の留学生）や職務上の地位（上司と部下）等の権力関係を利用した言動により，相手の意に反して不快にさせたり，その尊厳を傷つけたり，苦痛や不利益を与えたり，脅威を与えるというような，相手が望まないことを強いる人権侵害をいう。しかも，言動を行った本人の意図とは無関係であるということをまず理解する必要がある。

ハラスメントの認識の拡大と法整備

⑴アメリカの場合

　1970年代のアメリカにおける公民権運動の高揚の中で生まれてきたと言われている。この背景には女性の職場進出の拡大に伴い，職場における上司が部下の女性に対して「不快な性的言動」や「性的な関係」を迫ったりすることが頻発し，それを拒否するとその報復として様々な嫌がらせや解雇するという卑劣な行為が多発した。これに対し女性たちは，「1964年公民権法第7編」に違反すると主張して訴訟を提起した。アメリカの裁判所はその主張を認めようとし

なかったが，「セクシャル・ハラスメント」（セクハラ）裁判が多発することにより，ついに「1964年公民権法第7編」の適用を認め，「セクシャル・ハラスメント」は単なる男女間の個人的な事柄ではなく，企業の雇用における性差別であり企業の責任を認定し，法的な救済を行うべき人権侵害であるという概念が確立し，社会問題として認識されるようになったのである。

(2)日本の場合

日本では，ハラスメントの語彙に対して同意語的に長らくセクハラが用語として用いられてきた。辞書においてもセクハラの項が先に登場した。

1989年（平成元），女性従業員が職場での性的な誹謗中傷を受けたのち，会社から「明日から来るな」と告げられ，事実上の解雇に追い込まれた。女性従業員は「セクシャル・ハラスメント」であることを理由として，上司を相手として日本初の損害賠償請求を提訴した（福岡裁判）。このことがマスコミで報道され，これまで意図することなく行われてきた女性への言動が「セクシャル・ハラスメントとなるのか」ということが社会的な話題となった。

この裁判以前から「セクシャル・ハラスメント」は社会に実態として存在していたが，ほとんどが公の問題とされず，男女間の個人的問題として見過ごされ，時には被害者に責任があるかのように扱われてきていた。しかし，1989年に「セクシャル・ハラスメント」が新語・流行語大賞を受賞したことにより，一時的な「流行語」ではなく，広く社会に浸透し，用語は日常化し，社会問題として認識されるようになっていった。

福岡裁判から2年半後に出た判決は，女性従業員が全面勝訴し，セクハラを行った上司だけでなく，女性が働く会社にも環境調整を怠ったとして損害賠償が命じられた。

では，この判決以降，ハラスメントに対して日本の法律はどのように対処したのだろうか。

日本における法整備の変遷

ハラスメントが法的に最初に取り上げられたのは，1998年（平成10）の人事院規則である。これは各省庁の長に対し，職場における「セクシャル・ハラスメント」を防止するために必要な措置を講じるよう義務づけている。1999年（平成11）に「文部省におけるセクシャル・ハラスメントの防止等に関する規

定」の制定により，各大学に「セクシャル・ハラスメント」の防止への取り組みが求められ，防止のための啓発活動や冊子の作成がさかんに行われるようになった。

　1999年4月の男女雇用機会均等法の改正により，事業主に「セクシャル・ハラスメント」への防止と配慮義務が規定された。さらに，2006年（平成18）の改正では，それまでの「配慮義務」から，必ず会社が守らなければならない「措置義務」へと変わり，差別禁止が男女双方に拡大されたことで，男性もセクハラの被害対象に追加された。

世界の動き

　ヨーロッパでは，ハラスメントを国内法で禁止し，罰則を設けている国がある。スウェーデンでは，ハラスメントは差別であると規定し，職場で差別行為を行った場合は罰金を課す場合がある。フランスでは，職場において言語や態度によって従業員の権利や尊厳を傷つけた場合，身体的・精神的な健康を毀損した場合，さらに将来的なキャリアを危険にさらす行為を行った場合は最大約360万円の罰金や3年間の禁固刑を科されることになっている。

　2019年（令和元）6月21日，ILO は（国際労働機関）は，スイスのジュネーブで開いた総会において，職場でのセクハラやパワハラ等のハラスメントを全面的に禁止する条約を賛成439，反対7，棄権30（加盟国政府2票，労働組合・経営者団体各1票）という圧倒的多数で採択した。この背景には，性暴力やセクハラを告発する「Me Too」運動の世界的な拡大や，すべての人に対する暴力やハラスメントを許さない風潮の高まりがあったからである。

　この条約ではハラスメントについて「身体的，心理的，性的，経済的損害を引き起こす許容できない行為や暴力，その脅威」と定義して，法的に禁止するとし，適用対象は正規の従業員やインターンのほかに就活中の人も含まれるとしている。これはハラスメントをめぐる初の国際基準となり，ILO の187加盟国は批准した場合は条約に沿って国内に法を整備していくことが求められる。日本政府は批准については「国内法制の関係では禁止規定など，さらに検討すべき課題がある」と慎重な姿勢を示しており，使用者側を代表して出席した経団連（経営者団体連合会）は採決において棄権した。今後，国内法の整備をめぐって，ハラスメントの根絶につながるかが注目される。

表 9 - 1　大学におけるハラスメントの実態

頻度の高いセクハラ体験		最も不快だったアカハラ体験	
順位	内　　容	順位	内　　容
1 位	私生活の詮索	1 位	不十分な指導
2 位	年齢・容姿・服装の話題	2 位	指示内容を忘れたり，頻繁に変える
3 位	性的な話題を聞かされた	3 位	私生活の干渉
4 位	飲み会でのお酌等の強要	4 位	こなしきれない作業課題
5 位	性体験の話題	5 位	嘲笑・罵声・非難・叱責
6 位	飲み会での下品な行為	6 位	他の教員の悪口
7 位	女のくせに／男のくせに	7 位	学業等の不当な評価
8 位	性別による指導上の差別	8 位	事実無根の噂
9 位	交際の要求，ストーキング	9 位	長時間問い詰め，拘束
10位	身体への接触，抱きつき，キス	10位	机を叩く，物を投げる，大声で怒鳴る

出典：広島大学ハラスメント相談室 2014。

2　大学におけるハラスメント

キャンパス・ハラスメントの定義と種類

　大学で起こる「相手方の意思に反した不適切な言動をすることにより，相手方に不愉快や不利益を与える人権侵害行為であり，学習・研究又は労働の環境を悪化させる行為を広く指すもの」をキャンパス・ハラスメントと定義している。しかし，大学におけるハラスメントの実態について，その調査の必要性を認識されながらも積極的に行われていたわけではない。そのような中で，2013年（平成25）に広島大学が大学院生を対象に調査を行い，2014年に発表した調査報告書のなかに，「頻度の高いセクハラ体験」と「最も不快だったアカハラ体験」の報告がある（表9-1）。ここから，大学におけるハラスメントの実態の一端を見て取ることができる。

　大学におけるハラスメントについて，ここではセクシャル・ハラスメント（セクハラ），アカデミック・ハラスメント（アカハラ），パワー・ハラスメント（パワハラ）を中心に考えていくことにする。

セクシャル・ハラスメント（セクハラ）の定義と捉え方

　セクシャル・ハラスメント（以下，セクハラ）とは，文部科学省規程第2条1号

171

で「職員が他の職員，学生等及び関係者を不快にさせる性的な言動並びに学生等及び関係者が職員を不快にさせる性的な言動」と規定し，2号では「セクシャル・ハラスメントに起因する問題　セクシャル・ハラスメントのため職員の就労上または学生等の修学上の環境が害されること及びセクシャル・ハラスメントへの対応に起因して職員が就労上の又は学生等が修学上の不利益を受けること」と規定している。さらに「性的な言動とは，性的な関心や欲求に基づく言動をいい，性別により役割を分担すべきとする意識に基づく言動も含み，職場の内外を問わない」と補足して説明し，ジェンダー（gender 生物学的な性別＝sex ではなく，社会的・文化的につくられる性別のこと）に基づくハラスメントも含むと記述している。これは，セクハラの定義の範囲を最大限に拡大し，セクハラを予防しようとしているのである。

　セクハラであるか否かを見極めるポイントは，以下の3点である。

　⑴相手方が望まない言動である。相手方がその言動に対して屈辱感や不快感を感じれば，言動を行った本人の意図とは無関係にセクハラとなる。すなわち，相手方が嫌がれば「いじめ」であり，性暴力と言えるのである。

　⑵相手を性的に扱う言動を行うことである。すなわち性の対象とするということであり，身体に接触したり，卑猥な言葉を投げつけることだけではなく，女子学生に対して相手を褒める意味で「きれいな足をしてるね」と発言したとしても，それは学生としてではなく女性という性的な存在として扱ったことになり，セクハラとなる。また，コンパなどで女子学生だけに準備をさせたりお酌をさせることは，性的サービスを要求していることとなり，性別によって差別していることになるからである。また，「男だから○○べきだ」や「女だから○○はずだ」という観念を相手に押し付けることは，性別のみを基準として相手の個性や能力を無視していることであり，広義でのセクハラとなる。

　⑶地位の上下や権限の大小，人数の多少などという「権力関係」を利用して言動を行うことである。たとえば，大学教員は成績評価や単位認定の権限を独占しており，学生が教員に逆らうことは容易ではなく，教員の要求は学生にとっては命令となり，教員と学生の間の権力関係が成立する。また学生同士であっても，クラブ活動での先輩・後輩という関係も権力関係となりえるのである。また，学生が教員に対して性的嫌がらせをすれば，セクハラとなる。すなわち，同格であるかとか地位が下だからということを理由として，セクハラで

はないとは言えないのである。また，言動がセクハラであるか否かの判断のポイントは，行為者の認識ではなく，言動を受けた者が不快に感じたかどうかである。

セクハラの分類

文部科学省規程において，セクハラを環境型と対価型に分類している。

(1)まず環境型とは，「不快な性的言動によって職員の就労上または学生の修学上の環境が害されること」と規定し，相手方の望まない性的な性質の言動を行うことにより，相手方に屈辱感や不快感あるいは不安感を感じさせ，相手方の人格や個人としての尊厳を傷つけることである。また，性的な言動，性的な図画や文書等の掲示または提示により，安全で公平な教育環境を阻害したり，職員や学生の人格や個人の尊厳を傷つけることである。たとえば，授業中に卑猥な冗談を繰り返したり，部活動のコンパなどで隣に座ることや女性に酒を強要したり，食事準備や洗濯などを女性のみに担当させることなどである。この際，相手方との同意の有無は関係なく，結果として相手方が屈辱感や不安感，不快感を感じ，人格を傷つけられたと感じたならば，それは環境型セクハラである。この場合，多くの学生が平気であり，1人だけが感じていただけであっても，教育環境は悪化しているのであり，個人を基準にして判断することが重要である。

(2)対価型とは，文部科学省規定の「職員が認識すべき事項についての指針」で，「性的言動への拒否反応で職員が就労上または学生が修学上の不利益を受けること」であると規定している。たとえば，教員が刑法上の脅迫や強要などに該当するようなおどし文句を使わないが，権力関係を背景として，下位にある者に対して性的な発言や行為を強要し，相手が拒否すると，修学上の不利益な折扱いをするセクハラである。とくに，学生に不必要な個人指導を行ったり，指導を放棄したり，単位を与えない，就職活動に不利な扱いを行うなどは明らかな対価型セクハラ行為である。また，相手の身体に不必要に接触をしたり，食事やデートにしつこく誘ったり，性的な内容のメールを送りつけるなどは，対価型セクハラ行為となる。さらに，就職活動において，立場的に強い求人側の関係者が立場的に弱い求職者である学生に対して，性的行為や猥褻行為を強要することも対価型セクハラである。このような場合には，その根底にはパ

ワー・ハラスメントが存在していると言える。

就職活動とセクハラ

　日本労働組合総連合会（連合）が「仕事の世界におけるハラスメントに関する実態調査2019」を実施し，調査結果を発表（2019年5月28日）した。それによると，就職活動中にセクハラを受けたことがあると回答した人（88名）に，その内容を聞いたところ，「性的な冗談やからかい」（39.8％）が最も高く，次いで「性的な事実関係（性体験など）の質問」（23.9％），「食事やデートへの執拗な誘い」（20.5％）となり，採用面接やOB訪問などにおいて，性的なことを話題にされたというケースが少なくないようである。

　男女別にみると，女性では「性的な冗談やからかい」（36.6％）が最も高く，次いで，「食事やデートへの執拗な誘い」（29.3％），「必要ない身体への接触」（22.0％）となり，個人的な関係を持とうと繰り返し誘ってくる行為や，立場を利用して身体に触れてくる行為によって，就活中の女性が悩まされている実態が明らかとなった。

　では，就職活動中のセクシュアル・ハラスメントは誰から受けたのかを行為別にみてみると，「性的な冗談やからかい」といったハラスメントについては「人事担当者」（35人中12人が回答）から受けたとの回答が目立った。また，「食事やデートへの執拗な誘い」や「性的な関係の強要」といったハラスメントについては「OB・OG」（食事やデートへの執拗な誘いでは18人中7人が回答，性的な関係の強要では6人中4人が回答）から受けたとの回答が目立った。セクシュアル・ハラスメントを受けたことで，どのような生活上の変化があったか聞いたところ，「就職活動のやる気がなくなった」（37.5％）が最も高く，「就職活動を短期間休んだ」「就職活動を長期間休んだ」「人と会うのが怖くなった」（いずれも13.6％）が続いた。セクシュアル・ハラスメントが就職活動でのモチベーションや就職活動自体の継続意欲に影響を及ぼしていることが分かった。

加害者の法的責任

　セクハラという違法な行為をしてしまったことによる「責任」を負うことは当然だが，どのような責任を負うことになるのかは，セクハラ事件の程度，態様，悪質性によって，多種多様である。

(1)刑事責任として，暴行罪，傷害罪，強制わいせつ罪，名誉棄損罪，侮辱罪などが問われる可能性がある。

(2)民事責任として，不法行為による損害賠償や慰謝料の請求がなされる場合がある。

セクハラ防止対策

　セクハラについては，まず予防することが対策の基本となる。そのために，学生や教員一人ひとりが日常的にどのように意識をもって行動し対処するかということが大切である。

(1)加害者とならないためには，相手が嫌がっていることが分かったら，決して繰り返してはいけない。また，相手がいつも明確に拒否反応を示すとは限らないため，明確な意思表示がなくとも相手が不快感を示していると感じればただちに言動をやめ，謝罪を行うことである。とくに被害者は，上司や先輩に対して明白な拒否の態度はとりにくいことに留意しておかなければならない。

(2)被害者とならないためには，セクハラを無視したり，受け流したりしているだけでは状況は改善されない。嫌なことは相手に対して明確に伝えることが大切である。口頭で言いにくい場合は，電子メールや手紙を使用するという方法もある。また，1人で我慢することなく，身近な人やセクハラ相談員や相談室に相談することである。

(3)傍観者にならないためには，まずセクハラの言動を見かけたら，勇気を持って注意したり，被害者の相談にのったりすることが大切である。また，セクハラについて問題提起する人たちをトラブルメーカーとみたり，セクハラを当事者間の個人的な問題として片づけたり，ましてや誹謗や中傷をするようなことをしてはならない。

アカデミック・ハラスメント（アカハラ）の定義

　大学内において教員と学生の間で起きるハラスメントである。その要因として，大学という比較的閉鎖的な人間関係のもとで教育・研究が行われ，外部の目が届きにくいこともあるため，教育・研究上の優位な地位や権限を利用して，相手方の意思に反する不適当な言動により，相手方の研究あるいは学修等を行う権利や利益を不当（教育指導上必要な範囲を超えて）に侵害する人権侵害をい

う。アカハラはパワー・ハラスメント（パワハラ）の一種である。

　大学においては，教員から学生に対して教育や指導が行われる。その教育や指導をどのように受け取るか，またどのように行うかによって，アカハラになる場合もまたならない場合もある。アカハラについては，一般的なハラスメントのように意図的であるかどうかは関係がなく，客観的に正当性がないと判断された場合のみに成立し，不当であるかどうかがその判断の基準となるのである。言動の正当性の有無については，次に示す基準をもとに，客観的・総合的に判断することになる。

- 言動が感情的になっていないか。
- 言動が指導の範囲を超えていないか。
- 言動が高圧的ではないか。
- 指導の場は適切であったか。
- 日常的に教育環境であるという配慮があった。

　大学では教員から学生に対して，単位認定や卒業論文，研究などで直接関係するためアカハラが発生しやすいと言われている。そのため，指導する教員と指導される学生の間で日常的に適切なコミュニケーションがなされていることが必要である。

アカハラの事例

　アカハラは，行われる状況により多様であり，情況ごとに具体的な例を挙げて見ていくことにする。

⑴教職員から学生への学習に関してのアカハラ

　自分の立場や権力の濫用を行い，研究テーマを与えなかったり，実験器具やその他の研究に必要なものを与えない，または廃棄してしまう。これは，学校のいじめで上履きを捨てるのと似ている。また，授業中や研究の態度が悪いというような客観的に適正な理由がないにもかかわらず，研究室や教室への出入りを禁じる行為をする教員もいる。また，図書や文献資料，機器類を使用させないことで，研究活動を妨害することもある。

　大学では卒業や進級に単位がとても重要で，その単位の認定の権限を握って

いるのは学生よりも上の立場である教員である。その重要なものを正当な理由なく与えなかったり，判定基準を意図的に変更し進級・卒業をさせないことはまさしくハラスメントに該当する。また，単位を与えるという権限を持つという立場を濫用しているのでパワハラに該当する。さらには，留年や単位を与えない等の脅しを使い，単位を与える代わりにパシリ（「使い走り」の俗語。立場上強い者が立場の弱い者に不当な用事を命じること）のようなことを強要するケースもある。

　次は，研究における学生のアイデアや調査データの教員による盗用問題である。研究のアイデアや調査データはまだ世に出る前のものであり，盗用であることを立証することは難しい。それを利用して，教員が自分の研究に活かすことがある。これは盗用したことになる。盗用された学生は研究意欲が低下し，モチベーション低下を教員に知られてしまえばアカハラがよりひどくなることもある。また，論文等に加筆や訂正を少ししただけで教員自身の論文のように扱われることがある。しかし，単位の欲しい学生やこれから研究者としてやっていこうとしている若手にはそのような行為に何も言えず，ましてや拒否をすることができない状態になってしまい，泣き寝入りの状態となってしまうことがあるのである。

(2)言動としてのアカハラ

　この場合，学修成績も問題なく，学修・研究態度が良好であっても，教員が明確な理由を提示せずに留年や退学，卒業させないことを言い渡す場合があり，これは往々にみられるアカハラである。「才能がない」「バカだ」というような誹謗中傷するような批判の言動を伴って行われる。教員が学生の研究の手伝いがうまくいかないときによく行われるアカハラである。事実は，教員自身がそもそもちゃんと指導ができていないことがほとんどのようである。さらに学生の些細なミスを大きな声で叱責したり，暴言を繰り返すことで人格否定を行うこともアカハラである。また，恋人の有無や家族構成などをしつこく聞くなどプライバシーの侵害もアカハラとなる。一方，学生が学修成績や評価をめぐって教員に対して暴言を吐くことがあるが，これもアカハラと同様になるハラスメントである。

アカハラ対策

　大学もハラスメントを厳しく監視している。アカハラを受けていると感じた時点で，できるだけ中立的な立場の相手に相談するということである。まず，対応の速さという点では学内の「ハラスメントの相談部署」に相談することである。しかし，大学内で相談すると，大学側から大事にしたくないという配慮が働き過ぎ，揉み消されてしまう可能性があると感じられ，そのため，アカハラが改善されない場合や被害者への対応が良くないと感じられるときには，できるだけ大きな「学外のハラスメント相談機関」に相談する手順を踏むことが必要である。最もよくないのは，誰にも相談せず1人で抱え込むことである。

パワー・ハラスメント（パワハラ）の定義

　パワハラとは，大学において，職務上の地位や優越的立場を利用して，教育の指導上必要な範囲を超えて修学意欲や環境を著しく阻害する不適切な言動や指導または待遇を行う人権侵害をいう。すなわち，権力を利用したいじめであり，権力の強い人と弱い人の間に起こるものである。たとえば，上司と部下，教員と学生，コーチと選手などの権力関係が存在する上から下への嫌がらせをイメージすればよいだろう。

パワハラの種類と具体例

　典型的なパワハラ行為として，「身体的な攻撃」「精神的な攻撃」「人間関係からの切り離し」「過小な要求」「個の侵害」などの行為類型に分けられる。しかし，これらがパワー・ハラスメントに該当する行為のすべてについて網羅しているものではないことに注意する必要がある。

　(1)身体的な攻撃

　突き飛ばす・殴る・蹴ると言った暴行や傷害とも言える行為をいう。また，相手の対応や発言，行動などに対して，会話中に机を叩いたり，デスクを足で蹴ったり，扉を強く締めるなど，相手に直接的な攻撃を行っていなくともパワハラになる可能性がある。

　(2)精神的な攻撃

　正当な理由（発言理由やその根拠の説明ができる）もなく，相手を嘲笑するなど馬鹿にするような態度を取り，された本人が精神的に苦痛を感じた場合にはパ

ワハラになる可能性がある。そのことが原因となって大学に来られなくなってしまった場合は，確実にパワハラである。また，教員が授業中やゼミ中にみんなのいる前で叱責したり，罵倒したりするなどの行為もパワハラとなる可能性がある。さらに，必要以上の長時間の叱責はパワハラとなる可能性が非常に高いと言える。

(3)人間関係からの切り離し

コンパの飲み会などに特定の学生だけを呼ばない，声をかけないと言った行為をいい，パワハラに該当する。また，学業に必要なミーティングや会議などに呼ばない場合も同様である。さらに，相手の問いかけなどに対して無視する行為も典型的なパワハラであり，単なる気まぐれでの行為であったとしても，相手には大きな心の傷を与えてしまう可能性があるからである。

(4)過小な要求

「君の能力では授業を理解することができない」等の発言で，本人の能力を教員が勝手に過小評価し，ゼミを行わなかったり，論文等のテーマを与えないことはパワハラになる可能性が大きい。

(5)個の侵害

相手のプライベートな携帯電話やスマートフォンを勝手に見るなどの行為もパワハラとなる。「彼女から電話？」などと，冗談のつもりであってもプライバシーの侵害となる可能性がある。また，飲み会や親睦会への参加を強制させることはパワハラになる。また，部活やサークルへの辞退の意思表示を認めないこともパワハラとなる。さらに，学業上の必要性がない家庭環境や交際相手などのプライベートな情報を聞き出そうとする行為もパワハラとなる可能性がある。

パワハラ判断のポイント

パワハラにおける明確な線引きは存在せず，行われた言動がパワハラに該当するか否かの判断のポイントは，職務上の地位や人間関係などの優位性を背景にしているか，などである。

日常的にコミュニケーションが図れるように気を配り，相手方を尊重してよく意見に耳を傾け，自説に固執したり押し付けたりしない。相手の人格や性格を否定せず，感情的にならない対応を心掛けることが必要である。また些細な

ミスや間違いに対して厳しい口調になったり，相手方に脅威を与えるような言動を行わないことが必要である。

ソーシャルメディア・ハラスメント（ソーハラ）の定義

SNS（Social Networking Service）とは，Facebook や Twitter, Instagram, LINE などをいい，インターネットの普及による利用者が増加し，人と人とが交流関係を深め，コミュニケーションを取るために提供されるサービスである。SNS は，自分のプロフィールを作成したり，リアルタイムで無料で会話ができ，個人で写真や動画などを情報として投稿し発信することができることから。人間関係を構築する重要なツールとなってきている。大学でも，学生同士や学生と教員がつながるケースが増加し，授業やゼミ，サークルの連絡網としても利用されている。

ソーハラとは，SNS を媒介とした嫌がらせや迷惑行為をいう。特徴は，上下関係を背景として，身体的な攻撃は行わないが，暴言や性的な言葉などで相手を嫌がらせ，自尊心を傷つける言葉を気軽に発してしまうことであり，パワハラの一種であると言える。

ソーハラの事例

SNS は身近で気軽に使いやすいため，自分で気づかないうちにハラスメントを行ってしまう場合がある。次に示す事例から，ソーハラにあたる場合を考えてみる。

(1)部活の先輩から友達申請が来て困っていたが，積極的に断る理由もなかったのでそのまま放置をしていた。すると，その先輩から投稿に対して「いいね」を押すように強く求められたり，すぐにコメントを返すような過大な要求をされた。このような場合，投稿への反応は個人の自由であるにもかかわらず，部活の先輩という立場から相手に反応を強制する事は心理的負担を与え，ソーハラにあたるとされる。

(2)旅行先から Instagram に，観光地の風景や郷土料理などの写真を投稿掲載した。後日，Instagram のフォロワーである部活の友人たちから，旅行の同行者等について皆の前で聞かれてしまい，困ってしまった。プライベートな話を聞くことは絶対的な禁止行為ではないが，相手が困ったり嫌がることや個人

の人間関係や家庭事情などを詮索したり，何度も話題とすることは，プライバシーの侵害となる可能性が強い。

⑶SNS 上では，グループから外したりする人間関係からの切り離しや，アカウントをブロックして仲間はずれにするなどが容易にできてしまう。その記録は明確に残るため，当人には精神的なダメージを強く与えてしまうパワハラとなる。

ソーハラ判断のポイントと対応

　判断のポイントは，自分の意思を無視して，相手が強要してくるかどうかである。たとえば，教員や先輩により SNS を通して緊張感や気遣いを強いられたり，私生活に踏み込まれるような気持ちにさせられる場合は，ソーハラ被害を受けていると言える。

　ソーハラの被害者にならないための対応は，まず個人情報を不特定多数の人に公開せず，公開範囲を友人等に限定をすることが必要である。また，SNSを継続していくことが大きな負担となるようであれば，すべての SNS を止めることも明言する。また，他人の個人情報を無断で掲載することはプライバシーの侵害に当たることを認識すべきである。とくに画像を掲載する場合は，GPS機能で日時や場所が特定されないように位置情報をつけて掲載しないことが必要である。さらに，SNS 上の文章は公的なものであるという認識をもち，自らも他人の悪口や誹謗中傷を書き込んではならない。

3　先生，それってハラスメントです！

　ここまでは，ハラスメントについて知識を中心とした一方通行的な受け身型の学習を行ってきた。しかし，ハラスメントを根絶するためには主体的に関わる必要がある。そのためには，疑似体験を通して自らも体験することで学ぶ必要がある。ロールプレイという手法を使い，問題点や課題に対する解決方法を考えてみよう。

ロールプレイの実演

　ロールプレイとは，シナリオに指示された役割になりきって演じる活動をい

います。

　まず，5人のグループを作ります。次に，シナリオの役割（Role）を決め，配布されたシナリオに従って実演を行います。

役　　割	セリフ
ナレーター	ゼミ生のAさんは，時々授業開始時間に遅れてしまいます。この日もゼミ開始時間に10分近く遅れてきたため，ついに先生の怒りが爆発してしまいました。
A	おはようございます。
先　　生	おい，A。何時だと思ってるんだ。お前，よく遅刻するがゼミ生みんなに迷惑をかけていることが分からないのか。みんなに謝れ！
A	すみません。寝る前に目覚ましをセットしていたのですが……。どうしても朝起きづらい時があるのです。
先　　生	言い訳をするな！　私がお前に怒っているのは，お前に原因があるからだろう。
ナレーター	先生は，咄嗟に教卓の上の教科書を机上に叩きつけて怒鳴りました。
B	（ささやくように）先生，よくぞAを叱ってくれました。誰だって朝起きづらいことがあるのは同じだよ。だけど，みんなはちゃんと起きてゼミに遅刻しないよう出席するのは学生として当たり前じゃないか。
ナレーター	Aは，先生の怒鳴り声と態度に呑まれたのか，うなだれたまま黙っていました。
先　　生	いつまでそこに立っているんだ。目障りだから早く教室から出て行け。遅刻を繰り返すような奴はこのゼミにいらない。そんな奴は，学生どころか社会人としても失格だ。ろくな人生を送れないぞ！
C	（ささやくように）いくら遅刻したAが悪いからといって，先生，あんなに怒鳴りつけて怒らなくても……。あれではA君の人格の全否定だよ。
ナレーター	A君は「すみませんでした」といって席に着きました。しかし，先生の対応には問題があるのではないかと思いはじめました。
A	（心の声として）みんなの前で，あのような大声で怒鳴って怒られなければならないことだろうか？　しかも，先生だとはいえ，遅刻をしたことで私の存在を全否定するような発言は許されるのかな？　ハラスメントなんじゃないだろうか。

　出典：厚生労働省 HP より引用，筆者が改変。

ディデスカッションをしてみよう

　ロールプレイの実演後，以下の点についてグループでディスカッションをしてみよう。

　(1)学生A，B，Cのセリフも参考にして，先生の言動について問題はないか，考えてみましょう。

　(2)Aさんの遅刻はよくありません。しかし，先生の言動はどのようなハラスメントに該当すると思いますか。

　(3)先生の言動に問題があるとすれば，どの言動を，どのようにすればよかったと思いますか。

振り返り

　これまでのハラスメントに関する学びを定着させるために，以下の点に着目して，各自で学んだ内容を整理し，共通点と相違点を見つけ出して確認することで，学んだ成果を実感し，自らの変容に気づこう。

　(1)ハラスメントについて，あなたが新しく学んだことはどのようなことでしたか。

　(2)この「ハラスメントを考えよう」の講義を通して，あなたが学生として，これからどのように行動をしていこうと考えますか。

　ハラスメントを考える上で，あなたが学んでいる大学で起こりうるハラスメントについて，定義や具体的事例を交えて，まず加害者にならないための方策について考えてきた。その中で私たち個人がどのようにすればよいのか，何ができるのかについて述べることで本章のまとめとしたい。

　ハラスメントは，案外狭い人間関係の中で起こり，プライベートな事柄に深く関わるため，表面化しにくい問題である。そのような中で，もしあなたの友人からハラスメント被害に対して相談されたら，まず友人を全面的に信じて話を聞くことである。話の前後や脈絡がつかない内容であったとしても，聞くあなたが独り合点をして話をはしょらずに，じっくりと聞くことである。被害者本人が自分の置かれてる状況を整理でき，把握できるまで何度でも聞き役に徹することである。その過程で，被害者である本人には「なんらの責任ははなく，悪いのは加害者である」ということを伝え，「よく話してくれた」ことや「よく現在まで持ちこたえて頑張った」ことを評価することが必要である。この過程を経て，事態の概要が摑めたら，被害者の立場に立って，でき得る支援と対応を考えていくことである。

コラム9　大学生とアルコール・ハラスメント（アルハラ）

　アルハラとは，飲酒に伴う嫌がらせや迷惑行為，人権侵害をいう。これまで大学では，学生の自主性を尊重する立場から飲酒に対する踏み込んだ取り組みをしてこなかった。しかし，2012年に飲酒により5名もの大学生が死亡し，2012年5月，文部科学省は「未成年者の飲酒禁止と強要の防止に係る学生指導の徹底について」という通知を出し，大学の対応に変化が見られるようになった。しかし，図9-1の「20歳代」には，大学生が多く含まれ，他の年代に比べて多く，全体の46％を占めている。また，20歳代を男女比でみると，10人中4人は女性であり，酔いつぶされる女子も例外ではなく，泥酔させて暴行するなど，女子学生が被害に遭うことが増加している。

　急性アルコール中毒を防ぐためには，飲酒の開始前に，「自分の適量，その日の体調を把握する」「イッキ飲みはしない，無理強いはしない・させない」「お酒が飲めない人は，周囲に『お酒が飲めない体質です』と事前に伝えておく」ことである。また，一緒に飲んでいる人が酔いつぶれたら，「1人にせず，誰かが必ず付き添う」「横向きに寝かせる」「体を温める」などの介抱をし，意識がない，呼吸がおかしい，全身が冷えきっているなどの症状の場合は命に関わる可能性があるため，すぐに救急車を要請しなけれならない。

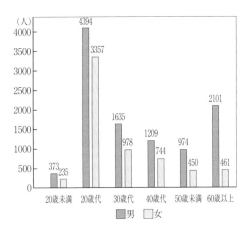

図9-1　急性アルコール中毒による年代別・男女別救急搬送人員（平成29年（2017年））
出所：東京消防庁。

　ハラスメントは権力関係の中で発生するため，加害者の地位や性格だけでなく，権力関係の構図を分析し，信頼できる教員や学生有志のグループを探し，組織していくことが必要である。その際，被害者の二次被害を防止するためにも被害者のプライバシーを守り，被害の実態等について被害者の許可なく第三者に伝えることは厳禁である。それでも秘密の漏洩が起こり，あなたや協力者達に対して様々な脅迫的行為が行われる恐れがある。そのため，事前に弁護士や支援団体などに相談をしておく等の準備が必要である。

　ハラスメント解決のためには，被害者の立場に立ちきる覚悟を以て取り組む必要があるが，被害者を少数者の支援者だけの協力ではなかなか難しく，学外の専門家や組織を動かす方策も考えなければならないのである。

参考文献

上田正一他編『初めての人権』法律文化社，2008年。

北口末広・村井茂編『人権相談テキストブック』解放出版社，2005年。

杉原保史『ハラスメントの予防と相談』北大路書房，2017年。

沼崎一郎『キャンパスセクシャル・ハラスメント対応ガイド』嵯峨野書房，2005年。

飛翔法律事務所編『キャンパスハラスメント』経済産業調査会，2018年。

連合（JTUC）プレスリリース，2019年

全国大学生活協同組合連合会「全国大学生協連の研究会報告」『Campus Life vol. 57』，2018年。

『東京新聞』2019年6月22日朝刊。

さらに読み進めたい人のために

内田良『学校ハラスメント』朝日新書，2009年。
　＊『ハラスメント』という視点から，外からは見えにくい学校現場の様々な事例を紹介しながら問題を洗い出していき，学校教育を開かれたものとして行くための改善方法にまで言及している。

小島慶子『さよならハラスメント』晶文社，2019年。
　＊ハラスメントはなぜ発生し，ハラスメントの起きない社会を構築するために必要なことは何なのかについて，11人の識者との対話を重ね，考えるためのヒントを提供してくれる。

一橋大学社会学部佐藤文香ゼミ生一同『ジェンダーについて大学生が真剣に考えてみた』明石書店，2019年。

＊ジェンダーについて学ぶゼミ生が，フェミニズムや LGBT，男性差別などについてポップ・ステップ・ジャンプと3段階で説明を深めていく構成を取っているため，初心者にも読みやすく，ジェンダー論に興味を持った人に読んでもらいたい。

（津田　博）

第10章

経済的格差・貧困を考えよう

──生活保護がなぜ必要なのか──

─ Short Story ─

　イオリさんは，高校時代の友人シノブさんと，久しぶりに晩御飯を一緒に食べに行くことになりました。シノブさんのおススメの定食屋さんで注文した焼き魚定食が出てくるのを楽しみに待ちながら，店内のテレビから流れてくるニュースを見ていました。

　「母親と子どもが餓死……子どもの貧困について……」

　イオリさんが「今の時代にご飯が食べられなくて餓死をするなんて……お母さんも子どももかわいそう……」と言うと，シノブさんは「貧困問題は今でもあるって，この間，授業で勉強したよ。子どもの貧困も問題になっていて，保育士になるためにも，結構真剣に考えた方がいいなって思ったよ」と答えました。

　シノブさんは，保育士の資格がとれる大学に行って勉強をしています。友人が勉強していて関心を持っている内容に，イオリさんはとても興味を持ちました。「どんな授業だったのか，教えてほしいな。シノブが真剣に考えようと思うことがあるなんてびっくり」「失礼な，私はいつでも真剣だよ。……イオリは貧困ってどんなイメージがある？」

　今でもある貧困問題，今だからこその貧困問題を，イオリさんは真剣に考えてみようと思いました。

　「経済的格差・貧困」に基づく差別・人権侵害は，現代日本においても数多くあるにもかかわらず，不可視化されやすい問題である。とくに現代日本においては，社会構造上，自分とは関係のない問題として捉えられやすい。私たちは，「貧困」という言葉からどのようなイメージを持つだろうか。おそらく，その言葉のイメージから，自分とは関係のない問題として捉えてしまうのではないだろうか。

　本章では，経済的格差・貧困は，社会における偏ったイメージによるラベリングがされやすく，そして，その結果表面化しづらくなることを理解していく。また，生活保護制度についての正確な知識や情報を得て，経済的格差・貧困を身近にある問題として考えられるようにしたい。

1　経済的格差・貧困とは何か

経済的格差・貧困の定義

　経済的格差とは，人の間における貧富の差を示す言葉である。個人間の所得の差を示す時にも用いられる。このとき，個人の収入が多い少ないにかかわらず，個人間の所得の差が人権問題に関係すると考えられることは少ないだろう。どちらかというと，個人の所得事情はプライベートな問題であるため，これをオープンにすることの方がプライバシーに関する問題であるとみなされることが多いだろう。

　では，所得が少ない個人や世帯に対して「貧困」という言葉が用いられたならば，どう感じるだろうか。おそらく，そのように言われたくないであろうし，人に対して言ってはならない言葉だと感じるのではないだろうか。あるいは，現在の日本社会で貧困状態にある人がいたらそれはよほどの人ではないのかと思ったりしたことはないだろうか。……実は，この感覚こそが，経済的格差に基づく差別や人権侵害を見えにくくしているとも言える。

　「貧困」を辞書で引くと，次のように書かれている（『大辞林』）。

①まずしくて生活に困っている・こと（さま）。
②必要なもの，大事なものがとぼしいこと。また，そのさま。

　貧困とは，人が社会生活を維持するために必要な財や生活資源を欠く状態として定義される。松本（2010）は，貧困概念を次のように整理する。

　絶対的貧困：生命を維持するに足る必要栄養量を基礎とし，それが欠けている状態
　相対的貧困：「必要」の水準や内容は，その社会で広く受け入れられている生活習慣や文化との関係で社会的に決まる。社会生活に必要な資源が欠けている状態。

　私たちは「貧困」と聞くと，上記の「絶対的貧困」をまずイメージする。だから，それは過去の日本の話や開発国で起きている問題であり，現代の日本では発生しづらいものだと考えてしまう。しかし，いま，私たちが「貧困問題」を捉えるためには，「相対的貧困」を軸として考えることが必要になる。
　人の生活とは本来的に，ある社会の構成員として活動すること，人とのつながりを保ちながら営まれる「社会生活」である。それゆえ，今日の貧困は「相対的貧困」として理解されることが前提となる。しかしながら松本は，今日の貧困は低所得から離れて把握することができないともいう。お金がなければ生活財を購入することができない。これは，お金がなければ社会参加できない，ということにもつながる。どこかへ出かけるにも人と会うにも何かをするにも，まずはお金が必要だからだ。人が社会生活を維持することができないとするならば，社会で生存する権利を奪われている状態だと言える。

日本の生活保護制度

　生活保護制度とは，厚生労働省によれば「その利用し得る資産や能力その他あらゆるものを活用してもなお生活に困窮する方に対して，その困窮の程度に応じた必要な保護を行うことにより，健康で文化的な最低限度の生活を保障するとともに，その自立を助長する制度」である（コラム10参照）。保護の種類には，「生活扶助，住宅扶助，医療扶助等の 8 種類があり，それぞれ日常生活を送る上で必要となる食費や住居費，病気の治療費などについて，必要な限度で支給されている」ものである。上記にも記したように，私たちが社会で生活するためにはなんらかの費用が必要である。それがない場合は公的に保障される

コラム10　日本の生活保護制度の歴史

　日本の生活保護制度の歴史を遡ってみよう。日本の最初の救貧法は「恤救規則」（1874年）である。この規則は，困窮状態にある人は相互に助け合うことが基本であり，身寄りもなく頼るべき人もなく，働くことのできない高齢者や障害者，病人や子どもに限り，やむを得ず援助をするというものである。「恤救規則」はその後，「救護法」（1929年）へと発展することになるが，その対象も内容も大きく変わらなかった。国が救貧事業を政策として積極的に行ってこなかった理由として，貧困は個人の怠惰な生活や道徳観の欠如によるものだとする認識が大きい。この感覚は明治，昭和初期だけのことではなく，第二次世界大戦後においても根強く残り，1946年の「（旧）生活保護法」も救済的側面があった。国民の権利としての生活保護制度を保障するという現行の生活保護法は1950年に公布される。

　しかし，朝日訴訟をみれば分かるように，生活保護制度は公的扶助としての理念とはかけ離れた運用がなされていた。現在でも，受給が必要な状態であっても申請することを控えてしまうのも，貧困状態に陥る自己責任を問われることや「福祉の世話にはなりたくない」というような，救護・救貧の感覚が今なお残っているからである。

ようになっている。

　その生活保護の受給状況は，『平成30年版厚生労働白書』（2019）によれば，次の通りである（図10‐1）。

- 生活保護受給者数は約210万人。2015年3月をピークに減少に転じている。
- 生活保護受給世帯数は約164万世帯。高齢者世帯が増加している一方，高齢者世帯以外の世帯は減少傾向が続いている。しかし，生活保護を必要とする世帯が減っているわけではないことや，世帯類型ごとの特徴は押さえておく必要がある。とくに母子世帯については，減少に転じたように見えるが，直近での上昇率が高い。

日本国憲法第25条と朝日訴訟

　私たちが「生活保護」をめぐってしばしば目にするのが「不正受給」という言葉である。生活保護は，その世帯の所得状況を申告することにより受給でき

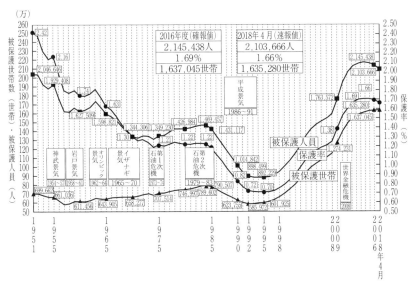

図 10 - 1　生活保護受給率推移

資料：被保護者調査より厚生労働省社会・環境局保護課にて作成（2012（平成24）年 3 月以前の
　　　数値は福祉行政報告例）。
出所：厚生労働省「平成30年版厚生労働白書」（2019年）
　　　https://www.mhlw.go.jp/stf/wp/hakusyo/kousei/18/

るが，その際に不当な申請をし，不正に生活保護費を受給しているのではない
か，ということがニュースになる。あるいはインターネットや SNS 等でも，
生活保護制度をめぐって「私たちの税金を生活費に使うな，無駄遣いをする
な」というような発言をしばしば見ることがあるだろう。だが，生活保護は
「健康で文化的な最低限度の生活」を保障するための制度であり，この「最低
限度の生活」というのは，貧困ギリギリのラインで生活をすることを示してい
るものではない。「健康で文化的な」というところが重要であり，私たちが社
会生活を営むにあたり，必要となる費用を適切に賄えることが重要となる。
　これについて争ったのが「朝日訴訟」である。1957年，岡山国立療養所で生
活保護の受給患者だった朝日茂さんが，生活保護基準は日本国憲法第25条に反
する低い水準である（この支給内容では療養生活を送ることは難しい）と，厚生大
臣を相手に裁判を起こした。当時，「生活保護の適正化」の名の下に，生活保
護の打ち切りや削減が全国的に推し進められ，生活保護が打ち切られてしまう

ことにより生存が危ぶまれる状況に陥る人や，生活保護が支給されていたとしても生活を賄うことはとうていできないような額であるためさらに困窮する人などが多くいた。朝日さんを中心とした多くの人たちの運動により，生活保護基準は大幅に改善されることとなった。この訴訟は生存権保障に大きく関わるため，「人権裁判」とも言われている。

2　日本における経済的格差，現代の貧困

子どもと貧困（子どもの貧困関連の法制度，ひとり親世帯の経済的困窮）

　2015年の日本における子どもの相対的貧困率は13.9％であり，2012年より2.4ポイント減少したとはいえ，いまなお子どもの貧困率は高い。2013年，「子どもの貧困対策の推進に関する法律」（子どもの貧困対策法）が成立し，翌年，「子供の貧困対策に関する大綱」が閣議決定された。子どもの貧困対策は日本における喫緊の課題であるが，具体的な取り組みはまだ始まったばかりであると言えよう。

　ところで，2008年は「子どもの貧困元年」と言われている。子どもの貧困に関する書籍が次々と発行され，翌年には，NHK のドキュメンタリー番組などでも取り上げられた。しかし，子どもの貧困問題は2008年から始まったわけではない。子どもの総体的貧困率のデータから読み取れることとして，阿部（2014）は以下の3点を挙げている。

　1）1985年の時点で，子どもの総体的貧困率は10.9％である
　2）1985年から多少の増減はあるもの子どもの貧困率は右肩上がりに上昇し
　　続けている
　3）子どもの貧困率の上昇のペースが，社会全体の貧困率の上昇のペースに
　　比べて速い

　つまり，子どもの貧困問題は，2008年のリーマンショック以降の「新しい」社会問題ではないことが分かる。貧困は，いままで高齢者や障害者や母子世帯を中心とした問題として扱われ，広く子ども全体の問題として扱われてこなかったのである。

　日本のひとり親世帯に育つ子どもの貧困率は，OECD 諸国の中でも58.7%と突出していることや，そのうち大半を占めるのは母子世帯であることからも明らかなように，ひとり親世帯（とくに母子世帯）における子どもの貧困率は高い。そして，阿部（2014）が指摘するように，日本の母子世帯は他の先進諸国に比べても就労率が高いのだが，日本の貧困の特徴は，母子世帯に限らず「ワーキング・プア」が多いため，就労が貧困の解決にはなりにくいことである。また，仕事に就いていたとしても，不安定な非正規雇用の低賃金労働である場合も多い。子どもの貧困は，子どもがいる世帯の貧困／親の経済的困窮状態と関係するものである。

女性と貧困（貧困の女性化，若年女性／高齢女性の貧困）

　貧困は子どもだけに限らず，社会のいろいろな層に見られるのだが，なかでも女性の貧困は見えづらいとしばしばいわれる。2013〜14年にかけて，NHKが女性の貧困をめぐるいくつかのドキュメンタリーを放送したところ，その反響は非常に大きかったという（NHK「女性の貧困」取材班 2014）。

　だが，女性の貧困は，つい最近になって新たに発見されたわけではない。女性の貧困は以前よりあった。1970〜80年代のアメリカにおいて，貧困が女性（とくに母子世帯）に広がっていることが問題となり，それは「貧困の女性化」と言われた。この「貧困の女性化」現象は，同時期の日本では見られなかったのだが，それはたんに日本の女性の労働や生活のありようをめぐって，女性が自立することは，他国よりも（また現在の日本よりも）ずっと困難な状況にあったため，女性は家族の中の被扶養者としているしかなかったことによる。離婚やひとり親世帯という数値として現れなかったというだけの話である。しかしこの問題は日本でもいずれ表面化するであろうと，「貧困の女性化」を紹介した杉本（1993）は自著において当時すでに指摘している。

　女性の貧困という問題は「労働と家族からの排除」にその特徴があると，小杉らは指摘する。

　ここでいう家族からの排除は，結婚（家族形成）からの排除だけはなく，
　彼女らの出自家族（多くは親のいる実家）のなかでの排除と，出自家族自体の
　社会からの排除を含んでいる。また，労働からの排除は，人として生計を営

むに足りる安定した仕事と収入の世界からの排除を指している。

（小杉・宮本 2015：ⅲ）

　女性であるために，労働者としての権利が保障されてこなかったと言える。女性の貧困は，このように家族の問題や労働の問題として扱えば，見えやすくなるかというと，そうでもない。雨宮処凛は，貧困状態にある（自立をすることが難しい，十分な収入のある仕事に就くことができない）女性自身が，貧困を自分の問題として捉えづらいこと，また自分の労働の問題になりがたいことを指摘している。

　　女性の貧困や労働とは一見関係のない場所での，女性のいかんともしがたい生きづらさというか，生きる厄介さというのがある。しかもそれを本人が本当に自分だけの問題だと思っていることが一番厄介です。「女をこじらせた」問題だと思い込んでいる。

（雨宮 2012：93）

　たとえば，親を介護するために大学を退学して就職ができなかった女性，DV の加害者である夫と離婚したいが自活する術がないためその関係にとどまる女性，ひとり親で子どもを育てながら生活をするが正規雇用だと残業等があり子どもの世話ができなくなるからと非正規雇用を選択する女性，等々。これらは，貧困や労働の問題である。にもかかわらず，女性が抱える生きづらさとして，個人的問題として，当事者は抱え込んでいく。そのため，周囲にも見えづらく，また個人の人生選択の問題であるという非難も受けやすい。

若者と貧困（若者世代が被る経済的格差，奨学金問題・非正規雇用問題）
　若者世代にも経済的格差はある。「子どもと貧困」の項でみたように，世帯（保護者）の経済状況は子にも影響する。20代前後の若者の間でも経済的格差は存在する。
　「平成30年度学校基本調査」によれば，2018年の高等教育機関への進学率は81.5％と過去最高を示しており，多くの若者が進学をしていることが分かる。だが，必ずしもすべての若者が順調に進学しているとは限らない。日本の高等教育費（学費）は世界的に見ても非常に高く，入学金や授業料を払えるかどう

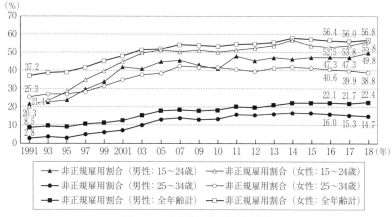

図 10 - 2　若年者の非正規雇用割合

資料：総務省「労働力調査特別調査」，「労働力調査（詳細集計）」
注：1．非正規雇用割合については，2001（平成 13）年までは「労働力調査特別調査」（2 月
　　調査），2002 年以降は「労働力調査（詳細集計）」（1 ～ 3 月平均）による。調査月（2001
　　年までは各年 2 月，2002 年以降は 1 ～ 3 月平均の値）が異なることなどから，時系列比較
　　には注意を要する。
　　2．労働力調査では，2011 年 3 月 11 日に発生した東日本大震災の影響により，岩手県，宮
　　城県及び福島県において調査実施が一時困難となった。ここに掲載した，2011 年の数値は
　　補完的に推計した値（2005 年国勢調査基準）である。
出所：内閣府「少子化社会対策白書　令和元年版」（2019 年）
　　　https://www8. cao. go. jp/shoushi/shoushika/whitepaper/measures/w-2019/ r01 web hon
　　　pen/index.html

かによって進路は変わる。また，行きたい進路に向かうことができたとしても，
入学以降の学費は奨学金を用いることでなんとかなることが多い。しかも，日
本の奨学金は給付型ではなく貸与型がほとんどであり，この奨学金は卒業とと
もに返済を開始しなければならない。大学に入学するとともに借金を背負うこ
とになるとも言える。この奨学金という名の借金はその後の人生にも影響する。
　また，20 ～ 30 代の労働状況を見てみると他世代よりも非正規雇用の割合が高
く（図 10 - 2），賃金も他の世代や 10 年前の同じ世代と比較して低いことが分か
る（図 10 - 3）。
　働いて得た収入だけで生活費を賄うのはもちろんのこと，上記の奨学金があ
ればそれも返済していかなければならない。自分が選択した進路・就職だけれ
ども，そこには世帯の経済状況が大きく影響し，進路・就職先により収入も異
なるのである。このようなことから，進学先の選択肢が狭まることも起こりう

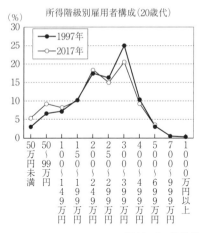

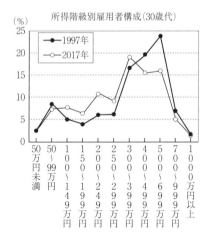

図 10 - 3　20歳代・30歳代の所得分布

資料：総務省「就業構造基本調査」を基に作成。
注：所得が不詳の者は除いている。
出所：内閣府「少子化社会対策白書　令和元年版」(2019年)
　　　https://www8.cao.go.jp/shoushi/shoushika/whitepaper/measures/w-2019/r01webhonpen/
　　　index.html

る。
　これは，教育機会の均等が損なわれており，結果，若者は教育の権利が侵害
されている状況にあるとも言える。その後の奨学金の返済や就業形態による収
入の低さなどは，生活水準を保つことの難しさや世帯の貧困化を招く。

ホームレス問題（ホームレス関連の法制度）

　ホームレスとは，一般的には野宿者・路上生活者を指す。「ホームレス自立
支援法」では「都市公園，河川，道路，駅舎その他の施設を故なく起居の場所
とし，日常生活を営んでいる者」と定義している。しかし近年では，いわゆる
野宿者だけではなく，ネットカフェ難民等，なんらかの理由で定住場所を失っ
た状態の人も含まれる。厚生労働省は2002年から，「ホームレスの実態に関す
る全国調査」を行っている。2002年の調査結果によれば，ホームレスと確認で
きた数は2万5296人であった。その後も数回にわたり調査は実施されているが，
ホームレス数は減少している。2018年調査では4253人である。たしかにホーム
レス数は減少しているが，問題は解決の方向に向かっているとは必ずしも言い

難いことがある。この調査は，「都市公園，河川，道路，駅舎その他の施設」
という場所において「目視」により行われる概数調査だからである。

　2016年の「ホームレスの実態に関する全国調査（生活実態調査）」によれば，
ホームレスの高齢化も見えてくる（図10‐4）。最も多かったのが「65～69歳」
329人（23.1%），次いで「60～64歳」326人（22.9%），「70～74歳」193人
（13.6%）であり，これらの合計が全体の59.6%を占めている。今回の路上（野
宿）生活の期間については，「10年以上」が最も多く490人（34.6%），次いで
「5年～10年未満」が290人（20.5%），「1年～3年未満」が173人（12.2%）と
なっている。

　路上生活者は自らそれを選択したのだろうか。路上生活者になる前の従業上
の地位，住居形態，路上生活者となった理由を見てみよう。路上生活者となる
前，長く就労していた時の従業上の地位については，「常勤職員・従業員（正
社員）」が770人（54.9%）と最も多く，次いで「臨時・パート・アルバイト」
が262人（18.7%），「日雇」が246人（17.5%）となっている。住居形態について
は，「民間賃貸住宅」が570人（40.7%），「勤め先の住宅や寮」が280人（20.0%），
「持家」が171人（12.2%）となっている。

　そして，路上（野宿）生活になった理由については，「仕事が減った」が379
人（26.8%）と最も多く，次いで「倒産・失業」が369人（26.1%），「人間関係
がうまくいかなくて，仕事を辞めた」が242人（17.1%），「病気・けが・高齢で
仕事ができなくなった」が240人（16.9%）となっている（図10‐5）。

　これらのデータから，ホームレスは特別なことではなく，なんらかの理由で
仕事がなくなったりできなくなった結果，貧困状態に陥り定住地を失ったこと
によるものだと言える。労働者・生活者としての人の権利が保障されなくなっ
た状態だと捉えることができるだろう。

3　経済的格差・貧困と社会的排除

経済的格差・貧困と自己責任

　困っている人に対して，「困っているのならば助けを求めればよいのに」と
いう言葉はよく聞かれる。私たちの社会にはそれに対応する支援制度（社会保
障制度）もあり，それを利用すればよいとも言われる。しかし，当事者が「生

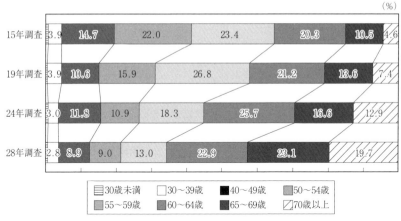

図 10-4　年齢分布

出所：厚生労働省「ホームレスの実態に関する全国調査（生活実態調査）の調査結果」2017年
　　　https://www.mhlw.go.jp/stf/houdou/0000177700.html

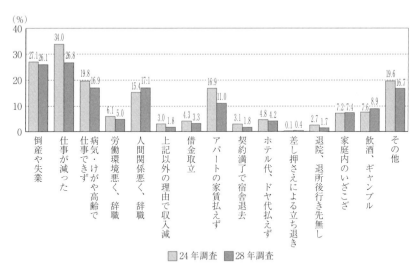

図 10-5　路上（野宿）生活になった理由

出所：厚生労働省「ホームレスの実態に関する全国調査（生活実態調査）の調査結果」2017年
　　　https://www.mhlw.go.jp/stf/houdou/0000177700.html

活に困っているので助けてほしい」と思っていても，そのように声を出すことも難しいという状況がある。貧困状態にある（お金がない）ならば，生活保護を申請すればよいのにと思うだろうが，それが難しいのである。

　今日，貧困状態に陥るのは，その人自身に問題があるからであってその状態から脱しようと努力をしない本人の責任だとする，自己責任論と結び付けて語られる。だが，湯浅誠は『反貧困』において，貧困状態にある人は，社会から，教育課程，企業福祉，家族福祉，公的福祉，自分自身からの排除，の 5 重の排除を受けており，それゆえその多重に社会から排除される状態で貧困から脱することは難しいという。なかでも「自分自身からの排除」は，その人が生きていくための力をそいでしまうという。これは，重要な観点である。

　　何のために生き抜くのか，それに何の意味があるのか，何のために働くのか，そこにどんな意義があるのか。そうした「あたりまえ」のことが見えなくなってしまう状態を指す。第一から第四の排除を受け，しかもそれが自己責任論によって「あなたのせい」と片づけられ，さらには本人自身がそれを内面化して「自分のせい」と捉えてしまう場合，人は自分の尊厳を守れずに，自分を大切に思えない状態にまで追い込まれる。　　　　（湯浅　2008：60-61）

　この「自分自身からの排除」は，その人自身にも周囲の人にも，見えないし見えづらいものである。くり返すが，私たちは，貧困に限らず，何かしら困った状況に陥ったならば「困っているならば助けを求めよ」というのだが，このように追い詰められた状態で，はたして他者に救いを求めることができるのだろうか。声を上げないことも，誰かと助け合うためのつながりをつくらず孤立することも，それをする努力をしなかったと責められる。お金を稼ぐことができない，仕事に就くことができないことも，それはあなたの責任だと言われる。そのような環境に居続けると，人はいろいろな力が削がれていく。社会参加ができなくなり社会から孤立すればするほど，人と関わることも難しくなり，人に何かを説明することも難しくなる。「先が見えない」「どうにもならない」という無力感を持ちながらその日その日を過ごす。

　このような状況が続くと，これまでの（そして現行の）貧困対策にはらまれる問題でもあるが，社会において貧困者は「劣った者」だという烙印が押され

てしまう。お金がないことも，貧困状態から脱出しないことも，社会保障制度があるのに使わないことも，そのような人生の選択をした当人の問題，助けを求めないその人自身の問題，とされる。そのため，その人自身は，お金がないことも，生活保護の申請や受給を人に知られることも，恥ずかしいことだと感じることになる。そして助けを求める声はあがらなくなる。

経済的格差・貧困とスティグマ

　このことを，社会学者バウマン（2005）は『新しい貧困』の中で，消費社会における貧困として述べている。貧困とは不適格な消費者と社会的に規定される，というのである。これはたんに，金銭がない／金銭さえあればなんとかなる，ということではない。金銭がないということによる，選択を奪われた状態は私たちを鬱屈とさせる。消費社会において消費できるような力を持たない（持てない）者は，この社会において不適格であるというレッテルを貼られる。ならば，私たちの社会にある保障制度を利用すればよいだろうし，それにより生活することができればよいだろうというとそうではない。社会保障制度に支援されることは，消費する能力を持つだけの金銭を得る努力をしなかった，働くということをしなかった証左であると，自らを責めるのである。

　私たちは，この社会で人とつながり何かをするためには，なんらかの消費活動が必要となる。消費活動が行えなければ，人と関わること，外に出ること，なんらかの活動をすることは難しい。金銭がないがゆえに引きこもらざるを得ない。あるいは，最低限の生活を賄うための労働をしていても，その日常は労働と寝食だけで終わる（健康であるために必要な十分な睡眠や食事を摂ることができているかという問題もある）。いずれにせよ，誰とも関わることができない状態が続くし，それが日常となる。働くことができているならばなんとかなると思うかもしれないが，その多くは不安定な非正規雇用の低賃金な労働である。

　この社会は，自らの人生を自らの力で切り開き選択することができる，一人ひとりが権利をもつ，自由な社会である。しかし，その能力は，消費社会における消費者としての力があるかないか（消費することができるかできないか），で測られてしまうことがある。そのため，消費をするための能力（金銭）がなければ，何かを選択するということはできない。にもかかわらず，自分の人生を

送るためには「自ら選択すること」が重要だとされる。選択するためには働くことが必要だし働かなければならない，という社会規範が働く。そのため，貧困状態に陥ると，それを免れられなかった者として（免れることはできただろうという前提があるからこそ），「自分が悪かった」「自分のせい」「自分の努力不足」だと，自分を責める。

　さらに，今日の貧困が見えづらいのは，1つには「そうとは見えない」からである。私たちは「普通の生活」を送りたいと思っている。「普通の生活」を送るためには，社会に参加をすること，そして参加するためのツールが必要となる。これは，社会がもつ「貧困＝絶対的貧困」というイメージや，「清貧」という言葉に表されるような「貧困者＝つつましく生きる」というイメージが強いこととも関連する。社会における「あるべき貧困者の姿」があるからこそ，逆説的にそうではないと見せるがゆえに，貧困が見えづらくなるのである。

　たとえば，いまの子ども（とくに中高生）にとって，それは，「スマートフォン」であり「普通の恰好」である。子どもの貧困にまつわるドキュメンタリーやルポルタージュを見ていると，子どもにとって社会にアクセスするツールは，とにかくスマートフォンだということが分かる。これがなければ，友達とつながることもバイトのシフトを組むこともできない。だから，その他のものがなくとも，まずはスマートフォンをもち，それが常時つながるようにする。そのうえで，仲間たちから排除されないように，友達との関係で浮かないように，普通の恰好をする。スマートフォンも普通の恰好も，かつてより安くなったとはいえそれなりに高価なものであるし，維持費もかかる。けれど，ご飯が食べられなくても，住むところに困っても，子どもたちはこれらを手放さない。自分たちの必要最低限のお金はバイトで稼ぐ（そのバイト／金銭を得る手段として，自分の身体を売ることもあり，これはまた別の問題としてあがってくる）。表面上の「普通の生活」があるからこそ，そこに貧困があると私たちは思いづらい。

経済的格差・貧困の再生産

　さらに，貧困は低所得であることだけではなく，就労の不安定さ，疾病や障害，学力不足（教育達成の低さ），暴力・虐待，など，いくつもの不利や困難とも関係し，これらは複合的に蓄積していく。自分をとりまく状況が困難であれ

ばあるほど，周囲から理解を得ることが難しくなり，このこともまた，人が外へ出ることや人とつながることから遠ざける。社会参加の困難さは，人を社会から孤立させる。その結果，ますます貧困は見えなくなる。あるいは，貧困よりも不利や困難がクローズアップされ別の問題として扱われることにより，貧困問題として捉えられなくなる。

　貧困は再生産されやすい。世帯において，ギリギリのラインで労働し生活を続けていることは，親子ともに負担が大きい。「普通の生活」を送っているようにみえて，家庭においては「先が見えない」「どうにもならない」という無力感を持ちながらその日その日をすごすことが常態化する。子どもが1人でいる時間も長い（親子が一緒にいる時間が短い）。助けを求めることも，現状を語ることも，大人であっても難しいならば，子どもであればなお難しくなるだろう。小さな頃から諦めを感じたり，生活の困難さは自分や家族のせいだと思いながら過ごしたりすることは，子どもの成育にとって適切であるとは言いがたい。

　子どもが自らの可能性を信じて成長するためには，毎日が安心・安全に過ごせること，その場があることが大切である。私たちは，（諦めとは異なる）当たり前の毎日が繰り返されるからこそ「明日もまた同じ日が来る」と信じて，先を見ること・生きることができる。だからこそ，経済的格差・貧困対策として，環境づくりは求められる。私たちの社会において貧困が見えづらいならば，それを見えづらくしている要因，私たちが見ようとしていないものをしっかり捉えることが，まず求められるだろう。

　私たちが「普通の生活」や「当たり前の生活」を送るためには，自分や家族が働き収入を得ることが前提となる。働くためには健康であることや職が安定していることなども必要だ。それが1つでも欠けてしまうと，生活は一転して経済的困窮状態に陥り，社会生活を営むことができなくなる。これは，特別な事情にある人の問題ではない。私たちの人生においては，いつそのようなことが起きてもおかしくない。だからこそ，私たち一人ひとりが「健康で文化的な最低限度の生活」とは何かということ，そのために社会による保障が必要であること，そのために生活保護制度は存在することを理解する必要がある。私たちは社会の中でより良く生きていく権利を持っている。それは個人の努力や自己責任とは関係なく，ひとがどのような状態であっても，保障される，根源的

な権利なのである。

参考文献

浅井春夫・松本伊智朗・湯澤直美編『子どもの貧困――子ども時代のしあわせ平等のために』明石書店，2008年。

阿部彩『子どもの貧困――日本の不公平を考える』岩波書店，2008年。

阿部彩『子どもの貧困Ⅱ――解決策を考える』岩波書店，2014年。

雨宮処凛「余白にひそむ『女性の貧困』」『現代思想』第40巻第15号，2012年。

NHK「女性の貧困」取材班『女性たちの貧困――"新たな連鎖"の衝撃』幻冬舎，2014年。

小杉礼子・宮本みち子『下層化する女性たち――労働と家庭からの排除と貧困』勁草書房，2015年。

杉本貴代栄『社会福祉とフェミニズム』勁草書房，1993年。

松本伊智朗編著『子ども虐待と貧困――「忘れられた子ども」のいない社会をめざして』明石書店，2010年。

湯浅誠『反貧困――「すべり台社会」からの脱出』岩波書店，2008年。

Bauman, Z., 2005, "Work, Consumerism and the New Poor. [Second Edition]", Buckingham : Open University Press.（Z. バウマン著，伊藤茂訳『新しい貧困――労働，消費主義，ニュープア』青土社，2008年）

さらに読み進めたい人のために

湯浅誠『反貧困――「すべり台社会」からの脱出』岩波書店，2008年

＊ホームレス支援など貧困問題の現場で活動をしてきた湯浅誠による，貧困を自己責任とする風潮を批判する一冊。誰もが人間らしく生きることのできる社会を目指そうと強い意志をもって語られている。誰もが陥る可能性のある貧困についてより深く理解することができる。

Z. バウマン（伊藤茂訳）『新しい貧困――労働，消費主義，ニュープア』青土社，2008年。

＊社会学者バウマンは「新しい貧困」はどのように生み出されてきたのかについて，消費社会や労働倫理という視点から記述している。やや難解かもしれないが，誰もが人間らしく生きることの難しさはどこにあるのかについて，考えることができる。

丸山里美『女性ホームレスとして生きる――貧困と排除の社会学』世界思想社，2013年。

＊ホームレス問題の中でもとくに見えづらいとされる女性ホームレスをテーマとした

　一冊。ホームレス研究，社会福祉制度，ジェンダー問題，など様々な視点から，権利保障・権利の尊重について考えることができる。

（松島　京）

第Ⅲ部

人権教育の取り組み

第11章
戦後日本における人権教育の成立と展開
——同和教育は何を課題として，どう取り組まれてきたのか——

Short Story

　2回生になったイオリさんは，「人権教育」の受講登録をしました。1回生で受けた「人権論」の内容に触発されて，さらに学びたいと思ったからです。

　イオリさんは「人権教育」の講義で，1回生でも学んだ同和問題をはじめとする人権問題についてさらに学びを深めることになりました。

　学んでいくうちに，「部落解放は教育に始まり教育に終わる」といわれ，西日本を中心として同和教育・人権教育が行われてきたことを知りました。一緒に受講していた友人たちのなかには，高校までに部落問題学習・人権学習を受けてきた友人がたくさんいたのですが，「身近な問題と思えなかった」，「同じことを繰り返し教えられた」，「部落の人たちの生活の様子だけが印象に残った」といった否定的なイメージをもっている人もいました。

　学びが進む中でイオリさんは，同和教育・人権教育という営みは，「部落問題学習・人権学習に限定されたものなのだろうか」，と疑問に思うようになり，同和教育・人権教育とはどのような営みを言うのか，よりいっそう知りたくなりました。

　同和教育や人権教育というと部落問題学習や人権学習のみをイメージする人が多いだろうが，実は多様な側面を有している。本章では，学校同和教育上の課題（子ども，社会の課題等）とその克服に向けた教育理念，内容・方法，組織運営等を記述する（なお，地域ごとに同和教育の成立・発展等の事情は異なっている点には留意してほしい）。そして，象徴的な学校同和教育実践・運動を紹介するとともに，部落解放運動と連帯した同和教育が，教育のユニバーサル化に貢献する「普遍的」な側面と課題の一端を描き出す。

1　長期欠席・不就学問題への取り組みと同和教育の組織化
——1950年代を中心に

　1945年に第２次世界大戦に敗れた直後の日本は，多くの都市が焼け野原状態となっており，この時期は，表面的には被差別部落（以下，部落）と部落外の差異は見えなくなっていた。しかし，朝鮮戦争による特需を契機として復興が進むにつれて部落と部落外の差異は再び見えてくるようになった（第５章参照）。

長期欠席・不就学問題と高知県福祉教員制度
　こうした中で教育においては，部落の子どもの長期欠席・不就学（以下，長欠・不就学）が問題となっていった。とくに，「働き手」となり得る中学生程度から長欠数が増える傾向があることから，原因は部落差別の結果としての貧困にあったと言える。しかし，当時の多くの教師は，長欠・不就学の原因は本人や保護者にあると考えていた。
　一方で，長欠・不就学問題に対する取り組みも始められていった。1948年に高知県教育委員会は，長欠・不就学に対応する２名の「福祉教員」を試験的に配置し，1950年には，福祉教員を「制度化」して，17校に18名を配置した。高知の福祉教員が，家庭訪問等を繰り返しながら子どもたちの生活・学習権保障のために努力した様子は『きょうも机にあの子がいない』という実践記録からうかがうことができる。
　また，一部の学校ではあるが，昼間に学校に来ることが出来ない子どもに対して夜間学級を開設する取り組みも始まった。こうした一部の先進的な取り組みはあったものの，多くの教育行政・学校は長欠・不就学問題に無策であり，

1951〜52年に取り組まれた差別糾弾闘争の中で，部落の子どもの長欠・不就学問題も厳しく問われることになった。

吉和中学校差別事件と全国同和教育研究協議会の結成

1952年に吉和中学校（広島県）の社会科の授業（2年生の「武士の起こり」）において，「部落の住民は平安時代の奴婢や帰化人の子孫である」との誤った説明が行われた。また，教えた側に「部落を有する校区である」との認識がなく，子どもたちの差別意識や差別の実態を踏まえず，観念（心がけ）の問題として部落問題を取り上げた点が問題化した。

この時期には，オールロマンス差別事件（1951年・京都府），西川県議差別事件（1952年・和歌山県）等を契機として，同和教育を求める取り組みが各地に広がりを見せていた。

このような動向が，1953年の全国同和教育研究協議会（以下，全同教：現全国人権教育研究協議会）結成へとつながり，組織的に取り組む同和教育がスタートすることになった。しかし，結成当初は，地域間の概念の違いに由来する議論の混乱がしばしば起きていた。

なお同和教育という名称は，戦前の1942年に文部省同和教育研究会が発行したパンフレット『国民同和への道』が発端となり用いられるようになった。このパンフレットでは，戦争の遂行に部落差別が障害となるので「同胞一和の精神」を徹底せねばならぬとの主旨で同和教育の必要性を説いていた。こうしたことから，全同教結成の時期には同和教育という名称の使用をめぐる議論も激しく行われたが，「教育行政も巻き込んだ取り組みの創造が大切だ」との認識から，行政用語として用いられていた同和教育を組織名称として用いることになった。

全同教第4回和歌山大会と民間教育団体との連携

1954年の日本教職員組合第3次教育研究集会に参加した奈良県同和教育研究会の教師たちや，戦前の北方性教育運動（東北地方で展開された生活綴方的教育方法を中心とした教育運動）に学び，「紀南作文の会」を組織していた和歌山県の教師たちは，生活綴方的教育方法（以下，生活綴方）を同和教育に取り入れようとしていた。「紀南作文の会」の設立者の一人であるまなべせいべい（真鍋精兵

衛）は，次のように述べている。

　社会や自然の事実をありのままに見つめさせ，そこにあるものをまちがい
なく把握するということは，部落問題についても大切なことだと思う（中
略）現実の具体的な事実の中から，何が喜びであるか，何が悲しみであるか，
そして何が真実であるか，を見つけ出すような姿勢と能力を子どもに身につ
けておきたいものだ。そのためにこそ，文を綴るということが大切にせられ
ねばならない。

　このような動きがあった和歌山県で1955年に開催された全同教第4回研究大
会では，民間教育団体（郷土教育全国連絡会・歴史教育者協議会・日本作文の会等）
と連携し，分科会設定がなされ，全同教において教育内容・方法等が議論され
るスタートとなった。この大会では部落問題学習のあり方等とともに，生活綴
方から学び，「子どもの生活を知ること」，「子どもが何でも話すことが出来る
解放された教師であること」等の必要性が議論された。こうした生活綴方の考
え方は，以後の同和教育の歩みの中に確実に生き続けている。

2　教育条件整備と就職差別，「非行」問題への取り組み
——1960年代を中心に

　1960年代には，「教育機会の平等」を目指した教育条件整備が進むとともに，
就職差別事件や部落の子どもたちを中心とした「非行」問題に対する取り組み
が展開された。

教育条件整備の進展と同和対策審議会答申・同和対策事業特別措置法
　長欠・不就学問題を克服するために家庭訪問等を繰り返した教師たちは，部
落の子どもと保護者を取り巻く差別と貧困の現実を発見するとともに，保護者
の教育に対する願いに直面し，「保護者の無理解」や「子どもの勉強嫌い」が
原因だと考えていた自身の認識を変える必要性に迫られた。同和教育の原則の
1つだとされる「教師の自己変革」の原点はここにある。教師が部落（の子ど
も）の実態を把握し，自らの認識を変革する営みは1965年に，「差別の現実か

ら深く学ぶ」という全同教の最大スローガンへと結実することになった。

　また，自己変革を果たした教師たちは部落解放運動と連帯し，子どもの生活・学習権保障を目指す教育条件整備を行政に対して要求していった。以後実現していった教育条件整備は「教育と運動の結合」によるものであり，それも同和教育の原則の1つだとされた。

　教育条件整備要求の代表的なものは，教科書無償化であろう。教科書無償化を求める動きは各地で部分的には見られたが，1961年に高知県長浜地区から広がった教科書無償化運動は，部落の母親の憲法学習から始まり，多くの人々を巻き込む中で全国的な運動へと発展した。そして，1963年には「義務教育諸学校の教育用図書の無償に関する法律」を制定させ，1964〜69年にかけての教科書の無償化が全国的に，順次実現していった。

　その他にも，部落を有する学校の施設整備や教員の加配措置・学級定数削減等が要求され始め，1965年に同和対策審議会答申（以下，同対審答申）が提出されたことによって，かなりの程度で実現していった。

　同対審答申では，部落差別撤廃は「国の責務」であり「国民的課題」だとされるとともに，「同和対策事業特別措置法」（以下，同対法）が1969年に施行されたことによって同和教育が「制度化」され，教育条件整備が進んでいった。人的・設備的条件整備に加え，「同和対策高等学校進学奨励費補助事業」（以下，解放奨学金制度）の開始，各地方公共団体における同和教育基本方針策定，教育行政における同和教育関係部課の設置等が行われた。とくに，1966年の文部省による解放奨学金制度の開始は部落の子どもたちの高校進学率を飛躍的に上昇させる効果を持った。

　また，各地方公共団体における同和教育基本方針策定が求められる中で，一部の教師たちによる同和教育実践は，より多くの教師による実践へと広がりがみられるようになるとともに，多くの都府県で同和教育研究協議会（以下，県同教）組織が結成された。そして結成された県同教が全同教に加盟し，全同教組織は発展し，全国化していった。

　さらに，教育条件整備の1つとして措置された同和教育推進教員は，かつて高知県で措置された福祉教員の取り組みを引き継いでおり，部落の子どもをはじめとした厳しい環境下に暮らす子どもたちの生活丸ごとを支援し，生活・学習権保障を目指す実践を展開した。この同和教育推進教員等の働きは，今日で

いうソーシャルワーク的機能を果しており，教育と福祉の結合としての先駆性
を有していたと考えられる。

就職差別問題への取り組みから統一応募用紙へ

　1962年11月の京都府における求人説明懇談会において，大倉酒造の担当者が
「第三国人と部落の人は来てないし，今後についても遠慮して欲しい」と発言
した就職差別事件が起きた。その1ヵ月ほど後にも同様の差別事件が発覚し，
京都府教職員組合・職員組合，部落解放同盟等による共闘会議が結成され闘い
が進められた。こうした取り組みを発端として，子ども・青年を次の進路に振
り分けることを中心としていた，それまでの進路指導を超えて，子どもたちが
生きて，働く権利を積極的に守り，未来を保障する進路保障の取り組みが推進
されていった。

　全同教は，1963年度の活動計画の中に進路保障問題を位置づけ，1965年には
第1回全国進路保障協議会を開催する等の組織的な取り組みを展開していった。
こうした1960年代の就職差別撤廃に向けた取り組みによって一定程度の改善は
見られたものの，求人側が用意した採用選考用書類（社用紙）を提出すること
を求職者に求め，その書類では本人の資質・能力と関わりのない本籍地や家族
構成等々を記すことになっていた。

　このような事態に対して1971年から，本籍地欄には都道府県名だけを記入す
ることとし，思想信条や家庭環境，親類の状況など差別につながる可能性のあ
る項目をなくした「近畿統一応募用紙」のみを求職者が提出する取り組み等，
採用選考時の不適切な言動に対して「言わない，書かない，提出しない」こと
を徹底する取り組みが展開された。そして1973年には，労働省・文部省，全国
高等学校校長会の協議によって「全国高等学校統一応募用紙」が作成されるに
至った。この取り組みは，教科書無償化と同様に，すべての子ども・青年に還
元されるユニバーサル性を有する取り組みだと言える。

学校文化変革としての「八尾中学校教育革命」

　矛盾が集中する部落の子どもの「非行」問題は，1960年代には既に先鋭化し
ていた。1961年11月に大阪府の八尾中学校では，部落の子どもたちによる授業
放棄・妨害が頻発していた。部落の子どもたちによる「非行」は，第1に，就

職差別によって将来への展望を描くことができ難いことによるものであった。第 2 に，当時の八尾中学校の 3 学年でもそうであったように，進学コースと就職コースに分けられる選別教育が行われており，それらへの反発として現れたものであった。

　問題の収拾を目指して11月15日に生徒と 3 年担当の教師との話し合いがもたれることになった。そこで，部落の子どもたちから，「わかる授業にして欲しい」・「差別のことをきちんと考えて欲しい」といった，次のような要求が出された。

　　僕たちの親の多くは，生活の貧しさのために，毎日毎日仕事に追われ，子どもの勉強や生活の世話をしたくともできない状態におかれているのです。だからこそ，僕たちは，先生たちを頼りにしたいのです。その先生たちが，僕たち，私たち，兄や，姉を含めてこの八尾中教育の10年間に，一体何をしてくれたのですか。卒業しても，土方か〈アンコ〉にしかなれないような，低い学力のままに，ほったらかしにされ，先生からも，生徒からも差別され，それに，いつもおとなしくたえておればいいのですか。(中略) 先生，私たちに腰板をわったり，ガラスにあたったりしなくてもいいような正しい方法を教えてください。明るい希望の持てる教育をして下さい。

　その後，連日の話し合いがもたれ，12月 8 日に子ども・教師・保護者の協議によって，「日本の民主主義を根底から実現していくものとしての同和教育を，全力をあげて取り組んでいく決意を固めたものであります」という教職員の決意表明が記された「八尾中問題の本質についてのアピール」が作成され，八尾市民に配布された。

　この件は，子どもの要求を教職員が受けとめ，選抜的・排除的であった学校文化を変革していく契機となったものであるとともに，当初は子どもたちの「暴力」による表現であったものが，各々の欲求を集団の要求としてまとめ，「共通の願い」を形成し，それを「正当」な方法で教職員に提出するといった表現に「変化」していったことなどから「八尾中学校教育革命」とも呼ばれている。

　この「革命」が，子どもの「非行」を発端としていたため，一時期，「非行

は宝だ」という言葉も生まれた。それは，教職員が「非行」の背景を把握し，自らの教育課題を見出し，「自己変革」していくことを求める言葉であった。なお1970年代になると，部落解放運動側から，「非行は宝だ」という言葉は，その背景はともかく，「非行」行動そのものを正当化する危険性があるため，以後は，「『非行』は差別に負けた姿」と表現するべきだ，との指摘がなされた。

　1960年代には，この「八尾中学校教育革命」を象徴的な事例として，被差別の立場にある子どもが，理不尽な扱いに対して，その変革を求めて立ち上がることが同和教育実践上の1つの焦点となった。

　そして，子どもの立ち上がりを実現するために第1点目として，「親（保護者）の生きざまに学ぶ」ことや大人たちが部落解放運動に取り組む姿に出会うことが重視された。

　第2点目に，被差別の立場にある子どもの立ち上がりを周りの子どもたちの立ち上がりにつなぐ「反差別の仲間づくり」が実践されていった。その代表的な実践が，福地幸造らによる『落第生教室』実践であった。

反差別の仲間づくり

　1963年に福地幸造が在職する兵庫県立湊川高等学校定時制において，3年生から4年生へ進級する生徒の中から24名という大量の落第生を出すことになった。この生徒たちの大半は，いわゆる「ゴンタクレ」であり，部落出身生徒や在日韓国・朝鮮人生徒が含まれていた。福地は職員会議や生徒会の反対を退け，この落第生を集めた学級をつくり，反差別の仲間づくり実践を行う。この実践は，1964年に福地の著書『落第生教室』にまとめられ，全国の人々に知られることになった。

　『落第生教室』実践において大切にされたものが，「語り」の作風であった。世間から負のレッテルを押し付けられてきた落第生たちは，それがもたらす苦しみから解放され「自分を生き直す」必要があった。そのために，他者に自己を開いていくことを通して，自らを再定義する取り組みとしての「語り」が実践されていった。

　生活綴方の影響を強く受けている福地は，生徒やその親の生活歴・生活史を記録し，それを語り合うことを重視する。自らの生い立ちや親の生きざま等を落第生たちが語り合う中では，部落問題や在日韓国・朝鮮人問題，貧困，家庭

崩壊等々が語られる。この語り合いの中で，幾重もの葛藤や対立，揺れを経験
しながらも，次第に共鳴・共感する関係の仲間が形成されていく。このような
「語り」の作風について，福地自身は次のように整理している。

　　生活者たる親たちの苛酷な「生きざま」，切実な〈こころざし〉を，他な
　らぬその息子や娘，子どもたちがまさぐり，たぐり寄せ始めたのである。あ
　る者は親を恨み，またある者は「言葉」に気をつけ，というように，「部落」
　から逃げ，「出身」をかくし，あるいは荒れてきた生徒が（中略）自己の社
　会的立場をつかみきる（"出身を名のる"）苛烈な作業からともすれば逃亡しよ
　うとするその「逃げ道」を自ら絶ちきり（あるいは絶ちきられ），親の生活史
　や解放運動の志につながっていくその出会いは，〈語り〉の作風と総称され
　てきた。

　福地等による反差別の仲間づくり実践は後に，「被差別の立場にある子ども
を中心とする，生活を通した仲間づくり」へと受け継がれ，その実践の中で目
指される「集団主義」の形成は，同和教育の原則の1つとして挙げられるよう
になった。またその実践スタイルは，「見つめる→語り合う→つながる」サイ
クルとして整理されている。

3　「低学力」の克服と教育内容の創造——1970年代を中心に

　1970年代には，部落の子どもの「非行」とともに「低学力」の克服が大きな
課題とされ，その克服に向けた教育目標，内容・方法が創造されていく。

「解放の学力」論

　1967年に組織された全国解放教育研究会に結集した中村拡三らによって理論
的整理が行われ，部落解放運動と連帯する同和教育が目指す「学力」（教育目標
論）として示されたものが「解放の学力」であった。「解放の学力」の柱は，
①部落解放の自覚，②集団主義，③科学的認識，芸術的認識の形成であり，①
を基盤として②・③を形成するという構造が示された。この提案によって，一
時期，部落解放の自覚の形成こそが同和教育の目標であるといった考え方に基

づく実践が行われ，それは部落の子どもたちの「抵抗感」に依拠し，「自分が
部落出身であることを自覚させる」実践＝「寝た子を起こす」実践であった。

　こうした実践は，狭山事件に対する取り組み等と相まって，「部落民宣言」
（学級等で，自らが部落出身であることを明らかにし，差別と闘っていく意思を示す取
り組み）や「同盟休校」（自身の要求を貫くために，あるいは保護者等による闘いを支
援するために行われる子ども版ストライキ）として取り組まれていく地域も現れた。

　「部落民宣言」を行うことは，当事者にとって辛く，きつく，勇気のいるこ
とであったに違いないが，「自らの立場を明らかにして生きていく」という意
味で，その当時はきわめて重要な取り組みだとされた。しかし，こうした取り
組みが継承されているかというと否であり，その意義と課題を再度検討する必
要がある。

　「解放の学力」の形成を目指す方向性は，1970年に発刊された大阪府の同和
教育副読本『にんげん』の編集方針として，あるいは1970～80年代に大阪を中
心として取り組まれた，解放教育計画運動の考え方の基軸として引き継がれて
いった。

同和教育副読本と教科書での部落問題記述

　1970年代以降，教育内容の創造は進展し，その代表例として，人権・部落問
題学習を組織的・計画的・系統的に進めていくための同和教育副読本の作成が
挙げられる。同和教育副読本の嚆矢は，1960年に奈良県同和教育研究会が発行
した『なかま』であった。その編集上の原則は，①子どもたちを取り巻く現実，
子どもたちの直面している問題をあるがままに見つめること，②子どもたちを
組織し，集団化すること，つまり集団主義の教育，③権利意識をのばすことで
あった。この原則からは，「解放の学力」との一定の共通性が見られるととも
に，生活綴方の影響を垣間見ることが出来る。『なかま』は奈良県内・外で使
用され，各地域での部落問題学習づくりや同和教育副読本作成に大きな影響を
与えた。

　大阪府の同和教育副読本『にんげん』も『なかま』の影響を受けて作成され
たものの１つである。『にんげん』は，1968年に表面化した「越境問題」が契
機となり作成・配布されることになった。「越境」とは，自らが居住し，部落
の人々や在日韓国・朝鮮人が多く暮らす校区を避けて，受験等に有利な他校区

の学校へ通うことであり，その是正が求められた。教育委員会が「越境」の違法性を唱え，表面上は解決に向かったが，関係者たちは，問題の背景には差別意識があると考え，その克服を目指し，生活現実の中での人権問題を取り上げた同和教育副読本が作成されることになった。

　一方で，国民的課題としての部落問題を学校教育に正しく位置づけることを要求する部落解放運動・同和教育運動の進展によって，1972年から中学校の社会科教科書（歴史的分野・公民的分野）において部落問題が初めて記述されることになった（1974年から小学校6年生用の社会科と高等学校の日本史教科書でも取り上げられる）。全同教は，1971年から部落問題や部落史に関する研究集会を開催し，各地での取り組みの発展を促した。こうした取り組みの広がりと積み重ねの中から，各地域の同和教育副読本が生み出されていった。

教科領域における教育内容・方法の創造

　『にんげん』による実践を開始した大阪の教師は，それすら読むことが出来ない子どもがいること，それは被差別の立場にある子どもであることを発見し，「低学力」の要因ともなる言語獲得に着目するようになった。大阪市同和教育研究協議会では，プロジェクトチームを組織して調査・研究を重ね，1975年に教材集『ひらがな』を作成し，実践を進めた。こうした取り組みに刺激を受け，各地で「ひらがな指導」が行われるようになった。

　また，1969年に大阪府高槻市の小学校において算数の自主教材づくりが始まった。それは，次の4点の総括の上に進められたものであった。第1点目は，子どもの「誤答」の原因は，現行の教科書・入試体制にある，第2点目は，教科書・入試体制に甘んじてきた教師の責任を問う，第3点目は，これまで「できない子ども」と評価されてきた子どもの実態を細かく把握し，その実態を検討していく，第4点目は，いわゆる「できる子ども」の学力をも見直し，（「剝落しない学力」を目指し）飛躍のない授業を創造していく，という総括であった。学校知の脱生活（文脈）性や正答主義を問うこの取り組みは，大阪府同和教育研究協議会の活動へと組織化され，教材『さんすう』・『算数』としてまとめられた。

　さらに1970年頃から，「入り込み促進指導」と「抽出促進指導」が行われるようになった。「低学力」に苦しむ子どもたちへの，より直接的な学力保障措

置を講じる必要性が認識され，試行錯誤の中で創造された方法の１つが，入り込み促進指導である。これはティーム・ティーチング（以下，TT）の１つで，国語・数学（算数）・英語等において，授業を進行する教師と授業の中で「低学力」に苦しむ子どもの支援にあたる教師がペアとなって学力保障に取り組むものである。もう１つが，抽出促進指導であり，本人の指導に対する意志や保護者・クラスの仲間のこの取り組みへの理解を前提条件として，国語・数学（算数）・英語等において，別室にて１対１に近い形で支援にあたり学力保障に取り組むものであった。これらは現在の TT や補充学習，特別支援教育の文脈上での学習支援員制度の先駆的事例だと考えられる。

4　進路・学力保障問題と取り組みの総括──1980年代以降を中心に

　1980年代以降には，進路・学力保障問題が争点となるとともに，同和教育の形骸化言説の流布等の同和教育内外での情勢の変化の中で，同和教育はこれまでの取り組みを総括し，今後の方向性を検討する必要に迫られることになった。

同和教育（学力）実態調査と学校・家庭・地域の協働教育の推進
　大阪では1975年に第１次解放教育計画を発表し，学校・家庭・地域の協働教育（「地域からの教育改革」）へとつながる先駆的な取り組みを開始していた。その後1984年に「解放教育計画10年の総括」を目的とした第２次解放教育計画検討委員会が設置され，その委員長であった鈴木祥蔵は，取り組みの成果とともに２点の課題を指摘した。第１点目は，地域での子ども・保護者の自主的教育活動が弱い点であり，第２点目は，10年前にも課題とされた「低学力」問題が克服されていない点であった。こうした総括に加え，学歴社会化が進行する中での部落の人々の高等教育修了者の割合における全国平均との格差等が問題視され，1980年代中盤以降，「低学力」問題のさらなる原因究明を目指し，学力や生活等の実態を把握する同和教育実態調査が各地で行われた。
　調査の結果として，学力面では，部落の子どもは部落外の子どもと比べて相対的に「低学力」である傾向が未だにあること，その学力格差は学齢が上がるのに比例して広がること等が，生活面では，部落の子どもと部落外の子どもの間では「文字文化の接触」において差がみられること等が明らかになった。ま

た，「低学力」克服を目指す授業改革・学校改革の問題，家庭・地域の教育力の問題等が改めて共通認識された。

　これらの調査の中で，池田寛等が注目したものが自尊感情（セルフ・エスティーム）であった。自尊感情の形成もそうだが，学校のみで学力や生活上の課題克服を目指すのには限界があるため，学校・家庭・地域が，また校区内の校種間が協働して課題克服を目指す進路・学力保障実践の方向性が模索された。

　たとえば福岡県では，1990年の同和教育実態調査が提起した課題（基礎学力の向上，肯定的セルフイメージの高揚，家庭・地域の教育力の向上）解決を目指した「第一次学力向上研究推進校区事業」が1993〜95年度に県下の6つの中学校区において取り組まれて以降，地域協働教育システム構築の取り組みは継続して行われ，多くの中学校区の取り組みへと広がっていった。大阪府でも同様の取り組みが1995年から「ふれ愛教育推進事業（CCP）」として進められた。そしてこの取り組みが，広く「人権のまちづくり」へとつながっていった地域も現れた。こうした取り組みは，後に文部科学省が提唱した「学校・家庭・地域の連携」や「チームとしての学校」の先駆的事例であった。

形骸化言説の流布から同和教育の総括へ

　1980年代前後は，同和教育関係者の「内部」で，形骸化言説が流布する時期であった。主な形骸化言説は，①教師の資質ともいうべき点を問題とする言説，②目標概念（部落問題認識，人間像，学力観，同和教育観）を問題とする言説，③（部落問題学習を中心とする）教育内容・方法等を問題とする言説という3つに整理できる。①・②に対しては，「差別の現実から深く学ぶ」という原点に立ち返るべきだ，との主張がしばしばなされた。③としては，人権・部落問題学習の「パターン化・マンネリ化」や「三つのタ（タテマエ・タテジワ・タニンゴト）」傾向等が指摘され，「差別と自己のかかわりを大切にする」人権・部落問題学習が求められることになった。

　さて，1980年代前後には，同和教育関係者の「周辺」や「外部」でも変化が生じていた。同対審答申以降，行政の責任において様々な教育施策が展開されてきたが，1970年代後半からその見直しを求める声が一部に現れ，1982年に5年間の時限立法として成立した「地域改善対策特別措置法」では，大学進学に向けた給付制の解放奨学金が貸与制になり，その後高等学校進学に向けた解放

奨学金も貸与化される等の同和行政の後退傾向が現れた。

　他方，1988年の部落解放同盟第45回全国大会では，様々な教育条件を獲得してきた行政闘争主導の「第二期の部落解放運動」に代わって，困難を抱えている（部落外の）多くの人々と連帯した共同闘争を展開する「第三期の部落解放運動」が提案された。世界では東西冷戦体制が，日本では55年体制が崩壊する等，変動の激しい時期に，1997年の「地域改善対策特定事業に係る国の財政上の特別措置に関する法律」の期限切れを見据えた，新たな部落解放運動の方向性の提案であった。このような情勢下で，同和教育もこれまでの取り組みを総括し，今後の方向性を検討する必要性に迫られることになっていた。

　こうした時期に，「人権教育のための国連10年」等で示された国際的な人権教育の理念，内容・方法等が広く紹介され，その影響を強く受けることで1990年代中盤以降に「同和教育を人権教育へと再構築するべきだ」という考え方が現れ，それは関係者に受容されていったと概観できる。

5　同和教育のユニバーサル性と課題

　かつて，部落の子どもにとって学校は差別される場所であり，教師は差別者であった。そして，部落の人々の中に多くの非識字者を生み出してきた。その反省の上に同和教育では，「差別の現実から深く学ぶ」中での「教師の自己変革」を大切にしてきた。自己変革を果たし，長欠・不就学問題克服を目指した教師が部落解放運動と連帯して取り組んだ教育条件整備運動や教育実践および，就職差別に対する取り組みは，部落の子どもたちのみではなく，すべての子どもに還元され，子どもたちが学びやすい状況を創り出すユニバーサル性をもっていた。

　また，取り組みの対象を被差別マイノリティへと広げ，その訴えや要求を聴き発展してきた同和教育は，「非行」・「低学力」問題克服を目指し，既存の教育のあり方を問い直すオルタナティヴとして存在してきた。教育目標としての「解放の学力」は個人主義的上昇移動を志向する「受験学力」を，反差別の仲間づくり（集団主義）は排他的な学校文化を問い直すものであった。人権・部落問題学習や進路・学力保障実践は，脱生活（文脈）性・正答主義を特徴とする学校文化や学校知を問い，「教育と運動の結合」原則は，「教育の中立性」幻

想や当時の学校の閉鎖性に対抗し，対案を示すものであった。

　近代公教育は，民衆の教育要求を組織し実現することで，民衆が批判的な思考力や労働能力を形成する可能性を有するとともに，他方では，民衆を啓蒙し，統制していく危険性も有している。同和教育は，こうした二面性のある近代公教育がつくってきた学校文化・学校知の抑圧性を問い直すオルタナティヴであり，教育のユニバーサル化に貢献する「普遍性」を有していた。

　さて，同対審答申以降進展した行政による教育条件整備等は大きな成果を上げた一方で，次第に部落の人々やその関係者を脱主体化していき，行政への依存を生み出す中で，学校の抑圧性を批判する緊張感を喪失させ，「オルタナティヴな価値不在」状況を生み出したのではないだろうか。この点は，同和教育の第 1 点目の課題であり，現在の人権教育を問い直す重要な視点だと考える。

　第 2 点目の課題として，同和教育が，部落の子どもたち等に対する「特別対策教育」化し，被差別マイノリティに問題意識が集中していた点を挙げたい。同和教育の原則である「差別の現実から深く学ぶ」は，正確には「被差別の現実から深く学ぶ」ことであった。人権・部落問題学習においても，取り上げられる題材は「被差別の現実」が多かったのではないだろうか。また，取り組まれた実践においても主な対象は被差別マイノリティである場合がきわめて多かった。反差別の仲間づくりでは，被差別マイノリティの立ち上がりが重視された。進路・学力保障実践の主な対象は，「低学力」に苦しむ被差別マイノリティであった（これらの諸点は，同和教育の「成果」とも言えるが……）。

　その反面，差別問題の一方の当事者であるはずのマジョリティへの問題意識は希薄であり，そうした問題意識が希薄な実践は，不十分なものとならざるを得なかったのではないだろうか。そして，マジョリティの有する価値に対する「オルタナティヴな価値不在」傾向を生み出したものと考えられる。また，同和教育が，被差別マイノリティへの取り組みに終始し，結果的に既存の教育価値への「同化」を促してしまう中で，「オルタナティヴな価値不在」傾向を強化したものと思われる。さらに，同和教育実践が「特別対策教育」として，部落を校区内に有する一部の学校での実践に閉じ込められる中で，実践の広がりが遮断され，多くの学校（マジョリティ側）には影響を及ぼさない状況を生み出したのではないだろうか。

　第 3 点目の課題として，同和教育が当為性の強いものとなり，「開かれた空

間」（公共的空間）の中での，多声的な「対話」を遮断した点を挙げたい。同和教育においては，被差別マイノリティへの「濃厚なまなざし」によって，教育の目的が学力形成を超えて直接的にある特定の人格を形成することへと向かい，価値注入的な性質を持ち，当為性の強い教育となりがちである，との指摘がなされている。そして1つに，子どもたちの多声的な「対話」を遮断し，同和教育に対する子どもたちの否定的なイメージを生み出したものと考えられる。とくに人権・部落問題学習では，学習主体である子どもが感じる葛藤・矛盾が軽視される一方で，「差別はいけない」という当為論的な規範・価値が注入され，自ら考え，自己・他者と議論し，納得する学びに必須の「対話」が欠落する傾向があった。この場合，マジョリティの子どもたちは，「同情」や「自己断罪」から一時的に問題を考えたとしても，自らの問題として考え，「差別と自己のかかわりを大切にする」学びには至らないであろう。

　2つに，教師間の多声的な「対話」を遮断し，教師の組織的実践を阻害したものと考えられる。同和教育における被差別マイノリティへの「濃厚なまなざし」は，教師自身への厳しい自己批判となるため，どの教師でも務まることにはならない，との批判もある。また当為性が強いがゆえに，務まる教師／務まらない教師の間の「対話」は成立し難く，組織的実践の展開を困難にしたものと考えられる。

　こうした課題の払拭に，同和教育研究が貢献せねばならなかった。しかし，同和教育が「事実と実践で勝負する」作風であるがゆえに，理論的整理が遅れたことは否めない。また，部落解放運動の路線対立の影響を受け，建設的な研究議論が展開されなかったことも課題であろう。

　同和教育は，すべての子どもたちが学びやすい状況を創り出すユニバーサル性をもっていた。いじめや不登校等，子どもの人権に関わる問題が発生し続けている現在，既存の教育のあり方を問い直すオルタナティヴとして数多くの問題提起を行い，公教育の変革を目指してきた同和教育の理念，内容・方法等を再び見直すべきではないだろうか。そして，第5節で指摘した課題を念頭に置き，人権教育を推進していく必要があるだろう。

　その際に留意すべき点の1つは，「被差別の現実」のみではなく「差別の現実」をも把握していくことであろう。2つは，「開かれた空間」（公共的空間）

コラム 11　狭山事件と教育課題

　狭山事件は1963年に埼玉県狭山市で発生した，高校1年の少女を被害者とする強
盗強姦殺人事件である。この事件では，部落出身の青年石川一雄さんが自白によっ
て犯人とされ，有罪判決を受けることになったが，1964年の控訴審第一回公判で石
川さんが無実を叫んだことによって，この事件の解決は，部落解放運動の三大闘争
方針の1つとされた。

　後に全同教は，長欠・不就学生であり，学習権教育権を保障されてこなかった石
川さんの生い立ち等から「狭山の教育課題」を次のように整理している。「①部落
の子どもたちをはじめ，被差別の側にある子どもたちの，『学校を休む』『学習意欲
がない』などという現象に対して，その背景にある生活の厳しさを，くらしのなか
からとらえて，教育を受ける権利の保障を実現していくという原則を確認する。②
子どもたちに，くらしをたてていくための基本的な力をつけているかという課題を
追求する。③自己の社会的立場を自覚し，差別や不合理と闘って生きていく意欲と
態度を培っていく。④自らの権利を守るための手段や方法について学習し，『生き
る力』を培っていく。⑤部落に対する予断と偏見・差別意識を恥ずべき社会悪とと
らえる学習活動に取り組んでいく。」

の中での，多声的な「対話」を重視し，様々な声の集約としての「共通の願
い」を探っていく方向性であろう。そして，これを踏まえて最後に，既存の教
育に対する人権教育としてのオルタナティヴな価値を再検討していくことであ
ろうと，筆者は考えている。

参考文献

鐘ヶ江晴彦編著『「同和」教育への社会的視座』明石書店，1996年。

川向秀武・中野陸夫編著『同和教育の計画と展開』第一法規，1984年。

田中欣和編著『解放教育論再考』柘植書房，1981年。

中野陸夫監修中尾健次・森実編『同和教育の理論』東信堂，1987年。

中野陸夫・池田寛・中尾健次・森実編著『同和教育への招待——人権教育をひらく』解
　　放出版社，2000年。

日本人権教育研究学会編『21世紀の人権・同和教育への展開——人権・同和教育と教師
　　の力量形成』学術図書出版社，2004年。

部落解放研究所編『改訂・戦後同和教育の歴史』解放出版社，1988年。

部落解放研究所編『これからの解放教育——学力保障とカリキュラム創造』解放出版社，
　　1993年。

部落解放研究所編『これからの人権教育——新時代を拓くネットワーク』解放出版社，
　　1997年。

元木健・村越末男編『「同和」教育論ノート』解放出版社，1980年。

（さらに読み進めたい人のために）

鈴木祥蔵他編『地域からの教育改革——大阪の解放教育の点検と再構築』解放出版社，
　　1985年。
　＊詳述できなかった「解放教育計画運動」は，戦後の日本教育史上において稀有な
　　「下からの教育計画運動」であった。本書は，その到達点を示すものである。

東上高志『教育革命』部落問題研究所出版部，1962年。
　＊「八尾中学校教育革命」について記された本書から，教師の「自己変革」とは何か，
　　「学校文化変革」とは何かについて深く学ぶことができるであろう。

福地幸造『落第生教室』明治図書出版，1964年。
　＊福地幸造をはじめとした兵庫解放教育研究会の実践に対しては，賛否両論ある。し
　　かし筆者は，反差別の仲間づくり実践こそ，部落解放運動と連帯した同和教育実践
　　の1つの「典型」であろうと考えている。

（板山勝樹）

第 12 章
グローバルスタンダードとしての人権教育の展開
——国際社会における人権教育の原則とは——

Short Story

　就活が本格化する前に，アルバイトで貯めたお金で海外に行ってみたい……そんな気持ちが強くなり，イオリさんはついに台湾行きを決心しました。いろんな人と出会いたいから，あえて一人旅を選択。大学で学んだ中国語が，うまく相手に伝わるかしら……。

　台北市内では，立法院（国会）の前で，たくさんの人が虹色の旗やのぼりをもって座り込み，署名活動をしていました。思いきって声をかけてみると，同性婚を認める法の成立を求めているとのこと。同年代のグループもいて，こんなことを話してくれました。「好きな人と自由に結婚し，家庭を作ることは基本的人権，ってあなたの国の憲法にも書いてあるでしょう？　異性愛者なら，好きな者どうしで結婚するかしないかを選べるけれど，私たちには，それを選ぶ権利すらない。法によって認められるべき権利が，同性愛を理由に認められないなんて，『差別』よね」

　イオリさんには，結婚はちょっと遠い話に思えたものの，分からないことは思い切って聞いてみようと，「好きな者どうし一緒に住むだけじゃだめなの？　どうして結婚なの？」と，たずねてみました。すると，「結婚の権利が法的に認められてないから，パートナーが入院しても，病院では『あなたは誰？　家族じゃなければ，手術の同意書には署名できません』って言われるの。相手が亡くなっても，一緒に築いた財産すら相続する権利がない。毎日の暮らしで，いちいち壁にぶつかるのよ。いろんな権利がないってことなのよ」

　イオリさんはびっくりしました。好きな人と結婚したり，一緒に生活することは「人権」で，その権利を求めて運動している，自分と同年代の若者がいるということに。また，何度も「権利」という言葉が出てきたことにも。日本では普段，自分の「権利」を意識することなんて，あまりなかったからでした。

　（注：台湾では，2019年5月17日，アジアで初めてとなる同性婚を認める法律が立法院で可決されました。）

　日本では，人権は「思いやり」のような抽象的な価値と混同されることも少なくない。だが，人権は人が生まれながらに持つ権利であり，人権教育というからには，自分，そしてすべての人々が持つ具体的な権利の中身を学習することなしには成り立たない。本章では，国連の取組みを中心に，人権教育の基本的な考え方を紹介したい。

1　人権意識の実際

アンケート調査への回答から

　もう20年も前のことになるが，ミレニアムの転換期となる1999年から2000年にかけて，1700人を超える学校の先生方と社会教育関係者を対象に，人権研修会の場を借りてアンケートを実施した。「人権とは何でしょうか。あなたの言葉で定義してください」という問いに，自由回答方式で答えてもらったところ，なんと，最もまとまっていたのは，「おもいやり」「やさしさ」「いたわり」だった。

　人権を英語で記すと，human right "s"（名詞の複数形を示す s がついていることに注目）となる。だから人権は数えられるほど具体的な権利であり，しかも，複数あることが分かる。にもかかわらず日本では，人権は何か抽象的で，心情主義的な価値観のレベルでしか捉えられていないのではないか，と考えさせられた。

　さらに，併せて多かった回答は，「人が生まれながらに持っている権利」というものだった。アンケートはたいてい研修会の開始前に実施していたので，続く研修会の中で「あなたが生まれながらに持っている権利にはどんなものがありますか」と参加者に尋ねてみることにした。すると，「衣食住」などがまず挙がるものの，どこの研修会でも権利のリストが10を超えることはなかった。また，「考えたことがないから分かりません」と答えた人も，少なからずいた。

　ところで，その頃，私は東アジアのいくつかの国でも人権教育の調査を行っていた。東西冷戦が終結して1990年代に入ると，人々の関心は「イデオロギーの異なる外国の脅威」から，身近な暮らしとそれを支える国内政治に向けられるようになっていた。人権は市民にとって日常の暮らしを点検する基準となり，市民の人権を実現するアカウンタブルな政府を求めて，各国で民主化運動が進

展していた時期である。人々が自らの権利を学び，権利の主体として行動することを促す人権教育の実践は，まさに民主化運動とともに世界各地に広がっていた。

　たとえば，フィリピンの調査で驚いたのは，街角の集会や村の学習会で，ふつうの人々が「国際人権規約」を手に学んでいる姿を見かけたことであった。日本の市民啓発では，あまりそうしたシーンに出会わなかったので，ある日，1人の女性に「なぜ国際人権規約をそんな熱心に読んでいるのですか」と尋ねてみたのである。すると彼女は「ここに私の権利が書かれているから」と答えてくれたのだった。

　これは衝撃的な経験だった。私は，学校で憲法を習い，その前文も暗記したし，法学部に入ってからは人権を専門的に学びもした。しかし，恥ずかしながらそれまで，「憲法や国際人権条約に自分の権利が書いてある」というような実感を持ったことはなかった。人権が自分の権利であり，これを学ぶことが人権教育だという当たり前のことを彼女は私に伝えてくれたのである。

　人権教育の重要な原則を示した「人権教育及び研修に関する国連宣言」（国連総会で2011年に採択）の第1条は，「すべての人は，人権と基本的自由について知り，情報を集め，手に入れる権利を有し……」という文言で始まる。自分の人権を知ることは権利なのである。そして，これは人権教育の最も基本的な原則である（章末資料参照）。

世界人権宣言——それはあなた自身の権利のリスト

　それでは，あなたの具体的な権利は，どこに書いてあるのだろうか。

　戦後の国際社会は，民族や人種間に優劣があるという考えが，植民地の拡大と大量殺戮（ジェノサイド）を正当化し，第2次世界大戦の未曾有の惨禍をもたらしたことへの反省から，すべての人が人間として等しく尊厳と権利を有する存在だということを，世界の共通理解とすることが平和の礎になると確信した。そして，戦後発足した国際連合では，世界史上初めて，「世界中のすべての人が，等しく人権を有すること」を謳い，かつ，その具体的な権利の中身を30条のリストにした文書を「世界人権宣言」として，1948年12月10日の総会で採択した。世界人権宣言は，あなた自身の，そして世界中のすべての人が有する，権利のリストである。

　人権のリストと言えば，「憲法」を挙げる読者もいるかもしれない。だが，憲法上の人権には，その国の国籍を持つ市民の権利に限定されるものもある。それに対して世界人権宣言は「すべての人民とすべての国とが達成すべき共通の基準」（世界人権宣言前文）である。

　また世界人権宣言は，その後，国連で起草・採択されたすべての人権諸条約の，基礎となった文書である。国際人権規約，人種差別撤廃条約，難民条約，女性差別撤廃条約，子どもの権利条約，拷問禁止条約，障害者権利条約などは，日本も締約国となっている国際人権条約で，これらの条約もまた，みなさんの人権のリストである。

　もちろん，人権が憲法や国際人権条約に書かれているからといって，ただ単に条文を教え，知ることが人権教育（学習）でないことは言うまでもない。具体的な権利が，憲法や国際人権条約に記されたのは，人類の歴史の中で，差別や抑圧に対して声を上げた人々がいたからであり，こうした声が，人間らしく生きるために必要な条件として，人権基準に結実したのである。だからこそ，歴史を知り，声を上げた人々の思いに共感することもまた，人権教育の大切な要素であることは言うまでもない。

世界では——1990年代から本格化した人権教育への取組み

　ところで，人権と基本的自由の尊重を促進することは，国連発足時からの目的の１つであるが，国連において人権教育への本格的な取り組みが可能になったのは，1990年代以降のことであった。冷戦下では，東西両陣営間と南北諸国間のイデオロギーをめぐる対立が，人権に対する考え方の違いを生み，人権基準の普及に大きな影を落としていたからである。

　人権が，ようやくすべての人にとっての普遍的基準であることが「再確認」されたのは，1993年に開催された世界人権会議においてである。また，同会議で採択された「ウィーン宣言及び行動計画」では，人権教育の推進——具体的には「人権教育のための国連10年」の実施——が提案され，これを受けて翌年の国連総会が，1995〜2004年を「人権教育のための国連10年」とすることを決議した。

　なお，ここで強調しておきたいのは，人権教育と人権救済は「車の両輪」であって，人権教育だけが推進されればよいわけではない，という点である。人

権教育によって，人々が権利の主体としての意識を高めれば，人権侵害に対して声を上げる人々も増えるであろう。しかしその時，救済を求めるシステムがなければ，人権は単に「絵に描いた餅」である。そこで国連総会では，世界人権会議の開催と同じく1993年に，「国内機構の地位に関する原則」（通称「パリ原則」）を決議し，各国に国内人権機関を設立を促した。パリ原則に基づき設立された国内人権機関は，公的機関であるが政府から独立し，個別の人権侵害に関する申し立てを審理し，調停・救済を教示する権限が与えられる（国連人権高等弁務官事務所によると，2019年11月27日時点で，政府から独立した国内人権機関は，80ヵ国にある。https://www.ohchr.org/EN/Countries/NHRI/Pages/NHRIMain.aspx）。ただし，日本では再三，国連の勧告を受けているにもかかわらず，未だ国内人権機関は設置されていない。

　なお，世界人権会議以降の，国連による人権教育に対する取組みは，年表12-1の通りである。

年表12-1　国連における人権教育の推進

1993年	世界人権会議「ウィーン宣言及び行動計画」採択 国連総会「国内機構の地位に関する原則」（通称「パリ原則」）決議
1995～2004年	「人権教育のための国連10年」
2005～09年	「人権教育のための世界プログラム」第1段階（重点領域：初等・中等教育）
2008～09年	「人権学習の国際年」（2008年12月10日から1年間）
2010～14年	「人権教育のための世界プログラム」第2段階（重点領域：高等教育および，教員・教育者，公務員，法の執行者，軍関係者）
2011年	「人権教育および研修に関する国連宣言」を人権理事会が採択
2015～19年	「人権教育のための世界プログラム」第3段階（重点領域：メディア専門家及びジャーナリスト）
2020～24年	「人権教育のための世界プログラム」第4段階（重要領域：若者）

2　「人権教育のための世界プログラム」

プログラム各段階における重点領域のシフトが意味すること

　ところで，「人権教育のための国連10年」は，「あらゆる発達段階の人々，あらゆる社会層の人々」を対象とした包括的な枠組みであったので，これに続く「人権教育のための世界プログラム」では，5年ごとに段階（フェーズ）を区切

り，その間，重点的に焦点を当てる領域が設定されてきた。

　第1段階（2005～09年）は「初等・中等教育」，第2段階（2010～14年）は「高等教育および教員・教育者，公務員，法の執行者，軍関係者」，第3段階（2015～19年）は「メディア専門家及びジャーナリスト」が重点領域とされた。また，現在進行形の第4段階（2020～24年）の重点領域は「若者」とされ，平等，人権，非差別，および包摂と多様性の尊重に力点を置くことが決議された。

　この「人権教育のための世界プログラム」の初期のフェーズ進行には，実は人権教育の重要な原則が埋め込まれていたことにも注目してほしい。とくに「世界プログラム」第1段階が「初等・中等教育」を重点領域にしたのは，義務教育を中心に，学校で人権教育を実施すれば，将来社会の担い手となる若者たちをすべてカバーすることができるからである（そして保護者や，地域社会にも影響を与えることもできる）。言い換えるなら，第1段階は，権利の主体（権利の保持者）である「市民」を対象とした人権教育に焦点を当てていたのである。

　しかし，市民の権利意識が高まるだけで，それを実現する責務の保持者の役割が明確化されなければ，人権はやはり「絵に描いた餅」になってしまう。そこで第2段階では「市民の人権を実現する責務の保持者」を対象とし，「教員・教育者，公務員，法執行官，軍関係者」を重点領域とした。なかでも，市民の権利を実現する一義的責務は「国」にあるから（憲法も，国際人権条約も，そこに書かれていることを実現する一義的責務があるのは，国である），その職員の研修はとくに重要である。つまり，「人権教育のための世界プログラム」の第1段階と第2段階は，このように「権利の保持者」（市民）と，「責務の保持者」（国・公的機関の側）の両者に向けた人権教育を，段階的に焦点化していったのである（なお各段階の行動計画は，外務省のウェブサイトに原文・日本語訳が掲載されている）。

　なお，国際社会においては，「権利の保持者」と「責務の保持者」を対象とした人権教育は，言葉の上でも区別もされている。広義にはどちらも人権教育であるが，狭義には，「権利の保持者」である市民を対象にするものを「人権教育」，「責務の保持者」を対象とするものを「人権研修」と呼んでいる。

第3段階──メディアと人権

　たとえば，「人権教育のための世界プログラム」第3段階では，「メディア専

門職とジャーナリスト」の人権研修が重点領域とされた。メディア専門職・ジャーナリストに対して，「研修」という用語が使われていることにも注目してほしい。

　報道が持つ社会的影響力と，民主主義と人権の実現のためにメディア専門職・ジャーナリストが果たす職責は実に大きいからである。しかし，だからといって彼らは，第2段階で重点領域とされた公務員や法の執行者などの「責務の保持者」と同列に扱われているわけではない。それどころか，国や体制に対して批判的な視点から問題提起を行ったために，国から報道の自由を規制されたり，時には生命の危険にさらされることすらある。それゆえ，第3段階の行動計画では，メディア専門職・ジャーナリストが，その職務を安全かつ効果的に遂行できるよう保障することや，情報の自由，表現の自由を保障する法や政策を国に対して求めていることが注意をひく。メディア専門職・ジャーナリストが人権のために職責を果たすには，国が言論の自由を守り，ジャーナリストの安全を保障する責務を果たすことが不可欠なのである。

　インターネットとソーシャルメディア

　ところで，「人権教育のための世界プログラム」の第3段階でいうところのジャーナリストには，ソーシャルメディアなどを通じて情報を発信する者も含まれている。ソーシャルメディアの発信者の大半は，ネットの個人ユーザーにすぎないのでは，と思うかもしれないが，オンラインでの発信が持つ社会的影響力の大きさを考えれば，メディア専門職ばかりでなく個人発信者も，ジャーナリストとしての責任を十分認識しなければならない，ということである。

　日本でも，2016年には「ヘイトスピーチ解消法」「部落差別解消推進法」が相次ぎ公布・施行されたが，その背景には，路上だけでなくインターネット上でのヘイトスピーチや，差別や暴力を煽動・誘発・助長するような言説，情報の拡散の深刻化という立法事実があった。それゆえ「部落差別解消推進法」の第1条（目的）には「情報化の進展に伴って部落差別に関する状況の変化が生じていることを踏まえ」という文言が盛り込まれている。

　インターネットの普及は，人権教育だけでなく，人権政策に対して，新たな挑戦を突き付けている。UNESCO のイニシアティブによって実施されたオンライン・ヘイトスピーチの研究（Gagliardone et. al 2015）によると，ネット上の

ヘイトスピーチや有害コンテンツには「匿名性」「永続性」「巡回性」「再現性」という特徴があり，問題を複雑なものにしている。

　実際，ネット上のヘイトスピーチの多くは，仮名のアカウントから発信されており，「見つからなければ何を言ってもいい」という心理が働きやすい。また，コピーやリツイートによる複製が容易なので，有害なコンテンツがいつまでもネット上に存在し続ける（永続性）。そのため，このような有害コンテンツと人々の接触機会は必然的に増大し，心理や行動に負の影響を受けることは必至である。また，特定の有害サイトが削除されても，データさえ手元にあれば，同じ内容のサイトは，きわめて簡便かつ安価に復活でき（再現性），さらに，ある国で削除されても，規制の緩い国で再開され，同じことが何度も繰り返される（巡回性）。そして，情報が海外のサーバーに移されてしまうと，元の国の法律の効力が及ばなくなり，対応はさらに難しくなってしまう。

　こうした状況に対して海外では，ネット上の有害コンテンツに対する規制の法制化が始まっている。ドイツでは，以前からヘイトスピーチを「民衆煽動罪」として処罰の対象としていたが，それに加えて2017年には，ソーシャルメディアに対する法執行を強化した。ツイッターやフェイスブックなどを運営する企業が，ヘイトスピーチや違法なコンテンツ，偽ニュースの通報を受けたにもかかわらず，これに迅速に対応しなければ高額の罰金を課せられることになった。2019年からはフランスも同様の規制を法制化した。

　ただし通報を受けた後，当該コンテンツを削除すべきかどうかを判断するのは企業なので，ヘイトスピーチ規制を企業に任せることになり，企業による検閲が可能になってしまう，という危惧もある。インターネットの浸透によって，デジタル分野における企業の責任と，改めて国家の役割は何か，ということが問われることとなった（なお，国連人権高等弁務官事務所は，2019年から，デジタル技術の分野における「ビジネスと人権に関する指導原則」実施のためのガイダンス作りを始めている）。

ネット上の「表現の自由」はプロバイダから購入した商品？

　インターネットの普及は，「表現の自由」という人権に対する，市民の感覚をも変えつつあるのではないか，と指摘する専門家もいる。

　数年前のことになるが，東南アジアの「ある国」の大学で教鞭をとる友人が，

こんな話をしてくれた。

> 「独裁政権の下にあった頃は，政府を批判すると捕まったり，超法規的に
> 処刑されたり，身の危険にさらされていたけれど，民主化を経た今，表現の
> 自由は，まがりなりにも保障されている。でも，モノが言えない新たな環境
> が生まれている。たとえば，新しい大統領を批判した人のところに，多数の
> ブラック・メール（脅迫的内容の匿名メール）が来るんだ。大統領の支持率は
> 高いからね」

　古典的な人権の枠組みの下での「表現の自由」とは，市民が公権力に妨げら
れることなく（検閲や規制，ましてや身の危険にさらされることなく），自分の意見
や考えを表明する権利（国家からの自由）を指していたが，今や国家による妨害
よりも，市民相互のバッシングによる権利侵害のほうが深刻だ，というのであ
る。
　こうした現象に対して，「ネットの浸透によって，表現の自由は"国が保障
する人権"というより，サービスプロバイダーから購入した"商契約上の権
利"だという感覚が市民には浸透しているのではないか」と指摘する声もある。
ネットを介して自分の意見を発信する権利とは，カネを払って「購入した商
品」なのだから，どう使おうが買い手の勝手だ，という感覚が広がっていると
いうのだ。
　また，民主主義のシステムの中で自分の希望を実現するには，選挙によって
代表を選び，政治世界に自分の声を反映する，というプロセスを経なければな
らないが，「自分の小さな声なんて，大海の一滴にすぎないし，とうてい政治
になんか届かない」という思いにも，インターネットはすぐに応えてくれる。
クリック1つで世界中の人々に，自分の意見を一瞬のうちに届けてくれるから
である。ネットは，リアル社会における民主主義の手続きから，はみ出す現象
をも生み出している。

フィルター・バブルと人権教育

　人権教育に携わる一人として，私は「フィルター・バブル」問題を最も危惧
している。AI（人口知能）は，私たちのオンライン上の行動を分析し，その人

物像を描き出し（プロファイリング），最適な情報を示してくれたり，ソーシャルメディアが似通った関心を持つ者（オンライン上で類似した行動をとる者）同士をつなげてくれる。自分が見たい情報しか見えず，似た者同志としかつながっていない，泡で包まれたような状態が生まれるが，これがフィルター・バブルである。その中で，同じような考えを持つ人とばかりとつながり，やりとりを繰り返せば，考え方はどんどん単純化・先鋭化してしまうだろう。そうして生まれたフィルター・バブル同士の分断は，「新たなデジタル・デバイド」とも呼ばれている。有害コンテンツに対する警戒心を持たないまま，興味本位で差別的な言説や情報を拡散しているサイトを繰り返し閲覧すれば，そうしたフィルター・バブルに取り込まれるだけでなく，異なる意見を持つ者との出会いの機会がなくなってしまう。人権教育においては，異なる考えを持つ人の声に耳を傾け，議論を重ねて合意を形成することを民主主義の基本的スキルとして重視し，教えてきたが，こうした現象は人権教育にとって大きな脅威である。

第4段階——若者

　さて，先に紹介した通り，2020年から始まった「人権教育のための世界プログラム」の第4段階では，「若者」が重点領域とされた。また，第1〜3段階での取り組みも，継続・強化するよう呼びかけている。

　4段階の行動計画「人権教育を通じた若者のエンパワメント」では，若者の参加とリーダーシップを重視することや，若者が自分の権利を行使し，他の人の権利を尊重し，支持することを学ぶためのプロセスやツールの開発，教員・教育者の研修，人権教育のための学習環境の確保（家族・地域を含む）等に触れている。

　日本に暮らす若者たちが，自分の権利を理解し，行使できるようになるためには，人権を「思いやり」と混同するのではなく，自分自身と世界中すべての人の「権利」として理解し，それを実現するための方法や手段について具体的に学ぶことが必要である。

　2019年にスウェーデンの10代の環境活動家，グレタ・トゥーンベリさんの呼びかけに応じて，世界各地の若者が，温室効果ガスの削減への積極的な取り組みを求めてデモを行い，さらには，気候変動の危機は子どもの権利侵害だとして，国連子どもの権利委員会へ救済を訴えたことが報道された。馬橋（2020）

は，こうしたトゥーンベリさんらの行動は，日本の多くの人々には理解できなかったのではないか，と言う。トゥーンベリさんらは，「自分たちの権利が侵害された場合の国際人権法による救済方法について学んでおり，その権利を行使した」のであるが，日本ではそのような人権教育には，ほぼめったにお目にかからないからである。子どもの権利条約ですら，「子どもに権利を教えると，自分勝手な主張が増える」というような意識が教育現場には根強い（阿久澤 2012）。ちなみに，トゥーンベリさんらは，「子どもの権利条約」の付属文書［選択議定書］にある，「個人通報制度」を活用したのだが，そもそも日本はこの選択議定書を批准していないことも付記しておく。

3　さらなる人権教育の課題

「新しいレイシズム」

　最後に，現代社会が直面しているもう1つの課題についても述べておきたい。
　冒頭で述べた通り，私は教育社会学者としてアンケート調査などを行い，人々が人権をどのように理解しているのか，また，それが他者に対する差別意識や排除的な態度にどのように影響を与えるのか，研究を重ねてきた。自治体と協働し，市民を対象とした「人権意識調査」の結果を分析することも少なくない。集計したデータを経年比較し，人権に対する理解が少しでも進んだことが読み取れた時は，なんとも嬉しい瞬間である。
　一方，こうしたアンケート調査では，この10年ほどの間に，歓迎しがたい変化も見られるようになっている。アンケートの末尾には，たいてい，「ふだん疑問に思っていることや，気になっていること」や「行政への要望」を自由に書いてもらうスペースが設けられているのだが，ここに，以前はあまり見られなかった書き込み——たとえば，「生活保護は，自助努力しない人を甘やかしている」とか，「○○の特権を廃止せよ」（○○には，部落，在日，障がい者など，マイノリティ集団があてはめられている）など——が目立つようになったのである。
　こうした書き込みは，「現代的レイシズム」（McConahay 1986；高 2015）の「日本的表現」と言うことができよう。「現代的レイシズム」は，マイノリティに対するあからさまな偏見やステレオタイプを表現する「古典的レイシズム」（たとえば「○○人は能力が低い」など）とは異なり，差別だと断罪しにくい表現

をとりつつ，マイノリティへの反感を表明する。アメリカでは，黒人をはじめとするマイノリティに対する，アファーマティブアクション（差別によって生じた社会的格差を是正するための特別措置）が進むにつれ，目立つようになった。

「新しいレイシズム」の言説は次のように展開する。

「黒人に対する差別は，既に存在しない」
「格差が存在するとすれば，それは差別のせいではなく，黒人の自助努力が足りないせいだ」
「それなのに，黒人は差別があると言って抗議し，過剰な要求を行っている」
「それによって不当な特権を得ている」

「黒人」という言葉を他のマイノリティ集団に置き換えれば，日本で行われてきたヘイトスピーチともきわめて近いと感じられる。マイノリティが差別の是正を求めたことに対し，「どうせ特別扱いを要求しているんだろう」などと揶揄することは，モラル・ハラスメントであり，マイノリティがますます声を上げづらい状況を生み出し，さらには，人権の実現を求めるすべての人の声を抑圧するような，社会の空気を作り出してしまう。

　たとえば2017年，車いすユーザーの男性が奄美空港で，ある LCC（格安航空会社）の飛行機に搭乗しようとしたところ，車いす昇降機がなく，車いすごと担ぎ上げてもらうことも安全上できないと断られたため，自力で腕力を使ってタラップを這い上がり搭乗しなければならなくなった。男性は，「障害者差別解消法」に基づいて設置された相談窓口にこのことを相談したので，男性が差別的取り扱いを受けたことが認定され，その後，会社や空港はこうした状況を是正した。しかしその一方で，声を上げた男性に対しては「プロ市民」「クレーマー」といったバッシングがネット上で起き，炎上した。このことを報道したニュースサイトにも「障害を食い物にしている……今までこんなことでどれだけ金（を手）にした？」「障害を盾に全て優遇されるべきみたいな世の中の流れに違和感」などのコメントが続いた。「合理的配慮」という，法に基づく正当な要望ですら，このようなバッシングを受けたのである。そして，ここにも「新しいレイシズム」の特徴が見て取れる。

　これまで，マイノリティによる人権運動は，民主主義社会における平等な権

利の実現を求め，国や自治体に対して必要な制度の確立を求めてきた。それは
「権利の保持者」からの，「責務の保持者」に対する正当な要求である。しかし，
こうした行為ですらバッシングの対象にされてしまうのは，実は個人の差別意
識の問題だけではなく，その背景に社会環境の変化があることにも，私たちは
気づく必要がある。

新自由主義（ネオリベラリズム）がもたらすもの

　みなさんは，「新自由主義」（ネオリベラリズム）という言葉を聞いたことがあ
るだろうか。先ほど，「表現の自由」について触れた際に，古典的な人権の枠
組みにおける自由主義（リベラリズム）とは，「国家から，市民が自由であるこ
と」（市民が，自分の考えを表現するにあたって，国家からの干渉や統制を受けない）
を重視する考え方であると説明した。これに対して新自由主義とは，「国家か
ら，市場が自由であること」を重視する考え方である。新自由主義を政策の基
盤にすると，（財政赤字を解消するという理由で）市場を自由にして――具体的に
は大規模な規制緩和を行い，自由競争を促すことによって――国家が果たして
きた役割，とりわけ福祉・公共サービスの提供を，市場に代替させようという
ことになる。

　このような社会では，国や自治体によるマイノリティ施策や，社会的弱者に
対する福祉は，市場の自由競争における「不当な介入」とか，「不健康な行政
依存を生むもの」として非難の対象とされやすい。かくしてマイノリティによ
る人権の実現を求める声が，「過剰な要求」とか「特権を主張している」と批
判され，バッシングの対象となる土壌が生まれやすい。

　人権をめぐる社会的文脈は，つねに変化している。人権問題を解決しようと
するとき，個人の意識を変えることも重要だが，それだけでなく，問題が生み
出される社会構造やその変化にも気づく必要がある。人権教育をめぐる国連の
枠組みや，海外の研究は，こうした今日的な課題に向き合う指針を与えてくれ
るものである。

コラム 12　ビジネスにおける人権

　誰もがモノやサービスを購入して暮らしており，私たちの暮らしは，経済活動なしには成り立たない。私たちにモノやサービスを提供してくれるビジネスにも，法律を守り，収益を確保するだけでなく，社会的な公正さや環境への配慮，地域貢献などを通じ，利害関係者（ステークホルダー）に対して，責任ある行動をとるべきという考え方が生まれている。

　とくに2011年には，すべての国と企業が尊重すべきグローバル基準として「ビジネスと人権に関する指導原則」が国連人権理事会で承認された。これは3つの原則から成り，①企業には，「人権を尊重する責任」，②国家には，「人権を保護する義務」と，③人権侵害が生じた場合に，影響を受ける人々が実効的な救済を受けられるよう，「救済制度へのアクセスを保障する義務」が求められている。

　企業の「人権を尊重する責任」とは，事業活動の中で，人権を侵害しないこと（負の影響を及ぼさないこと）であり，そのための「デュー・ディリジェンス」が求められている。これは「十分な注意」という意味だが，単に注意すればよいという意味ではなく，人権への潜在的な影響（侵害の可能性）まで考え，人権侵害を予防しなければならない，という考え方である。またそれは，サプライチェーン（原料から，製品やサービスが消費者の手に届くまでのすべてのプロセス）までカバーするものでなければならない。

参考文献

阿久澤麻理子「人権教育再考——権利を学ぶこと・共同性を回復すること」石崎学・遠藤比呂通編著『沈黙する人権』法律文化社，2012年。

高史明『レイシズムを解剖する——在日コリアンへの偏見とインターネット』勁草書房，2015年。

馬橋憲男「日本の人権はどこへ行くのか——国際標準の『国家人権機関』設置と『個人通報』容認を」フェリス女学院大学国際交流学部『国際交流研究』第22号，2020年。

国連「人権教育のための世界プログラム」第1～4段階行動計画（外務省仮訳）https://www.mofa.go.jp/mofaj/gaiko/jinken/kyoiku/index.html

国連「人権教育のための世界プログラム」第1～4段階行動計画（外務省仮訳）mofa.go.jp/mofaj/gaiko/jinken/kyoiku/index.html

Gagliardone, I., Gal, D., Alves, T., & Martinez, G., *Countering Online Hate Speech.*

UNESCO Series on Internet Freedom, UNESCO, 2015.

McConahay, J. B, Modern Racism, Ambivalence, and the Modern Racism Scale. In Dovidio & Goertner, (Eds.), *Prejudice, iscrimination, and Racism*, Academic Press, 1986.

さらに読み進めたい人のために

Gagliardone, I., Gal, D., Alves, T., & Martinez, G. (2015) *Countering Online Hate Speech*, UNESCO. Series on Internet Freedom. UNESCO. https://en.unesco.org/news/unesco-launches-countering-online-hate-speech-publication （2021年 1 月18日閲覧）

＊オンライン上の差別煽動・助長・誘発行為は世界的な課題でもある。UNESCO は表現の自由と情報の自由なフローを支持することを原則としつつも，オンライン上のヘイトスピーチの有害性にいかに向き合うべきなのか，研究を行い，その成果を報告書として公表している。本書はヘイトスピーチの特質とともに，それに向き合うための国際・リジョン・各国レベルの法的枠組み，各地のグッドプラクティスについても紹介している。

阿久澤麻理子「人権教育再考——権利を学ぶこと・共同性を回復すること」石崎学・遠藤比呂通編著『沈黙する人権』法律文化社，2012年。

＊人権教育が，おもいやり・やさしさを強調する心情主義に傾くことは，自己責任で問題解決を求めるネオリベラルな社会に親和性を持っている。人権教育は民主主義の基盤として，権利を教えること，他者と協働し，公的手続きを通じて問題解決することを教えるものであることを，国際的な枠組みにふれながら分かりやすく説明している。

高史明『レイシズムを解剖する——在日コリアンへの偏見とインターネット』勁草書房，2015年。

＊在日コリアンに対するつぶやき（ツィート）を収集し，計量テキスト分析を行うとともに，大学生向けのアンケートを行い，ツイッター上のヘイトスピーチの特質を明らかにした研究の成果。統計的な分析について基礎知識がある人はぜひ。

（阿久澤麻理子）

資料

人権教育及び研修に関する国連宣言

A/HRC/RES/16/1
配布：一般
2011年4月8日
原文：英語

人権理事会
第16会期
議題項目3
開発への権利を含む，あらゆる人権，市民的政治的，経済的，社会的，および文化的権利の促進と擁護

人権理事会により採択された決議*
16/1
人権教育および研修に関する国連宣言

人権理事会は，

2007年9月28日の人権理事会決議6/10の求めにより，人権教育および研修に関する国連宣言案の作成を行った人権理事会諮問委員会の作業を確認し，

諮問委員会の提出した案を基に，人権教育と研修に関する国連宣言案について協議し，最終案をとりまとめ，人権理事会に提出することを任務とするオープンエンド方式の政府間作業部会を設立した2010年3月25日の人権理事会決議13/15を想起し，

オープンエンド方式の政府間作業部会による，人権教育と研修に関する国連宣言案についての報告（A/HRC/WG. 91/3）と，この宣言案を人権理事会での検討に付すとの決定を歓迎し，

1. 本決議に付属する人権教育と研修に関する国連宣言案を採択し，

2. 2006年3月15日の国連総会決議60/251パラグラフ5 (C)に則り，国連総会に対して次の決議案を採択することを勧告する。

　"国連総会は，

2011年3月23日の決議16/1によって，国連理事会が人権教育と研修に関する国連宣言案を採択したことを歓迎し，

1. 本決議に付属する，人権教育と研修に関する国連宣言案を採択し，

2. 政府，国連の機関と組織，政府間組織と非政府組織に対して，本宣言を広め，その普遍的な尊重と理解を促進するための取り組みを強化することを呼びかけ，事務総長に対しては，本宣言を *Human Rights : a Compilation of International Instruments*〔訳者注　*人権：国際文書集*〕の次期改訂版に含めることを要請する。"

第44回会合
2011年3月23日
［無投票での採択］

* 人権理事会によって採択された決議と決定は，人権理事会第16会期報告書

（A/HRC/16/2）の第一章に含める。

Annex　付属文書
人権教育と研修に関する国連宣言

国連総会は，人種，性別，言語，宗教に関わらず，すべての人の，すべての人権と基本的自由を尊重することを促進し，奨励するという，国連憲章の目的と原則をあらためて確認し，

　すべての個人，社会のあらゆる機関が，人権と基本的自由の尊重を促進するための教育と学習に，努力しなければならないことをあらためて確認し，

　さらに，すべての人は教育への権利を有し，教育とは人格とその尊厳の自覚の十全な発達を目的とし，すべての人が自由な社会に効果的に参加することを可能にし，すべての国および人種的，民族的，宗教的集団相互の理解，寛容及び友好関係を促進し，国連による平和と安全の維持，開発と人権の促進のための活動を奨励するものであることをあらためて確認し，

　世界人権宣言，経済的，社会的および文化的権利に関する国際規約，及びその他の人権文書に明記されたとおり，人権及び基本的自由の尊重の強化のための教育の確保が，各国の義務であることをあらためて確認し，

　人権の促進，擁護，効果的な実現に貢献する，人権教育と研修の基本的重要性を確認し，

　1993年にウィーンで開催された世界人権会議において，すべての国家と機関に対して，人権，人道法，民主主義および法の支配をすべての教育機関のカリキュラムに含めることが求められ，人権への普遍的なコミットメントを強化する目的で，共通の理解及び意識を達成するため，国際的及び地域的（regional）人権文書に明記された平和，民主主義，発展及び社会正義を人権教育に含めるべきと明言されたこと〔A/CONF.157/24 (Part I) 1, Chap. II, para. 79〕をあらためて確認し，

　各国元首が，人権教育のための世界プログラムの実施を含めて，あらゆる段階において人権教育と学習を促進することを支持し，すべての国家がこれに関わる取り組みに着手することを奨励した，2005年の世界サミット成果文書〔総会決議60/1〕を想起し，

　すべてのステークホルダーによる，協同の取り組みを通じて，人権教育と研修に対するあらゆる取り組み強化すべきであるとの強力なメッセージを国際社会に対して送りたいという望みに動機付けられ，
以下を宣言する。

第 1 条

1．すべての人は，人権と基本的自由について知り，情報を求め，手に入れる権利を有し，また人権教育と研修へのアクセスを有するべきである。
2．人権教育と研修は，人権の普遍的，不可分，相互依存性の原則に則り，すべての

人のあらゆる人権および基本的自由の普遍的尊重と遵守を促進するための基礎である。

3．すべての人権，とくに教育への権利と情報へのアクセスを実効的に享受することが，人権教育と研修へのアクセスを可能にするものである。

第2条

1．人権教育と研修とは，人権および基本的自由の普遍的尊重と遵守を目的に，人権の普遍的な文化を築き発展させることに人々が貢献できるよう，エンパワーするための，あらゆる教育，研修，情報および啓発・学習活動から成る。それゆえ，人権教育は知識とスキルと理解を与え，態度と行動を育むことによって，とりわけ人権の侵害と乱用の防止に貢献する。

2．人権教育と研修は，次のものを含む：

　(a)人権の規範と原則，それらを裏付ける価値，それらを擁護するためのメカニズムについての知識と理解を含む，人権についての教育

　(b)教育者，学習者双方の権利が尊重されるようなやり方で行われる学習と教育を含む，人権を通じての教育

　(c)自分の権利を享受し，行使し，そして他者の権利を尊重し守ることができるよう人々をエンパワーすることを含む，人権のための教育

第3条

1．人権教育と研修はあらゆる年齢の人々に関わる，生涯にわたるプロセスである。

2．人権教育と研修は社会のあらゆる部分，学問の自由が適用されるところではこれに留意しつつも，就学前教育，初等，中等，高等教育を含むあらゆるレベルにかかわり，また，公立か私立か，フォーマル，ノンフォーマル，インフォーマル教育のいずれかに関わらず，あらゆる形態の教育，研修，学習を含む。人権教育には，特に職業に関わる研修，とりわけ研修担当者，教師，国家公務員の研修，継続教育，民衆教育，広報と啓発活動が含まれる。

3．人権教育と研修は，対象となる集団の特定のニーズや条件を考慮し，その集団にあった言語や方法によって行われるべきである。

第4条

人権教育と研修は，世界人権宣言と関連する条約や文書に基づき，次の目的のために行われなければならない。

　(a)普遍的な人権の基準と原則に対する意識，理解，受容を高め，国際，地域（region），国内のレベルで人権と基本的自由を保障すること

　(b)誰もが他者の権利を尊重し，自分自身の権利と責任についても認識しているような，人権の普遍的な文化を築くとともに，自由で平和，多元的で誰も排除されない社会の責任ある一員として，人が成長するよう支援すること。

　(c)人権の効果的な実現を追求し，寛容，非差別，平等を促進すること

　(d)質の高い教育と研修へのアクセスを通じて，すべての人が差別なく，平等な機会

を保障されるようにすること

　(e)人権の侵害と乱用の防止，およびあらゆる形態の差別，人種主義，固定観念化や
　　憎悪の煽動，それらの背景にある有害な態度や偏見との戦いに貢献すること

第 5 条

１．人権教育と研修は，それを提供したのが公的な主体か私的な主体かに関わらず，
平等，人間の尊厳，包摂と非差別の原則，とりわけ少女と少年，女性と男性の間の平
等に基づかなければならない。
２．人権教育と研修は，誰もがアクセスすることができ，受けることができるもので
なければならない。また，障がい者も含め，傷つきやすく不利益をこうむっている人
や集団の直面している特定の課題，障壁，ニーズ，期待を考慮し，誰もが自分自身の
有するすべての権利を行使することができるよう，エンパワメントと人間としての成
長を助長し，排除や周縁化の原因を取り除くことに貢献するものでなければならない。
３．異なる国々の文明，宗教，文化，伝統の多様性は人権の普遍性の中に反映されて
おり，人権教育と研修はこれらを受け入れて豊かになると同時に，そこからインスピ
レーションを得るべきである。
４．人権教育と研修は，すべての人のあらゆる人権を実現するという共通の目標に対
するオーナーシップを高めるために，ローカルな取り組みを促進する一方で，異なる
経済的，社会的，文化的環境を考慮しなければならない。

第 6 条

１．人権教育と研修は，人権と基本的自由の促進のために，メディアと同様，新たな
情報とコミュニケーションの技術を取り込み，これを活用すべきである。
２．人権の領域での研修や啓発の手段として，芸術が奨励されるべきである。

第 7 条

１．国と，場合によっては政府の関連機関は，参加，包摂，責任の理念に基づき開発
され，実施されてきた人権教育と研修を促進し，保障する第一義的責任がある。
２．国は，市民社会，民間セクター，その他関連のあるステークホルダーが，人権教
育と研修に取り組むことのできる安全な環境をつくらなければならない。それは，そ
のプロセスに関わっている人々を含む，すべての人の人権と基本的自由が完全に守ら
れている環境である。
３．国は，単独で，あるいは国際協力を得て，入手可能なリソースを最大限に活かし
ながら，法的・行政的手段を含む適切な方策によって，人権教育と研修が漸進的に実
施されていくように手段を講じなければならない。
４．国と，場合によっては政府の関連機関は，国家公務員，公務員，裁判官，法執行
官，軍関係者に対して人権と，場合によっては国際人道法と国際刑事法についての適
切な研修を保障しなければならないと同時に，教師，研修担当者，国の委託を受けて
働く私人に対する適切な人権研修を促進しなければならない。

第 8 条

１．国は適切な段階で，人権教育と研修を実施するための戦略と政策，また，たとえば学校や研修のカリキュラムへの統合を行うなど，適切な場合には行動計画やプログラムを策定するか，策定を奨励しなければならない。その際，人権教育のための世界プログラムと，国およびローカルなレベルでのニーズや優先事項を考慮しなければならない。

２．そのような戦略，行動計画，政策，プログラムの計画，実施とフォローアップは，民間セクター，市民社会，国内人権機関を含む，関連するすべてのステークホルダーの参加を得て，場合によっては，多様なステークホルダーの関わりを奨励して，行われなければならない。

第 9 条

国内人権機関は人権教育と研修において，とりわけ意識の向上と，関連する公的・私的な主体を結集させる調整役を必要に応じて果たすことを含め，重要な役割を果たしうる。このことを認め，国はパリ原則に則り，実効性のある独立した国内人権機関の設置，発展，強化を促進しなければならない。

第10条

１．社会の中の多様な主体，とりわけ教育機関，メディア，家族，地域コミュニティ，NGO を含む市民社会組織，人権活動家，民間セクターは人権教育と研修を促進し，実施する重要な役割を担っている。

２．市民社会組織，民間セクター，他の関連するステークホルダーは，自らの職員や社員に対して，適切な人権教育と研修を確保することが奨励される。

第11条

　国際連合，国際機関，地域的（regional）機関は人権教育と研修を，職員およびそれらの機関の下で任務につく軍人，警察官に対して実施しなければならない。

第12条

１．あらゆるレベルの国際協力は，場合によってはローカルなレベルでの取り組みを含めて，人権教育と研修を実施するための各国の取り組みを支援し，強化しなければならない。

２．国際社会，地域（region），国，ローカルなレベルで，相互補完的に，協調して行われる取り組みは，人権教育と研修のより効果的な実施に貢献することができる。

３．人権教育と研修の領域におけるプロジェクトや取り組みに対する，任意拠出が奨励されなければならない。

第13条

１．国際的，および地域的人権メカニズムは，その権限の範囲内で，活動の中で人権

教育と研修を考慮しなければならない。

2．国は，それが適切な場合，人権教育と研修に関してどのような方策をとったのかということについての情報を，関連のある人権メカニズムに対する報告の中に，含めることが奨励される。

第14条

国は，本宣言の効果的な実施とフォローアップを確保するために，適切な方策を講じ，これに関して必要とな財源と人材を確保しなければならない。

（阿久澤麻理子訳）

（一財）アジア・太平洋人権情報センター　https://www.hurights.or.jp/archives/promotion-of-education/post-5.html

第 13 章
人権教育の授業構成
──授業の内容・方法・スケールを考えよう──

― Short Story ―

　イオリさんは「人権教育」の授業で，担当の先生から模擬授業を提案するように
求められました。イオリさんは，これまでの「人権教育」の授業を通して，同和教
育として発展してきた人権教育がジェンダーや障害者，子ども，高齢者などなど
様々な人権課題が幅広く教えられるようになったこと，また人権について考える基
盤として自尊感情の育成や多文化共生の視点から捉えていくことが重要であること
などを学んできました。

　しかし，イオリさんはこれまでと違って，かなり困惑しています。心配した友達
から「どうしたの」と声をかけられると，こう答えました。

　「人権課題はどれも大事で授業で扱うことに意味があると思う。だけど，授業
を構想するとなると，私が知っていることを伝えるだけでは，子どもたちは他人
事と受け取ってしまうかもしれない。かといって，体験的な活動をさせても，学
びとして何が得られるのかぼんやりしている。何を学習課題とすればよいのか，
発問はどう構成すればよいのか，学習のまとめはどうすればよいのか……，分か
らないことが多くて，迷ってしまう」。

　イオリさんは，人権教育として育てたい能力や資質には「知識的側面」「価値
的・態度的側面」「技能的側面」があることを知っています。まずは，ここから考
えていかねばと思いました。

　人権に関わる授業を構想する際，どのようなことに留意していけばよいのだろうか。人権課題が，人々の生活を阻害するもの，差別に関わるものであることから，その解決は絶対善として位置づけられる。しかし，それゆえ授業者は善いとされる価値を子どもたちに注入してしまうことはないだろうか。いくら善いものであっても，子どもたちがその価値を自身で解釈・判断しない限り，能動的な行動に結び付けていくことは難しい。本章では，授業を構想するに際して，どのような内容・方法・スケールで授業を構成していくことが求められるか解説していきたい。

1　授業の内容構成

なぜ，目標設定が重要なのか

　授業を構成するにあたって，授業の結果，何が得られたのかという「ゴール」を想定し，目標として明確に示す必要がある。とりわけ人権教育に関わる授業では，学習者に対して育てたい資質・能力は多岐にわたることから，1回の授業において育成するものだけではなく，教育活動の全体を見通した上で，計画的に授業を構想・実践することが求められることになる。

　授業を構想する上で参考となるのが，『人権教育の指導方法等の在り方について［第三次とりまとめ］』（以下，『第三次とりまとめ』）「人権教育を通じて育てたい資質・能力」に示された，3つの各側面（知識的側面，価値的・態度的側面，技能的側面）における資質・能力である（表13-1）。育てたい資質・能力を規定した上で単元構想をすることで（逆向き設計），取り組むべき活動内容も明確となる。

　いつ，どのような内容を取り上げて資質・能力を育成するのか，年間計画表に落とし込み，育てたい資質・能力をもとにどの時間で何を育成するかを位置づけた単元指導計画を構想したい。

　単元指導計画を構想する際考慮しておきたいことは次の3点である。

　第1は学習者の実態を踏まえた内容となっているかどうかである。学習者の実態とは，これまでの学び（学習歴）にとどまらない。生育歴，学習・生活環境は一人ひとり異なっていることを念頭に置き，実態に応じた指導内容や指導・支援方法等を行っていくことが求められる。ここでは，学習者にとって身

表 13-1　「人権教育を通じて育てたい資質・能力」の具体

資質・能力の側面	育てたい資質・能力
知識的側面	自由，責任，正義，平等，尊厳，権利，義務，相互依存性，連帯性等の概念への理解
	人権の発展・人権侵害等に関する歴史や現状に関する知識
	憲法や関係する国内法及び「世界人権宣言」その他の人権関係の主要な条約や法令等に関する知識
	自尊感情・自己開示・偏見など，人権課題の解決に必要な概念に関する知識
	人権を支援し，擁護するために活動している国内外の機関等についての知識
価値的・態度的側面	人間の尊厳，自己価値及び他者の価値を感知する感覚
	自己についての肯定的態度
	自他の価値を尊重しようとする意欲や態度
	多様性に対する開かれた心と肯定的評価
	正義，自由，平等などの実現という理想に向かって活動しようとする意欲や態度
	人権侵害を受けている人々を支援しようとする意欲や態度
	人権の観点から自己自身の行為に責任を負う意志や態度
	社会の発達に主体的に関与しようとする意欲や態度
技能的側面	人間の尊厳の平等性を踏まえ，互いの相違を認め，受容できるための諸技能
	他者の痛みや感情を共感的に受容できるための想像力や感受性
	能動的な傾聴，適切な自己表現等を可能とするコミュニケーション技能
	他の人と対等で豊かな関係を築くことのできる社会的技能
	人間関係のゆがみ，ステレオタイプ，偏見，差別を見極める技能
	対立的問題を非暴力的で双方にとってプラスとなるように解決する技能
	複数の情報源から情報を収集・吟味・分析し，公平で均衡のとれた結論に到達する技能

出所：『人権教育の指導方法等の在り方について［第三次とりまとめ］』(2008) より，筆者作成。

近な問題を取り上げることが最善とは限らないことにも留意したい。たとえば，いじめについて取り上げようとした場合，苦しい立場にある児童生徒などの経験や思いを学校や教職員及び他の学習者が十分に受けとめ，配慮する必要がある。

　第 2 は学習者自身が学ぶ価値を見出せる内容となっているかどうかである。たとえば，救命活動に直接関わる人から体験談を聞く活動を構想しようとした

としよう。この場合，講話の内容がいかに感動的でインパクトの強いもので
あっても，学習者にとって聞く必然性がなければ，学びのレベルは浅く，一過
性の学びにとどまることになる。事前，事後学習において身近な救急施設や救
命体験を想起させたり，救命活動の困難さを調べたりする活動を取り入れたり
することで活動が相互に関係づけられ，学ぶ価値を高めることとなる。

　第 3 は目標を設定し学習者を評価できる内容となっているかどうかである。
授業の目的はあくまで学習者の資質・能力育成である。第 2 の点で述べたよう
に良い教材に出会わせたとしても，どのような資質・能力をどれだけ育成でき
たかを測ることができなければ，教育効果は担保できない。そればかりではな
く，授業者にとっては授業の省察や改善も行えない。学習者の成長の度合いを
評価するためだけではなく，授業の内容を構想し，実践・改善を行うためにも
目標設定は重要なのである。

どのような内容を取り上げるか

　人権教育として取り上げる「素材」を，授業者が適切に「教材」化できるか
どうかで，教育効果は大きく変動する。人権教育で扱う「素材」は人権に関す
る知的理解に関するもの，人権感覚の育成に関するものなど多岐にわたるもの
の中から，学習者にとって身近に感じられるものかどうか，教育活動の部分と
して位置づけられるものかどうかといった，『第三次とりまとめ』で示されて
いる視点を授業者が学習者の実態に合わせて具体化していくことが重要となる。
「素材」を授業の目標達成のために意味づけ，価値づけ，位置づけていくこと
が教材研究であり，裏を返せば教材研究ができる「素材」が学習内容としてふ
さわしいものとなる（図 13-1）。たとえば，「能動的な傾聴，適切な自己表現
等を可能とするコミュニケーション技能を養うこと」を学習目標としよう。そ
の素材を取り入れることで，他者との対話が苦手な学習者の資質・能力が向上
できる見通しがもてるのであれば，意味づけができると言える。同様に，今そ
の素材を取り上げることで学習者の知識なり態度なりが揺さぶられるものであ
れば価値づけが，学習者の実態に即して切実性をもてるものであれば位置づけ
ができると言える。学習指導案を作成する際，教材観にこの 3 点をふまえた記
述をすることで，当該の「素材」を「教材」として扱う必然性を明らかにし，
授業によって何を学ぶことができるのかを明確に示すことができる。授業設計

（多くの場合は指導案作成に該当しよう）に際して「教材」としての意味，価値，位置が手順とともに論理的に説明できるよう心得ておきたい。

「素材」 { 目標達成に役立つか（意味づけ）／学ぶ価値があるか（価値づけ）／学ぶ必然性があるか（位置づけ） } ➡「教材」化

図13-1　人権教育で扱う「素材」

参考資料
○知的理解に焦点を当てた指導内容の構成例
（1）社会科等の授業
①児童生徒が，自分自身に直接関わる問題の提示
②人権に関わる知識の内容を知的及び共感的に理解し内面化することを促す
③資料や情報の自主的探求や討議を取り入れた授業の展開を図る

（2）総合的な学習の時間，特別活動の授業
①児童生徒の発達段階やその他の実態に照らし，世界人権宣言や児童の権利に関する条約等の人権関連の条約等（一部分を加工することも可）を取り上げる
②本文の内容を学習した上で，それをテーマとして話し合ったり，必要な情報を新たに探求したりする
※自分や身近な人の権利や自由が侵害された場合に，どこの誰に相談し，あるいはどこに訴えれば救済につながるのか等に関する実践的で具体的な事柄についても，発達段階を踏まえて学習内容に組み入れる

（3）外国語の授業
①世界人権宣言や児童の権利条約等の日常英語版テキスト等を教材として取り上げる
②語学的な能力の育成と同時に，実際生活で将来必要となるような人権に関する生きた知識の習得や内的価値の促進に結びつける

○人権感覚の育成に焦点を当てた指導内容の構成例
（1）国語，社会，外国語等の学習内容と関連付けて，それぞれの授業時間の中に人権の実現に関わる想像力，共感性，感受性，コミュニケーション技能などの育成を図る活動を取り入れる

（2）道徳，特別活動，総合的な学習の時間等あらゆる機会をとらえ，上記（1）に掲げる諸技能を育成する。体験的な学習を進める上で，ロールプレイング，シミュレーション，ディスカッション等の能動的手法を取り入れることも有効である

出所：『第三次とりまとめ──指導等の在り方編』2008年より，筆者作成。

　『第三次とりまとめ』では，知識的側面の取り扱いについて，従来社会科等を中心とした教科の学習において扱われることが多く，その場合，「人権に関する客観的・科学的知識をある程度まで習得している人についても，その知識が社会や個人の生活の変容に資する生きた知識として内面化され，主体化されていないといった傾向がうかがえる」ことを指摘している。つまり，学習したことが実際の生活で生かされない（いわゆる，概念，法則，ルール等が転移しない問題）ことに留意が必要ということになる。であるとすれば，やはり，単なる知識伝達にとどまらず参考資料に示されているような，教科等の学習において人権に関わる資料の読解を組み入れたり（人権教育の指導方法等に関する調査委員会議編 2008：23-24），技能を高める能動的な活動を取入れたりすることが必要である。さらに，個人がもつイメージや経験のズレを顕在化させたり，情緒的に共感させる場面を設定したりすることで，学習の意味づけ，価値づけ，位置づけを図り，その後ズレや共感を表出し合い言語化する等の表現活動やグループワークを取り入れ，学習効果を高めることを求めたい。

　内容の検討では学習者の発達段階にも考慮する必要がある（人権教育の指導方法等に関する調査委員会議編 2008：24）。小学校低学年であれば，①自己と周囲の人々との関係に着目し，自分の価値（生きている価値や，得意とすること，持ち味）を実感させ，自尊感情を高めること，②自他の違いに気づき（他者同士の違いにも気付かせたい），それぞれを尊重することに重点を置きたい。中学年であれば，③人権課題を扱い，なぜ課題が生じたのか，その背景や影響について，人権課題に直接関わる人の苦労，工夫，努力について学習すること，④様々な人権課題を比較することで，課題の解決に共通して必要な概念や技能，それらの枠組み（自尊感情・自己開示・人の感情や思いや痛み，関心等の感受・非攻撃的自己主張・偏見・悪循環・平等観・特権等）について学習することを求めたい。さらに高学年以降には，⑤具体的な場面での行動力を育成する学習，⑥人権尊重されるよりよい社会につながるような行動，社会参画が促される学習を期待したい。また，1学期当初と，3学期末では学習者の実態，他との関係性も異なっているのが通常であり，どのような学習が適切なのかも差異がある。たとえば，年度当初は①や②を行うことで，学期当初の不安を解消したり，自尊感情を高めたりすることができ，愚痴的な行動が想起できる人間関係が構築されている2学期後半や3学期であれば，⑤や⑥を扱い，具体的に何ができるか，何をす

るかを構想できよう。

どのような順序で学習を展開するか

　教材や扱う資料が決まっても，各学習内容が有機的に関連づけられていなければ，先述したような学習の意味づけ，価値づけ，位置づけは図られない。そこで，学習の計画では，学習内容に有機的なまとまり，順序性をもたせ，構造化することを求めたい。

　教材研究から単元としてのまとまり，構造化を図っていくための具体について，中山京子は人物の取り組みから学ぶ際の好適な事例を示している（中山 2010：31）（下線及び番号は筆者）。

　たとえば教師が教材研究の取材中に，ぜひ子どもに伝えたい取り組みを行っている人物に出会ったとしよう。そこで，どう出会わせたらよいのかを考える。以下のアイデアが想定できる。

- その人の取り組みを紹介した①新聞記事をもとに話し合う。
- その人の活動や話しを教師がインタビューした②VTR を見て，話し合う。
- その人を教室に招待し，子どもが③直接会って話をうかがうように設定する。
- その人と④同じ活動の取り組みを体験する。
- その人の活動における⑤葛藤をロールプレイやディベートなどの手法を持ち込んで考える。

　このように学習活動には，話し合う・分析する・調べる・見学する・体験する・インタビューする・演じる・討論する・表現する・発信するなど，実に様々な取り組みがある。どの段階で，どのような学習活動を組み込んだらよいかを考える。

　中山の提案は必ずしも人権教育について扱うこと意図していないものの，活動の具体を関連づけるという点で，人権教育にもあてはまる授業の構成である。活動の順序としては，①新聞記事をもとに話し合う，つまり資料を提示し，学習対象としたい人物と出会わせる必然性を生起させることが導入となるだろう。必然性を高めた上で②③などの活動を行うことで，自己の経験とのズレや共感

を引き出しやすくさせることになる。その後，ズレや共感を取り上げた対話や
ロールプレイを指導のポイントとして学習に組み入れることで，他者との協働
や子どもたちとは距離があった社会との相互作用を生じさせることになる。

　まとめれば，目の前にいる学習者に必要かつ切実さを感じさせる人権課題を
取り上げ，系統立てて授業が構成される必要があるということである。

どのように評価するか

　学習には必ず評価が伴う。「目標に準拠した評価」が求められる今日におい
て，学校における人権教育の目標，教科，単元における学習目標と照らし合わ
せ，実際に何がどの程度達成できたかを見取ることとなる。評価の意義に関し
ては次の2つの点に分けておきたい。第1が学習者の学びを評価すること，第
2に授業者，授業実践を評価することである。ここでは学習者の学びの評価を
中心に評価の具体について解説する。

(1)学習者の学びの評価

　学習者が学習によって十分な資質・能力を育成できなかった場合，子どもた
ちが未熟であったり，努力不足であると判断してしまっていたりはしないだろ
うか。学習者に資質・能力がない，育たないという前提が強ければ強いほど，
知識や価値，技能を与える＝注入する学習が望ましいとする感覚に陥りやすい
ことに留意する必要がある。すなわち，評価は学習者のランク付けではないと
いうことである。評価に際しては学習者がつまずいたり，不十分な知識や価値，
技能であったりした場合，相応の理由，理屈があることを前提としたい。田中
耕治は教育評価の新しい考え方，評価する枠組みとして，次の4点を示してい
る（田中　2002：21-31）。

　①「真正性」
　②「参加と共同」
　③「表現（パフォーマンス）」
　④「自己評価」

　①は評価の課題や活動がリアルなものでなくてはならないとする。「真正な」
課題に取り組ませることによって，学習者に生きて働く学力，人権教育でいう

ところの自分の人権を守り，他者の人権を守るための実践行動に関わる資質・能力が育成されるとともに，その学力，資質・能力の様相が評価されることが必要であることを示している。

②は評価行為（より広く言えば教育活動全般について）に学習者が参加することを示している。学習者が評価行為に参加することで，本来的に授業に参加しているといえ，保護者や地域の方々を含めて，人権教育の諸活動に関与することを促すことにもなる。

③は自分の考え方や感じ方といった内なるものを外化すること，外化されたものを示す。①の真正の課題を解決することにより，様々な形で外化された「表現（パフォーマンス）」を学習成果として把握することになる。人権教育に関わる諸活動においては，適切な自己表現に留意しつつ，当事者としての実感を伴った「表現（パフォーマンス）」活動に取り組ませたい。

④は学習者が自分で人となりや学習の状態，成果を評価して自己の現状を確認し，その後の学習に対してよりよい成果を生み出すための方策を思案することを示す。自己評価能力は，メタ認知とかモニタリングとも言われ，田中によれば，「（学習者）自らが自分の値打ちを発見し，その歩みを確認する」ことが今日の教育状況の中で着目されているとする（田中 2002：29）。人権教育の諸活動に置き換えれば，自尊感情の高揚や多様性に対する開かれた心と肯定的評価に他ならない。

これら4点を包括しうる評価としてポートフォリオ評価，パフォーマンス評価の2つの方法を紹介したい。

(2)ポートフォリオ評価

ポートフォリオとは，子どもの作品，自己評価の記録，教師の指導と評価の記録などを，系統的に蓄積していくものであり，ポートフォリオ評価法とは，ポートフォリオ作りを通して，子どもの学習に対する自己評価を促すとともに，教師も子どもの学習活動と自らの教育活動を評価するアプローチを指す（京都大学大学院　教育学研究科 E.FORUM ホームページ）。学習者の知識や価値，技能がどう変容したかを学習者，授業者双方が確認できることから，先に挙げた①から④を包括して学びを見取ることができるのである。

ポートフォリオ評価の一例としてここでは堀哲夫が提唱する「一枚ポートフォリオ評価法（以下，OPPA）」を紹介する（堀 2013）。OPPA とは，「教師の

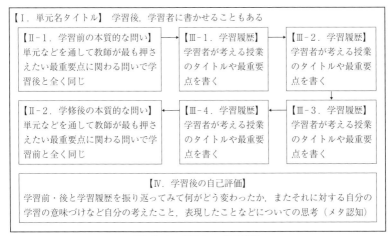

【Ⅰ．単元名タイトル】　学習後，学習者に書かせることもある

【Ⅱ-1．学習前の本質的な問い】
単元などを通して教師が最も押さえたい最重要点に関わる問いで学習後と全く同じ

【Ⅲ-1．学習履歴】
学習者が考える授業のタイトルや最重要点を書く

【Ⅲ-2．学習履歴】
学習者が考える授業のタイトルや最重要点を書く

【Ⅱ-2．学修後の本質的な問い】
単元などを通して教師が最も押さえたい最重要点に関わる問いで学習前と全く同じ

【Ⅲ-4．学習履歴】
学習者が考える授業のタイトルや最重要点を書く

【Ⅲ-3．学習履歴】
学習者が考える授業のタイトルや最重要点を書く

【Ⅳ．学習後の自己評価】
学習前・後と学習履歴を振り返ってみて何がどう変わったか，またそれに対する自分の学習の意味づけなど自分の考えたこと，表現したことなどについての思考（メタ認知）

図 13-2　OPPA の基本構造

出所：堀 2013：23。

ねらいとする授業の成果を，学習者が一枚の用紙（OPP シート）の中に授業前・中・後の学習履歴として記録し，その全体を学習者自身に自己評価させる方法」である（堀 2013：20-21）。OPPA の基本的な構造は，「単元名タイトル」「学習前・後の本質的な問い」「学習履歴」「学習後の自己評価」から構成されている。図 13-2 は，OPP シートの基本構造である。

　堀氏は OPP シートを用いて OPPA を行うメリットについて次の効果を挙げている（堀 2013：30-34 より筆者抜粋）。

- 学習者自身が思考，判断，表現したものであり，学習の成果が明確にできる
- 学習の質的改善や向上を図ることができる
- 形成的評価が容易となる
- 見通しと振り返りが行いやすい
- 学習全体が構造化した形で把握可能となる

　ポートフォリオ評価の導入により，何が学べたか具体的に外化させる活動ができ，さらには外化できたことを累加できる。自己評価した結果は授業者，教師集団による授業，単元，カリキュラムが有効であったかどうかについても評

価できるばかりではなく，保護者にも可視化され得るという点で有効な評価法であると言える。

(3)パフォーマンス評価

　パフォーマンス評価とは，知識やスキルを使いこなす（活用・応用・総合する）ことを求めるような評価方法の総称であり（西岡編著 2016：20），実際には事前に課題（パフォーマンス課題）を明示して，その課題に対するパフォーマンスをルーブリックと呼ばれる基準に従って評価する行為であり，実際には擬似的な文脈の中で，様々な知識やスキルを応用・総合してなんらかの実践を行うことを求め，どの程度できたかを見とることになる。人権教育において自分の人権を守り，他者の人権を守るための模擬的・現実的な実践行動そのものが評価できるという点で有効な評価法である。

2　授業方法の選択

どのような学習形態を取るか

　人権教育の効果を上げるためには，教育内容の在り方とともに，教育方法の在り方が重要な意味をもつ。とりわけ実践力を高め，価値的・態度的側面や技能的側面を育成させようとするならば，主体的な参加を促進する学習形態を組み入れたい。また，知的理解に関わる指導を行う際にも，社会生活に生かせる知識の習得を目指し「人権についての知識を単に一方的に教え込んだり，個々に学習させたりするだけでは十分でなく，児童生徒ができるだけ主体的に，他の児童生徒とも協力し合うような方法で学習に取り組めるよう工夫すること（人権教育の指導方法等に関する調査研究会議編 2008：27）」によって内面化・主体化が促される必要がある。『第三次とりまとめ』において，人権教育の指導方法の基本原理として①「協力的な学習」，②「参加的な学習」，③「体験的な学習」に大別し，表13-2のように示している。

　ただし，これら基本原理を実践化していくためには，単に協力しつつ共同で進める学習，児童生徒の主体的参加，具体的な活動，体験を学習に組み入れれば，実践力を高め，価値的・態度的側面や技能的側面を育成できるわけではない。たとえば，自己についての肯定的態度の育成を目指し，学習を展開しようとするならば，他者からどう肯定的に思われているのかを他己紹介カードへの

表 13 - 2　人権教育で中心としたい基本的学習形態

中心としたい 学習形態	学習形態の特徴
①協力的な学習	児童生徒が自分自身と学級集団の全員にとって有益となるような結果を求めて，協力しつつ共同で進める学習である。こうした協力的な学習は，生産的・建設的に活動する能力を促進させ，結果として学力の向上にも影響を与える。さらに，配慮的，支持的で責任感に満ちた人間関係を助長し，精神面・心理面での成長を促し，社会的技能や自尊感情を培う。
②参加的な学習	学習の課題の発見や学習の内容の選択等も含む領域に，児童生徒が主体的に参加することを基本的要素とする。児童生徒は参加を通して，他者の意見を傾聴し，他者の痛みや苦しみを共感し，他者を尊重し，自分自身の決断と行為に対して責任を負うことなどの諸能力を発展させることができる。
③体験的な学習	具体的な活動や体験を通して，問題を発見したり，その解決法を探究したりするなど，生活上必要な習慣や技能を身に付ける学習である。自らの心と頭脳と体とを働かせて，試行錯誤しつつ，身をもって学ぶことで，生きた知識や技能を身に付けることができる。

出所：人権教育の指導方法等に関する調査研究会議編『人権教育の指導方法等の在り方について［第三次とりまとめ］～指導等の在り方編～』2008年，28頁。

記述などの方法を用いて視覚化し，その記述に対して自己を見つめ直すことが自己嫌悪感や不安感を軽減し，前向きな生活を促すという点で有効となるだろう。学習したことが日常生活で役立ったり，自己有用感が高揚して他者との関係が良好になったりするなど，実感を伴った成果を得られることは学習者にとって有意味な「深い学び」の成立条件にもなる。

どのような活動を取り入れるか

　前項で触れた 3 点の基本原理をふまえた活動として，「参加・体験型学習」を取り上げることができる。学習者が人権課題の解決の方法や考え方，よりよい行動を参加や体験を通して学ぶことができる学習方法である。

　相互に学び合う過程を通じて気づきや発見を誘発させる場や方法はワークショップとも呼ばれ，参加者の心の緊張を解きほぐし，参加者相互のコミュニケーションを円滑にする「アイスブレイク」，個々の活動「アクティビティ」（表 13 - 3），活動を振り返る「シェアリング」から構成されることが多い。ワークショップは学習者の気づき，振り返りまでの過程を重視することから，人権課題を解決しようとする意欲や解決のための技能を高めるものと期待され

表13-3　アクティビティの例

目的	アクティビティ	内　容
多様な見方・考え方にふれる	ランキング	様々なテーマについて，10個程度の権利・命題，具体的な品物等をカード等に記入し，参加者が自分にとって重要だと考える順序にダイヤモンド型等にランキング（順位付け）する。その後，その根拠等を整理し，参加者が意見交換，討議する活動。
	フォトランゲージ	一枚の写真の一部を参加者全員が鑑賞し，それぞれがもった印象などを出し合う。その後，全体像を見て，その写真本来の意味やメッセージから感じたことを発表し合うことを通して，自分自身のステレオタイプを自覚するなど，写真を使った活動。
	フィールドワーク	実際に現地に出かけ，歴史的事実や現実に触れる活動。また，人権に関わる体験者との交流など，人との出会いを通して，様々な人の生き方や思いなど感じ取り，学習を深めていくことを目的とした活動。
	ケーススタディ	事例に基づいて行われる学習のことで，個人，家族，集団，地域社会または文化などの事例について，その発達段階と環境との関係を分析する活動。
解決方法を話し合う	ブレーンストーミング	各自が思いつくままに自由にアイデアを出し合って，最善策を見付ける話合いのことである。テーマに沿ってできるだけ多様な意見を出して，参加者がそれぞれの知識を共有できるようにする活動。
	ディベート	意見が分かれる論題について，肯定側と否定側に分かれて議論し，講評によって論題の重要性や課題を明らかにする活動。参加型学習では，体験として，肯定・否定の役を演じてもらいながら議論するロールプレイ・ディベートがよく用いられる。
	KJ法	収集した膨大な資料を整理するために，あらかじめ少人数のグループに別れ，カードを使って仲間分けをする。そして，項目ごとの分類を一枚の図にまとめ，全体を見ながら討議を進め，さらに，課題を明確にしながら解決を探っていく活動。
疑似体験によって理解を深める	体験型学習	トラストウォーク，車いす体験，貿易ゲームなどの模擬演技，疑似体験を通した学習のことである。現実にある問題状況の中から重要な要素を取り出し，一定の状況を模擬的に体験する活動。
	ゲーム	「ジャンケン自己紹介」など，学習過程の導入段階でのアイスブレーキングでよく使われる。また，伝言ゲームのように展開段階で参加者のコミュニケーションを深めたり，貿易ゲームなど，それ自身が大きなテーマを扱ったりする活動。
	ロールプレイ	役割演技と訳される。他の人のことを演じ合うことによって，その人の立場や気持ちを実感したり，自分自身を振り返ったりすることを目的とする活動。
	アサーティブトレーニング	自分の考えを主張するだけではなく，相手の立場を考えながら，自分の思いを的確に相手に伝えるための考えと技能（スキル）を身に付けるためのトレーニング。

出所：鹿児島県教育庁人権同和教育課 2010：3-6 より，筆者作成。

ている。

　留意点として次のことが想定される。まず，人権課題の解決の方法や考え方，よりよい行動について参加や体験を通して学ぶ自体は，人権という普遍的文化を構築するにとどまらず，社会における様々な問題を自分たちで解決していこうとする能力の育成に直結させることができる。しかし，「～するべき」を前提とした判断にとどまる限り，理想を追い求め，現実の生活への適応に関心は向けにくくなる。したがって，実践力を高め，価値的・態度的側面や技能的側面の育成を実現させていくことは難しい。また，いくら活動に参加するといっても自己の利害を主張するだけであったり，情意的な価値判断や意志決定が行われたりするのであれば，体験や参加することの価値を十分に解釈・判断することはできない。したがって，授業者は参加することだけでよいされる授業にとどまっていないかを振り返り，その授業に改善を加えていくことが，日常生活を振り返り，今後の生活を改善しようとする心情，実際の行動へと移行する学習への第一歩となる。

3　授業をいろいろなスケールで構想する

　いつ，どのような学習をするか，人権教育が年間計画化されている学校は多いであろう。しかし，実際に授業を実践するとなると，1 時間レベルで構想し単元全体を見通せないことが少なからずあるのではないだろうか。授業同士の関連づけが十分でないと，学習者が習得していこうとする資質・能力も断片的なものとなりがちである。それぞれの授業を学習者の思考の流れに沿って有機的に関連づけることが求められる。ここでは，授業レベルごとの要点を解説し，授業同士の有機的な関連づけを検討してみたい。

授業レベルから単元レベルへ

　学習者が自己や社会の課題を解決してこそ資質・能力の育成が図られるわけであるから，課題解決的な学習が有効であり，先述したように設定した目標（単元レベル，カリキュラムレベルまで含めた目標）を意識して構想する必要がある。たとえば，すでに自尊感情・自己開示・偏見など，人権課題の解決に必要な概念に関する知識を習得させる授業で「偏見の度合いが強くなると，差別意識が

高まり，差別の行為となって表われる」ことを習得しているのであれば，互いの相違を認め，受容できるための諸技能を習得しようとする授業で適切な判断を求める際，「違いから偏見をもつことの悪影響」として想起させることで有機的な関連づけが図られるであろう。

　このように学習課題の設定に際しては，単元を通して習得させたい資質・能力の「ゴール」を設定し，「ゴール」到達を阻害する学習者のイメージや経験のズレを顕在化させたり，情緒的に共感させたりする場面を設定し，既有知識や常識を揺さぶるものを求めたい。学習者にとって学びたくなる学習課題設定，解決する活動を通してこそ，能動的な活動につながるであろう。

単元レベルからカリキュラムレベルへ

　授業は立案して実践すればよいわけではない。単元としてどのような目標を設定するのかについて各時間の関連を考えて授業構想するのが重要であることはいうまでもない。知識的側面については，先述したように，獲得した知識を他の場面に転移して活用するなど，授業同士，単元同士の関連づけは比較的容易にできるであろう。しかし，価値的・態度的側面，技能的側面については，協力，参加，体験などの諸活動が求められているがゆえ，活動同士の関連づけは難しい。そこで，田村知子が紹介した次のようなポイントをふまえた計画を立てることにより，カリキュラムレベルでの構想は容易となる（田村 2014：31）。

　①主な体験（学校行事，総合的な学習の時間など）と教科等とをつなげる
　②教科同士の内容や取り扱う教材によってつなげる
　③道徳の価値項目と使う資料の内容によってつなげる
　④育てたい力でつなげる

　①から④のポイントを駆使して単元を有機的に関連づけることが，学習者にとっては人権の意義・内容を我がこととして捉え，学ぶ価値を高めるとともに，獲得した具体的な態度や行動を内化，内省，外化できる学習が期待できるのである。このことは，単元における授業間の関係，カリキュラムレベルにおける単元，授業間の関係双方に共通した要点である。異なる単元，異なる授業で

コラム 13　パフォーマンス課題

　パフォーマンス課題とは，「様々な知識やスキルを統合して使いこなすことを求めるような複雑な課題」（西岡 2018）をいう。基本的には課題に対し学習者が解決したことをもとに説明や実演，作品化といった外化（表現）活動が行われ，授業者はパフォーマンス評価により学習者が発揮した実力を見取っていくことになる。人権教育で求められている知識理解の深化のみならず，各種スキルの向上を目指す学習とは親和的であり，長らく人権教育の課題であった授業者が正しいと考える知識を教授することにとどまる学習から脱却し，学習者自身による思考・判断・表現が重視される。

　たとえば，パフォーマンス課題を「新聞記者となって世界人権宣言の特集記事を書こう。そして，読者に私，私たちがどのような行動をすればよいのかを訴えよう」と設定した場合，①自分自身が重視する人権課題と適切な実現法は何か，②他者が重視する人権課題と適切な実現法は何か，③他者の解決法をふまえると，実現方法にどのような見直しができるか等々，納得解や最適解を得ることができるという点できわめて効果が高い学習方略と言える。

あっても，学習者にとって学習内容を関連づけていけるカリキュラムの編成が求められよう。

　授業は実践すれば，それで終わりではない。実践後の見直しが必要である。すなわち，学習者が人権の諸課題から何を学べたのか，指導案と実際との比較考察を行うこと，つまり事後検討を不断に行う（（R）PDCA）ことで，授業はよりよいものとなり，学習者の学びがどこまで到達したのかを見取ることができる（詳細は，田村 2014に詳しい）。こうした見取りをするためには，1時間レベルの振り返り（省察）では的を射ない。1時間ごとに何ができたか，それがどう積み上げ，活用できたかを長いスパンで見取ることで，単元レベルでの資質能力の伸長が見通せるようになる。まとめると，学習者の実態把握（R）に始まり，目標設定，教材研究，授業構想（P），実践（D），評価（C），改善，次の授業，単元，カリキュラムへの反映（A）により，学習者にとってはよりよい学びの実現，授業者にとってはより継続的かつ適切に資質能力を向上させる授業の実現が可能となろう。授業者，子どもたちがともに学習内容の関連性

261

だけではなく，学習効果に関係性をもたせて授業を振り返り，何を学んだか，何ができたかを累加していくことをお勧めしたい。

【参考文献】

鹿児島県教育庁人権同和教育課編『人権教育指導資料実践例集仲間づくり《参加型学習編》』2010年，（https://www.pref.kagoshima.jp/ba09/kyoiku/jinken/jinken/documents/18422_20120522085348-1.pdf，2021年2月3日閲覧）。

京都大学大学院教育学研究科 E - FORUM ホームページ（https://e-forum.educ.kyoto-u.dc.jp/seika/glossary/#04 2021年2月3日閲覧）。

人権教育の指導方法等に関する調査研究会議編『人権教育の指導方法等の在り方について［第三次とりまとめ］』，2008年。

人権教育の指導方法等に関する調査研究会議編『人権教育の指導方法等の在り方について［第三次とりまとめ］～指導等の在り方編～』，2008年。

田中耕治編著『新しい教育評価の理論と方法』日本標準，2002年。

田村知子『カリキュラムマネジメント——学力向上へのアクションプラン』日本標準，2014年。

東京学芸大学社会科教育学研究室『小学校社会科教師の専門性育成改訂版』教育出版，中山京子「学習指導案の作成」，2010年。

西岡加名恵編著『「逆向き設計」で確かな学力を保障する』明治図書，2008年。

西岡加名恵編著『教科と総合学習のカリキュラム設計——パフォーマンス評価をどう活かすか』図書文化，2016年。

堀哲夫『教育評価の本質を問う一枚ポートフォリオ評価 OPPA—— 一枚用紙の可能性』東洋館出版社，2013年。

【さらに読み進めたい人のために】

堀哲夫『新訂一枚ポートフォリオ評価 OPPA—— 一枚用紙の可能性』東洋館出版社，2019年。

　＊OPPA とは学んだことを累加し，分かったことを記述させる振り返りの1つの方法である。情報をインプット（内化）し，検討（内省）したことを，意図的に表現（外化）することで，学習者の資質・能力の増大が見込まれることが具体例とともに説明されている。参考文献にて示した（堀 2013）の加筆修正版である。

西岡加名恵編著『「逆向き設計」で確かな学力を保障する』明治図書，2008年。

　＊ウィギンズ，マクタイが提唱した「逆向き設計」を用いたカリキュラムに関する入

門書である。学習者の生活（現実社会の文脈）中でいかに知識やスキルを使いこなすか，各教科の具体的実践をふまえ，様々な授業に応用できるヒントを与えてくれる書である。

田村知子『カリキュラムマネジメント――学力向上へのアクションプラン』日本標準，2014年。

　＊時間の使い方，教育課程等々について，効率的・効果的な教育活動を実現するマネジメントの知識と技術について平易に示されている。PDCA についてどう「私たちができること」として日常の「サイクル」に生かしていくのかについて解説された書である。

（山内敏男）

第 14 章
多文化共生を実現しよう
——留学生と日本人学生が共に学ぶ実践から——

Short Story

　3回生になったイオリさんは，英語で行われる「人権論」の授業を受講すること
にしました。イオリさんがこの授業に興味を持ったのは，1・2回生で学んだ人権
についてもっと学びたかったから，また留学生と一緒に授業を受けることに興味が
あったからです。初回の授業には，イオリさんを含め日本人学生が5人，留学生は
15人参加していました。

　授業は英語で進められましたが，担当の先生は日本人で，非英語圏の学生を意識
してゆっくりと話してくれました。先生は授業の初めに「人権とは何か」と問いか
けられました。そして，「1. あなたが今欲しいものを3分間で全て書いてください，
2. 次に，欲しいものの中から，必要なものを3つ選んでください」と言われまし
た。イオリさんは必死になって書きました。その後，初めて会った隣の学生とメモ
を見せ合ったところ，自分が挙げていなかったものがあり，なるほどと思いました。
このように，授業は参加体験型の手法を用いて進められました。

　全15回の授業を通じて，留学生と共に「普遍的な人権」を切り口に，様々な人権
課題を毎回議論する中で，多様なバックグラウンドを持つクラスメートの発言から，
人権を身近に感じることが出来るようになりました。

　グローバル化する日本社会の中で，身近なコミュニティにおいて外国人と共生することが重要な課題となってきている。しかし，生まれた環境やバックグラウンドが異なり，価値観や考え方，見方も様々な人々と共生関係を構築することは容易でない。言語や文化等に違いがあれば，それらが阻害要因となり，互いに摩擦や葛藤を覚えることもある。本章では多様なバックグラウンドを持つ人たちと共生するうえでの課題と解決策を考える。

　具体的には，大学において留学生と日本人学生が共に学ぶクラス（本章では「国際共修授業」と呼ぶ）を対象に，双方の学生が直面する問題を乗り越え，クラス内に「多文化共生」を構築する方法を検討する。「多文化共生」という言葉については後述するが，本章では自己と他者の間に良好な関係性を構築し，学び合う状態と考えることとする。

　1983年以降，政府は留学生受入れ強化，および日本人学生の海外留学促進事業を打ち出してきた。これらを受けて，各大学では様々なプロジェクトを計画・実践する中で，留学生の数・日本人学生の海外留学者数は増加してきた。2014年に開始されたスーパーグローバル大学創成支援事業では，留学生の受入・日本人学生の海外派遣の双方向交流の促進が目標に掲げられている。

　一方で，学内で学ぶ留学生数は増えても，留学生が日本人学生と交流する機会は少なく，日本人の友人を作りづらい等の課題があることも指摘されている。東北大学では，2016年度に学内の留学生を対象に Web 調査を実施している。605名の留学生から得た回答結果を見ると，「学内で親しい日本人の友人がいない」と答えた留学生が2割を超えており，8割以上の留学生が「もっと日本人学生と交流したい」と回答している（東北大学留学生学生生活調査まとめより）。これは一例であるが，留学生の数が増えたからと言って必ずしも日本人学生との交流が盛んになるとは限らず，留学生は，日本人の友人を作る機会が少なく孤独な生活をしている可能性がある。このような状態が続けば，留学生は来日後，心理面，行動面で日本の生活に順応できず，カルチャーショックを受けることもあるだろう。筆者は，留学生の精神的孤独や悩みを解決するために，日本人学生との交流が大切であり，留学生と日本人学生の間に良好な関係性を構築することで留学生が抱える問題を解決する一助となると考えている。

　2020年2月以降に世界的に問題となった新型コロナウイルスの影響で，留学生の帰国，日本人学生の海外留学中断・中止が相次ぎ，2020年度は各大学でオ

ンライン授業が一気に広まるなど，大学教育において様々な変化が起こっている。本章では，新型コロナウイルス以前に大学で実践された授業を事例に挙げながら，クラス内での参加者間の共生について考察する中で，多文化共生社会を実現するうえでの普遍的な課題と示唆を提示したい。

1　多文化共生という言葉の発祥

　日本社会では，1980年から「ニューカマー」の定住化が進み，国際結婚や外国人住民の永住資格者の増加，それに伴う日本国籍の外国人数が増える中で，多文化共生という言葉が注目されてきた。

　1990年には，「出入国管理及び難民認定法」（入管法）が改定され，日系南米人の来日が増加した。図14－1に示す通り，2008年以降リーマンショックによる経済不況や東日本大震災の影響で，一時的に外国人は減少したが，2013年から再びその数は増え，2018年6月末には外国人登録者数が過去最高の約264万人となっている。2019年4月には，外国人材の受け入れのための在留資格の創設等を内容とする「出入国管理及び難民認定法及び法務省設置法の一部を改正する法律」が施行された。これに伴い，新たに特定技能1号，2号制度が導入され，外国人住民が日本で働く機会が広がってきた。外国人住民の増加と多文化共生は密接な関わりがあることから，ここでもう少し踏み込んでまとめてお

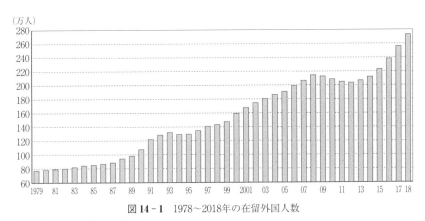

図14－1　1978～2018年の在留外国人数

出所：法務省の情報から作成。

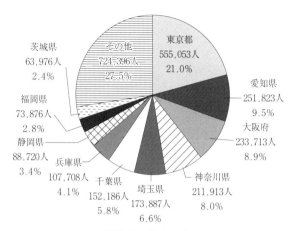

図 14 - 2 在留外国人の構成比（2018年 6 月末）

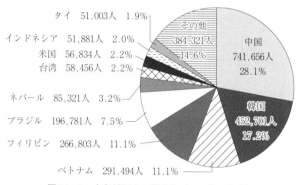

図 14 - 3 在留外国人の構成比（2018年 6 月末）

きたい。

　外国人住民を地域別に見てみると，図 14 - 2 に示す通り，東京や大阪を中心とした都市部やその近郊，また愛知県に外国人が多く在住していることが分かる。

　2018年 6 月末時点の法務省の在留外国人情報によると，日本在住外国人の国籍・地域数は194（無国籍を除く）に及んでおり，日本社会は多国籍化してきている。図 14 - 3 は国籍別の割合を示しているが，中国，韓国，ベトナムからの外国人が半数以上を占めている。

　図 14 - 4 は外国人の在留資格の内訳を示しているが，永住者が 4 割以上を占

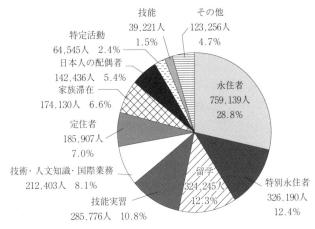

図 14 - 4　在留資格別外国人の構成比（2018年6月末）

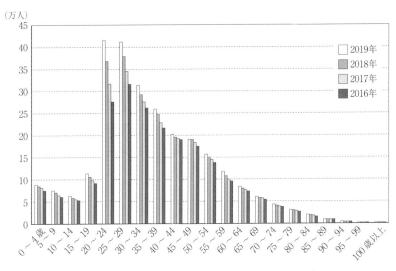

図 14 - 5　全国の年齢別外国人住民数（2019年1月1日）

め，次に留学，技能実習などが続いている。

　図14-5は年齢別の外国人住民数を示しているが，20～30代の外国人が圧倒的に多いことが分かる。この年代は大学や大学院に在籍，また卒業後の時期である。

　以上のように，外国人は都市部に多く在住し，アジアからの外国人が多いこ

とが分かる。また，留学目的で来日する外国人が 1 割を超えており，とくに20代の若者の外国人数が多いことも確認されている。

　このような状況の中で，1980年代後半から外国人住民の受け皿として，地方自治体が中心となって「1. 国際交流，2. 国際協力，3. 多文化共生」を目標に，地域の国際化が進められてきた。その後，1995年に阪神・淡路大震災，2011年に東日本大震災を経験した日本社会は，「生活者としての外国人」という視点で地域住民を捉え，社会のあり方を見直す必要性がますます高まってきている。

　2005年 6 月に総務省は「多文化共生の推進に関する研究会」を設置して，多様な住民との共生の在り方について検討を重ねている。地域では先の目標をより具体化し，「1. 国が地方自治体の多文化共生への取り組みを積極的に支援，2. 外国人労働者の労働環境，3. 外国人児童生徒教育，4. 外国人登録制度等の国の各制度の見直し」を図ってきた。

　一方で，ニューカマーの中に日本語が理解できない人がいることや，文化や習慣等の違いや情報・知識の不足，さらに，定住生活の上で必要な健康保険の未加入や医療の問題といった基本的条件が不十分であることなどが課題に挙げられていた。今後も地方自治体を中心に，多様な国籍や民族の人々と共に生きるために，外国人住民が直面している様々な課題に対して，継続的に議論しながら解決策を検討，講じていかなければならない。

2　多文化共生とは

　もともと多文化共生という概念は，1990年代前半に登場したものである（栗本 2016）。「多文化」と「共生」とを結び付けたこの言葉は和製語であり，欧語でうまく当てはまる語はない（宮島 2009）。もちろん世界でも多様な人々との共生は重要な課題となっており，プロジェクトなどを通じて，都市づくりが進められてきた。本節では，世界の取り組みと日本の多文化共生の考え方を説明する。

世界の多文化共生に関わる取り組み
　まず，世界の中で開始された関連する 2 つのプロジェクト， 1 つはインター

カルチュラル・シティ，2つは Human Rights City（以降，「ヒューマンライツ・シティ」と呼ぶ）について紹介する。表14-1は，2019年度に東北大学の大学院修士課程の学生2名の協力を得て，インターネットで情報収集したものを基にまとめたものである。

　以下，表14-1の内容を補足する形で説明を加えたい。まず，インターカルチュラル・シティとは，国際交流基金の報告書で，「移住者や少数者によってもたらされる文化的多様性を脅威ではなくむしろ好機ととらえ，都市の活用や革新，創造，成長の源泉とする新しい都市政策」（国際交流基金 HP より）と説明されている。インターカルチュラル・シティの目標は以下の通りである。

- 多言語，他宗教，多民族都市でも多様な公的な場は1つしか持てず，そこでは皆が互いに会話を楽しめること。
- 最終的にもめごとの起こる可能性はあると覚悟し，それを恐れないこと，無視しようとしないこと，起きることを想定し，それを対処するスキルを手に入れること。

(2009年に国際交流基金と欧州評議会が主催したシンポジウムの「インターカルチュラル・シティと多文化共生」の報告書18頁より)

　インターカルチュラル・シティが目指すのは，言語，宗教，民族性の違いにかかわらず，1つのコミュニティにおいて，誰もが参加できる状態を作り，その中で起こり得るコンフリクトを皆で解決しようとする姿勢を高めることである。プロジェクトの特徴は，多様性を好機と捉える点にあり，移民，難民，外国人の多い都市の自治体が互いに地域社会のあり方を学び合うことにある。このような考えが西欧で出てきた背景には，2000年以降相次ぐ移民に関わる事件があり，多様性を尊重する必要性が高まったことが挙げられる。欧州評議会が中心となり，2008年からこのインターカルチュラル・シティプロジェクトを進めている。現在では100以上の都市がインターカルチュラル・シティに認定されている。認定されるために申請都市はインターカルチュラル・シティが目指す指標に沿って取り組みをまとめ，欧州評議会に提出，関係者との打合せ，欧州評議会のメンバーから合意を得る必要がある。一度認定されると，年会費を払うことで，情報交換やイベント，ワークショップへの参加が可能となる。主

表14-1　インターカルチュラル・シティとヒューマンライツ・シティ

	インターカルチュラル・シティ（ICC）	ヒューマンライツ・シティ（HRC）
目　的	反人種差別運動ではなく，一人ひとりの多様性を活用すること。 民族紛争の防止や紛争を解決すること。	より多くの個人や組織が，人権の視点から，住居，生活水準，教育，不平等，そして健康や社会的ケアなどの問題に取り組むようになること。
活動内容	ICCネットワーク（欧州評議会）がインターカルチュラル・シティとしての指標を示している。加盟にあたっては，欧州評議会の確認と承認を経る必要がある。加盟都市はサポートグループを設立して，異文化の観点から様々な都市政策を検討する。加盟都市の中で必要があれば修正を加え，包括的な政策戦略を開始する。 出所：Council of Europe（https://www.coe.int/en/web/interculturalcities）。	ヒューマンライツ・シティの実現に向けて取り組んでいる団体には地方自治体，地域社会の組織，教育機関，宗教団体，などがある。人権の実現を目指して，都市計画を立て公的な宣言を出して，その計画を実行するために，以下のような一連の行動を実行する。 1．都市が人権保護の必要性を認識する。 2．地方自治体が活動の出発点として地域社会に関連する最も重要な人権関連の問題を特定する。 3．人権啓発イベント，人権センターなどを通じて地域の問題に取り組むことにより地域社会に人権を広め，世界人権宣言にうたわれている権利の保障を現実化していく。 4．地方自治体は地方レベルでの人権保護をより効果的にするために，組織や機関と連携し，プロジェクトまたはイベントを通じてネットワークを広げていけるよう働きかけを行う。 出所：People's Movement for Human Rights Learning (https://www.pdhre.org/), European Charter for the Safeguarding of Human Rights in the City (https://www.uclg-cisdp. org/en/right-to-the-city/ european-charter)。
認定機関	ICCネットワーク（欧州評議会） ヨーロッパ中心に広がっている。 →日本においては国際交流基金が中心機関となり，欧州評議会の専門家が訪問し決定する。 ※申込には市長または市議会の公式な決定を要する。	共通の認定機関はない。 アメリカのNGOが始めた概念ではあるが，現在は世界各地に広がり，各国の各都市や機関が独自に計画・実施している。 初期は南米や南アフリカを中心に広がりを見せたが，近年ではヨーロッパやアメリカを中心に展開されている。

に、ヨーロッパの国々で認定都市が広がっており、日本では浜松市がアジアで初めて2017年にインターカルチュラル・シティに認定されている。また、国際交流基金が日本国内でシンポジウム等を開いて、インターカルチュラル・シティの取り組みを広めようとしている。ヨーロッパ以外の国では、たとえばカナダ、メキシコ、アメリカにインターカルチュラル・シティ認定都市がある。

　同様の観点から、アメリカで始まったヒューマンライツ・シティの取り組みがある。Grigolo（2019）によれば、ヒューマンライツ・シティは、「私たちの生活の中で人権が守られ、人権が尊重される社会を築くこと」であるという（筆者訳）。これは、1988年に設立された「人々の生活に直結する人権学習を提供・促進する組織」（正式名称：People's Movement for Human Rights Learning）によって始められ、都市の中で直面している、住居や生活面の問題、教育の機会や、様々な不平等、健康に関わることや社会問題を解決し、都市全体で世界人権宣言を具体的に実現しようという取り組みである。ただ、インターカルチュラル・シティのように、欧州評議会が認定組織となって加盟するものではない。ヒューマンライツ・シティになるためには、都市全体で人権保護の必要性を認識し、独自の条例を制定して、ヒューマンライツ・シティとしての意思を明示する必要がある。そして、地方自治体が中心となって都市内の問題を明らかにし、人権保護に向けて組織や機関が連携して取り組み、イベントやプロジェクトを通じて問題を解決しようとする。ヒューマンライツ・シティには2つのタイプがあり、1つは発展途上にある国が教育や行政基盤を整えていくことを目標に行動を起こしていくもの、もう1つはすでに発展した国の中で課題となっている問題、たとえば貧富の差や教育格差、男女平等などの問題に取り組もうとするもの、である。

　アメリカではニューヨーク、サンフランシスコ、シカゴなどがヒューマンライツ・シティとなっている。サンフランシスコでは女性差別撤廃条約（Convention on Elimination of All Forms of Discrimination against Women）の実現に向けてとくに男女平等、多様な性という観点で取り組みを行っており、1998年に条例を作り、Human Rights Commission を立ち上げて都市内の問題解決を図ってきた。シカゴでは子どもの権利に着目し、子どもの最善の利益の追求を目標に取り組みを進めている。

　イギリスではヨークが初めてヒューマンライツ・シティとなっている。ヨー

クでは，大学が地域と密接に連携して，世界人権宣言の実現を目指した都市づ
くり，および研究を行っている。2020年 5 月時点では，日本にヒューマンライ
ツ・シティに認定された都市は存在していないが，隣国の韓国は，光州市が
ヒューマンライツ・シティとなっており，2011年以来，光州で毎年世界人権都
市フォーラムを開催している。世界の国々の中では，スペインのバルセロナ，
マドリッドのように，ヒューマンライツ・シティとインターカルチュラル・シ
ティの両方に認定されている都市もある。

　以上のように，ヒューマンライツ・シティの取り組みは，世界人権宣言の実
現を目標に掲げ，個々の都市でとくに重要だと思う人権課題に取り組み，解決
しようとするものである。対して，先のインターカルチュラル・シティはプロ
ジェクトに参加する多文化都市が連携し，互いに成果から学び合い，共通課題
を解決しようとする取り組みであり，目的に違いがある。ただ，両取り組みに
は，一人ひとりの人権，および文化を尊重する都市づくりを目指して具体的に
計画を立て，実行するという共通の目標があり，日本の多文化共生を考えるう
えで参考になる点が多い。

日本の多文化共生の考え方

　日本では，多文化共生はどのように解釈されているのだろうか。先に挙げた
総務省が立ち上げた「多文化共生の推進に関する研究会」では，多文化共生に
ついて「国や民族などの異なる人々が，互いの文化的ちがいを認め合い，対等
な関係を築こうとしながら，地域社会の構成員として共に生きていくこと」と
説明されている。2009年に国際交流基金と欧州評議会が共同で主催した「イン
ターカルチュラル・シティと多文化共生」のシンポジウムでは，「多文化共生」
（ここでは "multicultural symbiosis" と英語表記がされている）は「多文化共存」と
異なるとの前提で，「共存はやや受け身の考えで，関係がないままの人々が互
いに我慢できる，というものとするが，共生はよりダイナミックなもので，相
互の働きかけがあり，ギブアンドテイクの関係で，双方ともに変化が起きる」
と説明されている（国際交流基金 2010：2）。また，多文化共生の価値観の根底
に人権擁護があり，人権を柱にすることが大事であると述べられている（国際
交流基金 2010：35）。その他，「多文化共生キーワード辞典編集委員会」のまと
めによると，社会の中で多文化共生を実現するためには，次の 2 つの視点が必

要であるとの意見がある。

①多文化における文化の概念を単なる各国の文化比較といった通常語られる
　文化に限定せず，広くいわゆる同一文化圏内にも存在する「サブカル
　チャー」と言われる様々な文化要因まで含めて考えること。
②マイノリティ，社会的に少数派の立場に置かれている人々の権利に焦点を
　当てながら，共に生きるという課題を考えていくこと。

（多文化共生キーワード辞典編集委員会 2011：119）

　これらには，一人ひとりの文化を大切に，他者のサブカルチャーまで含めた
理解が必要であり，マイノリティの立場にある人たちと共に生きる意識と姿勢
が重要であることが述べられている。そして，人権擁護，とくにマイノリティ
の権利に焦点を当てながら，共に生きる課題を考えることが大切であるという。
　さらに，これまで「多文化共生，および多文化共生社会の構築」という点か
ら，様々な指摘や見解が出されてきた。以下にいくつか紹介する。
　宮島はグローバル化する社会の中で多文化共生を目指すうえで固定されてい
る文化の規範を問い直し，必要に応じて文化の組み換えを進める必要があると
述べている（宮島 2003：15）。山脇は，外国人や民族的少数者が，それぞれの
文化的アイデンティティを否定されることなく社会に参加することを通じて実
現される，豊かで活力ある社会の構築を目指す必要があると説明する（山脇
2003：66-67）。また，佐藤は多文化共生社会とは，平等な市民＝権利主体とし
て，あらゆる人種・民族・文化的背景の人々が承認されている社会であるとい
う（佐藤 2003：43）。森は多文化共生社会を実現するために，マイノリティ支
援に留まらない，グローバル化が進む社会に必要な異文化理解やコミュニケー
ション力，一人ひとりの人間を尊重するユニバーサルデザインの発想を醸成す
る視点が必要であるという（森 2008：201）。加賀美は多文化社会では住民同士
の価値観やルールの意味が異なるため，日本では当たり前のことが当たり前と
して進まないと説明する（加賀美 2013：16）。そのため，ルールの認識が同じで
はない人々の間で，共に居心地よく暮らす生活上のルールを作り直し，共に
ルールを遵守するための話し合いを忍耐強く行う必要があるという（加賀美
2013：17）。

　山西は総務省の定義が静的であると指摘する。互いに文化的違いを認め合え
ば多文化共生社会が実現すると単純に考えることはできない。多文化間の対
立・緊張の中で，(1)多文化化が進展する背景としてのグローバル化が進む社会
状況への批判的な捉えなおし，(2)多文化を取り巻く地域社会での政治的経済的
状況や伝統的社会慣習などへの構造的，批判的な読み解き，(3)住民協働による
文化の表現・選択・創造への参加，などのプロセスを視野に入れながら，多文
化共生社会の実現を目指すべきであるという（山西 2012：29）。そして，多文
化共生とはそれぞれの人間が，多文化間の対立，緊張関係の様相や原因を自然
社会的歴史的関係の中で読み解き，より共生可能な文化の表現，選択，創造に，
参加している動的な状態，と定義している。つまり，多文化共生社会を築くた
めに，単に文化的違いを認め合うだけではなく，政治的経済的状況や伝統的社
会慣習に対して批判的な分析を行い，現代社会の具体的な問題に対して解決策
を考えてアクションを起こす必要があるというのだ。

　また，山脇は多文化共生を推進するうえで，男女共同参画社会基本法をモデ
ルとした多文化共生社会基本法の制定とその体制作りの必要性を提起している
（山脇 2003：69-74；山脇 2008：12）。そして，日本は未だ多文化共生の推進が国
の優先課題になっていないことを指摘する。全国規模ではないが，宮城県が全
国に先駆けて2007年7月に「多文化共生社会の形成の推進に関する条例」を制
定した。2008年には静岡県でも条例が制定されている。2018年には，世田谷区
で「多様性を認め合い男女共同参画と多文化共生を推進する条例」が制定され，
ここでは外国人だけでなく，LGBT に対する差別の禁止が含まれている。

　以上のことから，グローバル化する日本社会の中で多文化共生を実現するた
めに，私たち一人ひとりが他者の人権を尊重しながら，起こり得る様々な葛藤
や摩擦を多角的・批判的に捉え，調停・解決する方法を考えて，誰もが安心し
て生活できる環境を築いていくことが大切である。そのためにも，今後ますま
す地域レベルで，また全国レベルで多文化共生を実現するための条例や法律が
制定されることを期待したい。

3　大学における多文化共生

　前節までは，グローバル化する社会の中で，多様なバックグラウンドを持つ

図14‐6　留学生数の推移（1983～2019年）

出所：日本学生支援機構の情報から作成。

人々と共生するために，グローバル，そしてナショナルなレベルで実施されてきた取り組みや課題を説明した。本節以降は，大学というローカルな場で，留学生と日本人学生が共に学ぶ空間において，いかにして多文化共生を実現するのかを考える。本章は，ローカルなレベルでの取り組みが，ナショナル，グローバルなレベルでの多文化共生につながるポテンシャルがあり，ローカルな場での教育が重要であるとの前提で検討していきたい。

　日本政府が発表した1983年の「留学生受入れ10万人計画」から，2008年の「留学生30万計画」等の留学生受入れ政策により，留学生数は着実に増えている（図14‐6）。

　2019年4月の入管法等改正により，留学生が国内で就職する機会も増える可能性が広がってきている。一方で留学生数の増加に伴い，大学で留学生が抱える悩みも多様化してきていると言える。冒頭では留学生の孤立を例に挙げたが，他にも，経済的問題，住居問題，日本語学習，研究関連，進路相談，在留関連，情報提供，健康心理，対人関係などが挙げられる（加賀美 2013：272-273）。加賀美は，このような環境の中で，学生が誰一人切り捨てられることなく，文化的，言語的多様性だけでなく，年齢や性別，性的志向性，障害の有無などの広

義の多様性が尊重され容認され，対等な立場で学生の強さや能力を発揮できる
ような環境を作ること，学生同士が相互に互恵的な関係構築ができるよう大学
としてサポートすること，地域社会と大学が連携しながら，多文化共生社会の
本質的な課題である偏見低減のための取り組みと啓発活動を行っていくことが
重要であると述べている（加賀美 2013：285）。

　本節は，筆者が担当してきた国際共修授業における実践事例を挙げながら，
クラス内で学生が直面する摩擦や葛藤を乗り越えて，いかにして関係性を構築
するのかを検討する。前節の議論を踏まえて，ここでは「多文化共生」につい
て，留学生と日本人学生が言語や文化の違いを乗り越えて他者を受け入れ，人
権を尊重し，互いにサポートしながら対等な関係でクラスに参加し，共に学ん
でいる状態と捉えることにする。

授業の流れ・構成

　筆者は2010年から2020年12月時点まで「国際理解教育の実践」と「人権教育
の促進」というテーマで国際共修授業を担当してきた。実践においては，多様
なバックグラウンドを持つ学生が共に学び，クラス内に「多文化共生」を実現
するために，アクティブラーニングを取り入れながら学生参加型で進めた。以
下が概要である。

●テーマ（科目名）：
「国際理解教育の実践」（前期）／「人権教育の促進」（後期）
●授業の目標：
　①学習テーマに関する知識の深まり
　②他者と共に学ぶ姿勢，他者と共に議論する技能・態度
　③プレゼンテーション能力の向上
●指導言語：英語
●授業概要：
　①全15回の内10回までの授業は知識習得部分
　参加学生には授業前の課題として，リーディングとワークシートを渡し，
準備してから授業に参加することを促した。授業では最初の10分程度を使っ
て筆者がテーマに関する知識面の説明を行った後，学生を小グループに分け

てグループでのディスカッションの時間を設けた。その後，全体議論を行う流れで進めた。最後に，関連アクティビティやビデオなどを取り入れて知識習得を図った。

　②後半5回はグループでのプレゼンテーション

　前半の知識を基に，各自が一番大切だと思う教育問題や人権課題についてグループで意見交換し，問題の解決に向けたアクション・プランを立てて発表することとした。

実践上の工夫点

　国際共修授業には言語や文化の多様な学生が集まることから，本授業を担当する筆者は，クラス内で学生が学び合う環境を築き，多文化共生を実現するために以下のような工夫を取り入れた。

　1つ目は，学生間の言語の壁を払拭する取り組みである。具体的には，参加学生がクラス内の言語の問題に対して我が事と捉え，クラス内で互いにサポートすることを促したことだ。筆者は初回の授業でアンケートを配布し（資料1），参加学生の見解を確認している。その中で，毎年のように，欧米の学生から，他者のサポートに対して否定的な意見が出される。これは他者を助けることに否定的なのではなく，他者の学びを尊重するために，サポートは必要最小限にすべきだとの理由であることが確認されている（髙橋 2018：54-55）。

　筆者は2回目の授業時に，参加学生にアンケート結果を紹介し，クラス内には異なる見解を持った学生が参加していることを伝え，参加者の意見の違いを理解しながら，自己と他者の関係性を構築していくことの大切さを説明している。最終回の授業では，アンケートを用いて参加学生に言語支援について振り返る時間を設け，自身の意識変化を確認してもらっている（資料2）。また前述したように，学生には毎回課題を出して，授業参加前に準備してから参加することを促している。学生が授業で発言する内容を事前に考え，意見をまとめてくることで，言語面に自信がなくても，少なくとも準備してきた内容については意見交換ができるようになる。

　その他，学内の英語学習の機会を情報として提供している。また，グループ内で役割分担し，言語面でハンディキャップがあっても互いに助け合うことで，自分の役割を全うできるよう促している。

資料1　初回アンケート（以下，質問項目のみ英語のアンケートを筆者が日本語訳）

（1）クラスの中に言語の問題で，なかなかクラスやグループ活動に参加できないクラスメートがいます。あなたはどうしますか。以下の質問に答えてください。
　①自分がとる行動に最も近いものを1つ選んで○を付けてください。
　　1．何もしない
　　2．近くに座り助ける
　　3．休み時間に助ける
　　4．その他（具体的に記述してください）．
　②理由を記述してください。

資料2　最終回アンケート（以下，質問項目のみ英語のアンケートを筆者が日本語訳）

（1）初回の授業で，皆さんにアンケートを配布し，「言語の問題で，なかなかクラスやグループ活動に参加できないクラスメートがいます。あなたはどうしますか。」と尋ねました。本授業を通じてあなたの意見は変わりましたか。以下の質問に答えてください。
　①自分がとる行動に最も近いものを1つ選んで○を付けてください。
　　1．何もしない
　　2．近くに座り助ける
　　3．休み時間に助ける
　　4．その他（具体的に記述してください）．
　②理由を記述してください。
（2）授業を振り返って，どの程度他者を助けたのか思い出してください。もし，助けられた場合にはその時の様子を思い出してください。「助ける/助けられる」経験から，どのようなことを学びましたか。自身の意見をまとめて記述してください。
（3）本コースを通じて得られた学びを知識，態度，技能，行動，という観点から具体的に説明してください。

　2つ目は，初回の授業で参加学生にクラス内で守るべきルールを考えさせることである。教員が決めたルールではなく，自分たちで考えたルールは，自身で守る責任があることを学ぶためである。ただ，留学生と日本人学生には，一人ひとり異なる意見や価値観があり，また経験も様々であることから，「クラス内で述べられた意見はクラス内にとどめること，クラスで学んだことはクラス外で実行に移していくこと」を伝え，これらについても理解して参加してもらうこととしている。このことで，自身の個人的な経験や意見もクラス内で安心して発言できるようになる。
　3つ目は，教員と学生の対話を大切にすることだ。授業終了前に教員は学生

に振り返りシートを渡し，授業で学んだことやクラスへの要望を自由に記述さえる時間を設け，教員は次回の授業で学生に個別に，またはクラス内でフィードバックを行っている。また，教員は授業中の学生の参加態度を確認しながら，必要に応じて個別に，またクラス内でサポートを行っている。とくに「人権」をテーマとする授業では，クラスメートとディスカッションする中で，自身の人権が守られていない事実に気づき，涙する学生もいる。このような学生への配慮は欠かせない。

　4つ目は，教育実践において，学生主体で授業を進め，教員は学生をファシリテートすることに徹している。教員は学生が気づかない点を助言したり，足場作りを行ったりしながら，学生の学びをサポートする。また，授業ではゲストスピーカーを招聘したり，ビデオ教材を取り入れたりしながら，学生の学びを最大化する教育方法を考え，毎回異なる手法を取り入れている。

　5つ目は，ティーチングアシスタント（TA）の活用である。毎回グループ活動を取り入れて授業を進めているが，言語面でハンディキャップのある学生に対しては，グループ内でサポートできる学生を配置することが有効である。そのため TA には，授業中参加学生の様子を記録してもらっている。このことで，筆者には気付かない個々の学生の変化や学びを確認することができるようになる。TA と筆者は，個々の学生の言語レベルや積極性などを把握するよう努め，グループ活動を行うためのメンバー構成を慎重に検討している。また，15回の授業のうち，前半は毎回異なるメンバー構成でグループを組み，参加学生の様子を観察して，後半までに学生の特徴を抑え，国籍や性別，また学生の積極性なども考慮しながら，プレゼンテーションのメンバー構成を決定する。たとえば，グループ活動が円滑に進み，誰もが自信を持って発言できるように，積極的な学生は積極的な学生同士でグループを組むなどの工夫をしている。

参加学生の変化・学習成果

　国際共修授業に参加する学生間には言語の壁がある。筆者は，前述の通り，言語の問題を意識しながら，参加者間に相互支援体制が構築されるよう働きかけた。ここで2019年度に実施した「国際理解教育の実践」の授業を事例に挙げて，最終回のアンケート（資料2(2)）で，学生が言語の問題を意識して授業に参加したことで得られた気づきを紹介する。参加者は13名（留学生10名，日本人

学生 3 名）で，男 3 名，女 10 名であった。受講者の国籍は，ロシア（1），香港
（1），レバノン（1），アメリカ（1），台湾（2），フランス（2），シンガポー
ル（2），日本（3），であった。ここでは，英語で記述されたものを筆者が日
本語訳している。なお，参加学生全員から研究等の目的で学生の記述内容を引
用することがあることについて，同意を得ている。

- 他者から助けられて，温かい気持ちがした。私自身も語学力を付けて他者
  を助けたいと思うようになった（台湾人女子留学生）。
- 必要があれば助けたいと思っていたが，実際には他者の意見から学ぶこと
  が多く，他者から助けてもらった気持ちでいる（レバノン人女子留学生）。
- 私はネイティブの英語話者のため，他者から助けられる必要はなかったの
  で，できる限り他者のサポートをしたいと思っていた。ただ，他者を助け
  ることの難しさを体験した。また，英語でしか助けられなかったので，分
  かりやすい英語でできる限り説明する形で助ける方法を学んだ（アメリカ
  人女子留学生）。
- 伝えたい内容と意思があれば言語の壁も乗り越えられることを経験した
  （日本人女子）。

　以上のように，言語の壁を感じながらも，「他者を助ける／助けられる」経
験をすることでコミュニケーションを取る方法，他者と対話することの大切さ
に気づいたことが述べられていた。2 番目と 3 番目に紹介した学生は，英語で
議論する点で問題がなく，積極的に参加していた学生ではあったが，言語支援
を通じて，自らも助けられた，また，助けることの難しさに気づいた，といっ
た新たな発見を得ていた。
　次に，授業を通じて学んだ点（資料 2 (3)）として，クラス内に「多文化共
生」が実現された成果と考えられる学生の記述を紹介する。

- 多様なバックグラウンドを持つ学生と直接議論する機会を持つことは意義
  があると思う。その中で，異なる意見の中にも共通する視点があり，勉強
  になった（ロシア人女子留学生）。
- 多様なバックグラウンドを持つ学生と学ぶのは初めてで，心配していたが，

　　このクラスは予想以上に居心地がよかった。それは，学生参加型であり，
　　グループの助けがあったからである。一番いいと思ったのは，これが単な
　　る生活面での英会話ではなく，大学の授業で<u>教育というテーマで深く議論</u>
　　<u>ができた</u>ことが非常に勉強になった。<u>他者の意見に傾聴する</u>こともできる
　　ようになった（日本人男子）。
- このクラスはとても勉強になった。モノリンガルのクラスであれば，この
　　ような学びは得られなかった。意見も多様になるし，お互いが持っている
　　知識も多様で，それらを<u>共有することで得られる知識，互いに共有する技</u>
　　<u>能，調整する態度を身に付けることができた</u>（シンガポール人男子留学生）。

　　1番目の学生は，意見や見解が多様であっても，共通性を見出すことができ
たと述べている。2番目の学生は国際共修授業の受講が初めてであったにもか
かわらず，本クラスの居心地がよかったと述べており，学生間に関係性が構築
されていたことが伺える。3番目の学生は，多様なバックグランドを持つ学生
が共に学ぶことで，知識の広がりだけでなく，その他のスキルが身に付いたこ
とが述べられている。これらの記述から，多様なバックグラウンドを持つ学生
が集まる中で他者と共に学ぶことを通じて，(1)単なる意見交換ではなく，学習
テーマに対して深く議論することで，知識の深化が図られ，高次のレベルの学
びを得ることができ，(2)他者と議論する力，他者の意見を聞く姿勢が身に付き，
(3)他者と意見を共有し，調整する態度を身に付けることができたと考える。

　　本章では，グローバル化する社会において多様な人々が共に生きるために，
世界で展開されるプロジェクトとして，インターカルチュラル・シティや
ヒューマンライツ・シティの取り組みを紹介した。また，グローバル化する日
本社会の中で生まれた「多文化共生」という言葉の定義や取り組み，課題をま
とめた。
　　さらに，大学で留学生と日本人学生が共に学ぶ国際共修授業の中で，いかに
して多文化共生を実現するかを検討した。クラス内には，言語の壁が存在する
が，クラス内の共通の課題に対して参加者一人ひとりが取り組むとき，「他者
を助ける／助けられる」体験を通じて関係性が構築され，共に学ぶ意識が高め
られた。このことで，言語の壁を越えた学びが得られることも確認され，結果

的にクラス内で学生が共に学ぶ関係性が構築され，多文化共生が実現したと考えられた。教員は，多様なバックグラウンドを持つ学生が集まる環境の中で，学生の学びを最大化するために，ファシリテーターとなって学生をサポートしたり，足場づくりを行ったり，様々な工夫を取り入れた。本章で説明したことは国際共修授業だけではなく，他の教育実践や地域のワークショップにおいても，参考になる点があるのではないだろうか。2020年度の大学の授業はオンライン化が進んだが，たとえ実践手法がオンラインであっても，他者と共に学ぶことは重要であり，教員の方から他者と共に学ぶ仕掛けを用意することで，学生間に関係性を構築していくことはできるだろう。

　本章は，クラス内というローカルなレベルでの取り組みではあるが，その中で身に付けた知識，技能，態度は，ナショナル，グローバルなレベルで多様なバックグラウンドを持つ人たちと共生する力となり，グローバル社会を支え・発展させる原動力となっていくだろう。それでは，教員が存在しない社会の中で，いかにして多文化共生を実現するのか。本文で紹介したインターカルチュラル・シティやヒューマンライツ・シティの取り組みに見られたように，都市全体で具体的な方針と計画を立てて，構成員一人ひとりが人権を意識して，地域社会と連携しながら実現に向けて行動を起こすことが必要となるだろう。その意味でも行動力のあるグローバル人材育成のために，ローカルなレベルで教育の在り方を見直し，教育の質保証を図っていくことが大切である。

コラム14　人権を柱に据えた教育実践

　本章では，留学生と日本人学生が共に学ぶ国際共修授業において学生間に良好な関係性を構築し，クラス内に多文化共生を実現する方法を検討した。本文では触れていないが，一人ひとりが当事者となって考えられる学習テーマの設定は重要であり，そのうえで「人権」は有効なテーマの１つであると考える。なぜなら，人権は普遍的な概念だが，その実態は個別具体的な側面があり，誰もが当事者として考えることができるからだ。つまり，言語や文化の多様な学生が集まる場であっても，人権という普遍的な概念を通じて誰もが自身を振り返り，議論を始める切り口を得ることができる。

　「人権」以外でのテーマであっても，当事者性を引き出すことは可能であり，本文では「国際理解教育」をテーマとする授業を紹介した。重要なのは，教員が仕掛けや実践上の工夫を取り入れて，一人ひとりがテーマに対して考え・意見を述べられること，また，他者の意見や価値観，人権を尊重しながら学び合える状態を作ることである。

　グローバル社会の中で，自身の権利や自由を主張するだけでなく，他者の人権を尊重できる人材を育成するために，今後人権を柱に据えた教育実践が広がることを期待したい。

参考文献

加賀美常美代編著『多文化共生論──多様性理解のためのヒントとレッスン』明石書店，2013年。

国際交流基金『報告書　インターカルチュラル・シティと多文化共生』2010年。

栗本英世「日本的多文化共生の限界と可能性」『未来共生学』3，2016年。

宮島喬『共に生きられる日本へ─外国人施策とその課題』有斐閣，2003年。

森雄二郎「多文化社会の進展と地域の取組み──滋賀県の国際施策・多文化共生の動きから」『聖泉論叢』16号，2008年。

佐藤郡衛『国際化と教育──異文化間教育学の視点から［改訂新版］』放送大学教育振興会，2003年。

髙橋美能「国際共修授業における多文化共生の実現──学生同士の言語サポートを促すことを通じて」『留学生交流・指導研究』21号，2018年。

多文化共生キーワード辞典編集委員会『多文化共生キーワード事典［改訂版］』明石書

店，2010年。

山西優二「多文化共生に向けての地域日本語教育のあり様と多文化社会コーディネーターの役割――『文化力』形成の視点から」『シリーズ　多言語・多文化協働実践研究』15号，2012年。

山脇啓造「日本における外国人受け入れと地方自治体――都道府県の取り組みを中心に」『明治大学社会科学研究所紀要』47巻 1 号，2008年。

山脇啓造「日本における外国人政策の批判的考察――多文化共生社会の形成に向けて」『明治大学社会科学研究所紀要』41巻 2 号，2003年。

出入国在留管理庁 HP http://www.moj.go.jp/nyuukokukanri/kouhou/nyuukokukanri04_00076.html（2020年 6 月11日閲覧）

法務省 HP（2019年末）公表資料 http://www.moj.go.jp/content/001269620.pdf（2020年 6 月12日閲覧）

国際交流基金 HP https://www.jpf.go.jp/j/project/intel/exchange/organize/intercultural/（2020年 6 月11日閲覧）

国際交流基金『報告書インターカルチュラル・シティと多文化共生』，2010 https://www.jpf.go.jp/j/publish/intel/intercultural-city/pdf/intercultural%20city-j.pdf（2020年 6 月11日閲覧）

2016年度東北大学留学生学生生活調査まとめ https://www.insc.tohoku.ac.jp/japanese/wp-content/uploads/2017/10/J_International_Students_Survey_-2016.pdf（2020年 6 月11日閲覧）

総務省「住民基本台帳に基づく人口，人口動態及び世帯数」（平成31年 1 月 1 日現在）https://www.soumu.go.jp/menu_news/s-news/01gyosei02_02000193.html（2020年 6 月11日閲覧）

総務省「住民基本台帳に基づく人口，人口動態及び世帯数」（平成30年 1 月 1 日現在）https://www.soumu.go.jp/menu_news/s-news/01gyosei02_02000177.html（2020年 6 月11日閲覧）

総務省「住民基本台帳に基づく人口，人口動態及び世帯数」（平成29年 1 月 1 日現在）https://www.soumu.go.jp/menu_news/s-news/01gyosei02_02000148.html（2020年 6 月11日閲覧）

総務省「住民基本台帳に基づく人口，人口動態及び世帯数」（平成28年 1 月 1 日現在）https://www.soumu.go.jp/menu_news/s-news/01gyosei02_02000122.html（2020年 6 月11日閲覧）

日本学生支援機構 HP
https://www.jasso.go.jp/about/statistics/intl_student_e/2019.html（2020年 6 月11日閲

覧）

日本学生支援機構「2019（令和元）年度外国人留学生在籍状況調査結果」https://www.jasso.go.jp/about/statistics/intl_student_e/__icsFiles/afieldfile/2020/04/06/datar01z.pdf（2020年6月11日閲覧）

Grigolo Michele "The Human Rights City : New York, San Francisco, Barcelona," Routledge, 2019.

（さらに読み進めたい人のために）

加賀美常美代編著『多文化共生論——多様性理解のためのヒントとレッスン』明石書店，2013年。

　＊増加する外国人住民が直面する課題，葛藤や障壁を解説するとともに，多様な背景を持つ人々がお互いに理解し，共に生きるために，どのように関わっていくとよいのかについて，多くの示唆を提示している。

髙橋美能『多文化共生社会の構築と大学教育』東北大学出版会，2019年。

　＊グローバル化する社会の中で，大学における留学生数も増加しており，留学生と日本人学生が共に学ぶ授業の重要性が確認されている。本書では，このような多文化クラスの中で人権教育を実践する意義と効果をまとめている。

多文化共生キーワード辞典編集委員会『多文化共生キーワード事典［改訂版］』明石書店，2010年。

　＊多文化共生という言葉について，日本社会が抱える課題を取り上げながら，「多文化」と「共生」，さらに「多文化共生」にかかる言葉の内実に迫り，分かりやすく解説している。

（髙橋美能）

人名索引

事項索引

※「人権」等は頻出するため省略した。

執筆者紹介 （執筆順，＊は監修者と編著者）

＊古橋エツ子（ふるはし・えつこ）　はしがき

　　　監修者紹介欄参照。

山本克司（やまもと・かつし）　序章第 1・2 節

　1993年　早稲田大学大学院法学研究科博士前期課程修了。修士（法学）。
　2016年　佛教大学大学院社会福祉学研究科博士後期課程修了。博士（社会福祉学）。
　現　在　修文大学健康栄養学部教授。
　著　作　『福祉に携わる人のための人権読本』法律文化社，2009年。
　　　　　『権利擁護を支える法制度』共編著，中央法規，2020年。
　　　　　『医療・看護に携わる人のための人権・倫理読本』共編著，法律文化社，2021年。

＊和田幸司（わだ・こうじ）　序章第 3 節

　　　編著者紹介欄参照。

濱田格子（はまだ・さだこ）　第 1 章

　2006年　神戸大学大学院総合人間科学研究科修了。修士（学術）。
　現　在　認定NPO法人子どものみらい尼崎理事長，甲南大学文学部非常勤講師。
　著　作　『なくそう！　スクール・セクハラ　教師のためのワークショップ』共著，かもがわ
　　　　　出版，2009年。
　　　　　『暮らしをつくりかえる生活経営力』共著，朝倉書店，2010年。

松浦　崇（まつうら・たかし）　第 2 章

　2003年　名古屋大学大学院教育発達科学研究科博士課程後期課程単位取得後退学。博士（教育
　　　　　学）。
　現　在　静岡県立大学短期大学部准教授。
　著　作　『子ども虐待と向きあう――兵庫・大阪の教育福祉の現場から』共編著，三学出版，
　　　　　2014年。
　　　　　『保育者養成のための子ども家庭福祉』共著，大学図書出版，2018年。
　　　　　『社会的養護Ⅰ・Ⅱ』共著，翔雲社，2019年。

中尾治子（なかお・はるこ） 第3章

2014年 広島大学大学院総合科学研究科博士後期課程満期退学。
現　在 岐阜聖徳学園大学看護学部教授。
著　作 『新・初めての人権』共著，法律文化社，2013年。
　　　　『初めての社会福祉論』共著，法律文化社，2015年。

原田琢也（はらだ・たくや） 第4章

2001年 大阪大学大学院人間科学研究科博士後期課程修了。博士（人間科学）。
現　在 金城学院大学教授。
著　作 『アイデンティティと学力に関する研究──「学力大合唱の時代」に向けて，同和教育の現場から』批評社，2007年。
　　　　『格差をこえる学校づくり──関西の挑戦』共著，大阪大学出版会，2011年。
　　　　『新自由主義的な教育改革と学校文化──大阪の改革に関する批判的教育研究』共編著，明石書店，2018年。

岩本　剛（いわもと・つよし） 第5章

2013年 兵庫教育大学大学院学校教育研究科修了。修士（学校教育学）。
現　在 兵庫県たつの市立小宅小学校教諭，兵庫教育大学大学院学校教育研究科非常勤講師。
著　作 「部落差別の科学的認識が獲得できる社会科授業の開発──心理的差別の形成を回避するために」『人権教育研究』第14巻，日本人権教育研究学会，2014年。
　　　　「小学校における社会科を中核とした人権教育の推進──「思いやり」や「やさしさ」を中心に進められる授業からの転換」『人権教育研究』第17巻，日本人権教育研究学会，2017年。
　　　　「「グループ・ディスカッション」とアクティブ・ラーニング」米田豊編著『活動あって学びあり！　小学校社会科アクティブ・ラーニング　21の授業プラン』明治図書，2016年。

呉　紅敏（ご・こうびん） 第6章

2004年 大阪府立大学大学院経済学研究科博士後期課程修了。博士（経済学）。
現　在 大阪経済法科大学経済学部教授。
著　作 『家族ための総合政策Ⅳ』共著，信山社，2017年。
　　　　『変わる福祉社会の論点』共著，信山社，2018年。
　　　　『新・初めての社会保障論［第2版］』共著，法律文化社，2020年。

堀江有里 （ほりえ・ゆり） 第7章

1994年　同志社大学大学院神学研究科博士課程（前期）修了。修士（神学）。
2007年　大阪大学大学院人間科学研究科博士後期課程修了。博士（人間科学）。
現　在　公益財団法人世界人権問題研究センター専任研究員。
著　作　『「レズビアン」という生き方——キリスト教の異性愛主義を問う』新教出版社，2006年。
　　　　『レズビアン・アイデンティティーズ』洛北出版，2015年。
　　　　『クィア・スタディーズをひらく1——アイデンティティ，コミュニティ，スペース』共編，晃洋書房，2019年。

宍戸圭介 （ししど・けいすけ） 第8章

2013年　岡山大学大学院文化科学研究科博士課程修了。博士（法学）。
現　在　岡山商科大学法学部教授。
著　作　『憲法のちから』共著，法律文化社，2021年。

津田　博 （つだ・ひろし） 第9章

1997年　兵庫教育大学大学院学校教育研究科博士前期課程修了。修士（学校教育学）。
現　在　兵庫教育大学大学院学校教育研究科博士後期課程在学中，神戸国際大学経済学部非常勤講師。
著　作　『高等学校　現代政治・経済　最新版（高等学校公民科　文部科学省検定済教科書）』共著，清水書院，2007年。
　　　　『学校設定科目　日本の文化』兵庫県教育委員会（共編著），清水書院，2007年。
　　　　『初めての人権』共著，法律文化社，2008年。

松島　京 （まつしま・きょう） 第10章

2002年　立命館大学大学院社会学研究科博士課程後期課程修了。博士（社会学）。
現　在　相愛大学人間発達学部教授。
著　作　『21世紀に語りつぐ社会保障運動』共編，あけび書房，2006年。
　　　　『少子化社会と妊娠・出産・子育て』共著，北樹出版，2017年。
　　　　『現代の父親の親意識と子育て実践——父親の養育性・役割取得を促す教育プログラムの開発について』共著，ナカニシヤ出版，2019年。

板山勝樹 (いたやま・かつき)　第11章

2005年　九州大学大学院人間環境学府発達・社会システム博士後期課程単位取得退学。修士（教育学）。
現　在　名桜大学国際学群国際文化教育研究学系教授。
著　作　『ものごとを多面的にみる』共著，出版舎 Mugen，2014年。
　　　　『教職を拓く』共編著，東洋企画，2014年。
　　　　『教職へのいざない』編著，東洋企画，2019年。

阿久澤麻理子 (あくざわ・まりこ)　第12章

2004年　大阪大学人間科学研究科博士後期課程修了。博士（人間科学）。
現　在　大阪市立大学人権問題研究センター／都市経営研究科教授。
著　作　『フィリピンの人権教育——ポスト冷戦期における国家・市民社会・国際人権レジームの役割と関係性の変化を軸として』解放出版社，2006年。
　　　　『地球市民の人権教育——15歳からのレッスンプラン』共著，解放出版社，2015年。
　　　　Morals and Market: Changing Attitudes toward Minorities, In *Human Rights Education in Asia-Pacific*, Volume. 7. Asia-Pacific Human Rights Information Center, 2016.

山内敏男 (やまうち・としお)　第13章

2015年　兵庫教育大学大学院連合学校教育学研究科修了。博士（学校教育学）。
現　在　兵庫教育大学大学院学校教育研究科准教授。
著　作　「中学校社会科歴史的分野における授業改善の実際——『分立する権力と武士の登場』を事例に」原田智仁・梅津正美編著『教育実践学としての社会科授業研究の探求』風間書房，2015年。
　　　　「教育実習をトータルで省察する授業の展開——兵庫教育大学『中等実習リフレクション』の取り組みから」社会系教科教育学会編『社会系教科教育学研究のブレイクスルー——理論と実践の往還をめざして』風間書房，2019年。

髙橋美能 (たかはし・みのう)　第14章

2014年　大阪大学大学院人間科学研究科修了。博士（人間科学）。
現　在　東北大学高度教養教育・学生支援機構准教授。
著　作　『多文化共生社会の構築と大学教育』東北大学出版会，2019年。
　　　　『国際共修——文化的多様性を生かした授業実践へのアプローチ』共著，東信堂，2019年。
　　　　『多様性が拓く学びのデザイン——主体的・対話的に他者と学ぶ教養教育の理論と実践』共編著，明石書店，2020年。

《監修者紹介》

古橋エツ子 (ふるはし・えつこ)

1971年　愛知学院大学大学院法学研究科法律学専攻修士課程修了。法学修士。
現　在　花園大学名誉教授。
著　作　『介護休業——家族介護が必要になったとき』岩波書店，1999年。
　　　　『ポスト福祉国家の総合政策——経済・福祉・環境への対応』共著，ミネルヴァ書房，
2001年。
　　　　『新・初めての人権』編著，法律文化社，2013年。

《編著者紹介》

和田幸司 (わだ・こうじ)

2005年　兵庫教育大学大学院連合学校教育学研究科博士課程修了。博士（学校教育学）。
現　在　姫路大学教育学部教授。
著　作　『浄土真宗と部落寺院の展開』法藏館，2007年。
　　　　『近世国家における宗教と身分』法藏館，2016年。
　　　　『「士農工商」はどう教えられてきたか——小中学校における近世身分学習の展開』ミネ
ルヴァ書房，2018年。

学問へのファーストステップ④
人権論の教科書

2021年5月20日　初版第1刷発行　　　　　　　　　〈検印省略〉

定価はカバーに
表示しています

監　修　者　　古　橋　エツ子
編　著　者　　和　田　幸　司
発　行　者　　杉　田　啓　三
印　刷　者　　坂　本　喜　杏

発行所　株式会社　ミネルヴァ書房
607-8494　京都市山科区日ノ岡堤谷町1
電話代表　(075)581-5191番
振替口座　01020-0-8076番

ⓒ古橋エツ子・和田幸司ほか，2021　冨山房インターナショナル・新生製本

ISBN 978-4-623-09173-7

Printed in Japan

———————————— ミネルヴァ書房 ————————————

http://www.minervashobo.co.jp/